吉林振兴丛书
JILIN ZHENXING
·CONGSHU·

◎刘立新　丁晓燕　丛书主编

东北振兴与吉林绿色发展

◎徐卓顺　刘欣博　邵　冰　金光敏　著

吉林文史出版社

图书在版编目（CIP）数据

东北振兴与吉林绿色发展/徐卓顺等著. — 长春：
吉林文史出版社,2023.9
（吉林振兴丛书/刘立新,丁晓燕主编）
ISBN 978-7-5472-9669-1

Ⅰ.①东… Ⅱ.①徐… Ⅲ.①绿色经济—经济发展—
研究—吉林 Ⅳ.① F127.34

中国国家版本馆 CIP 数据核字 (2023) 第 157773 号

吉林振兴丛书

东北振兴与吉林绿色发展
DONGBEI ZHENXING YU JILIN LÜSE FAZHAN

丛书主编：刘立新　丁晓燕
本书著者：徐卓顺　刘欣博　邵　冰　金光敏
出版人：张　强
责任编辑：王丽娟　马轶男　姜沐雨　吴　枫
封面设计：杨兆冰
出版发行：吉林文史出版社
电　　话：0431-81629357
地　　址：长春市福祉大路5788号
邮　　编：130117
网　　址：www.jlws.com.cn
印　　刷：吉林省吉广国际广告股份有限公司
开　　本：710mm×1000mm　1/16
印　　张：16.5
字　　数：240千字
版　　次：2023年9月第1版
印　　次：2023年9月第1次印刷
书　　号：ISBN 978-7-5472-9669-1
定　　价：138.00元

序

党中央高度重视东北地区发展，2003年作出实施东北地区等老工业基地振兴战略的重大决策，出台了一系列支持东北地区振兴发展的政策措施。历经20年的凤凰涅槃，东北老工业基地再现繁荣与发展新面貌。

2003年，中央出台《中共中央 国务院关于实施东北地区等老工业基地振兴战略的若干意见》，明确提出"支持东北地区等老工业基地加快调整改造，是党中央从全面建成小康社会全局着眼作出的又一重大战略决策，各地区各部门要像当年建设沿海经济特区、开发浦东新区和实施西部大开发战略那样，齐心协力，扎实推进，确保这一战略的顺利实施"，拉开振兴东北老工业基地的序幕。

在党中央领导下，2003—2013年，东北振兴取得阶段性成果。经济总量迈上新台阶，东北三省地区生产总值年均增长10.3%。体制机制改革初见成效，增值税转型、农业税减免、国有企业政策性破产、豁免企业历史欠税等重大改革在东北地区先行先试，90%的国有工业企业完成产权制度改革，国有企业竞争力明显增强。产业竞争优势逐渐显现，大型发电设备、特高压输变电设备、高档数控加工中心、重型数控机床等一批重大装备成功研制，一批龙头企业重塑行业竞争力，能源原材料、食品工业等产业规模大幅提升。2016年，中央出台《中共中央 国务院关于全面振兴东北地区等老工业基地的若干意见》，进一步明确了新时期推动东北振兴的新目标、新要求、新任务、新举措，标志着东北振兴进入了全面振兴新阶段。党的十八大以来，习近平总书记多次赴东北地区考察，召开专题座谈会，对东北全面振兴作出系列重要讲话和指示批示，充分体现了以习近平同志为核心的党中央对东北全面振兴的高度重视和殷切期望，为新时代推进东北振兴提供了根本遵循。2019年，党中央、国务院对支持东北地区深化改革创新推动高质量发展作出重要部署。2020年，党的十九届五中全会要求"推动东北振兴取得新突破"。在各方面的共同努力下，东北地区经济运行逐步企稳，营商环境进一步优化，结构调整扎实推进，粮食综合生产能力显著提升，基础设施不断完善，社会事业蓬勃发展，人民生活水平不断提高。2020年，东北三省实现地区生产总值5.1万亿元，人均地区生产总值5.2万元，常住人口城镇化率67.7%。2021年，国务院关于《东北全面振兴"十四五"实施方案》的批复正式公布。批复强调，内蒙古自治区、辽宁省、吉林省、黑龙江省人民政府要深化改革开放，强化政策保障，优化营商环境，推动实施一批对东北全面振兴具有全局性影响的重点项目和重大改革举措，着力增强内生发展动力。

20年来，吉林省振兴发展取得了重大进展和积极成效，各项事业也取得了显著成就。吉林省立足于自身发展现状、国家"双循环"发展新格局的总体要求以及中央对东北振兴提出的"五大安全"要求，充分发挥创新优势、产业优势、资源优势、区位优势，大力推进高质量发展，释放吉林发展潜力，积极融入国家"双循环"新发展格局。在习近平总书记三次视察吉林重要讲话重要指示精神指引下，经济社会全面发展，振兴步伐坚实稳健。一是经济运行稳中向好。全力打造现代新型汽车和零部件、农产品及其深加工和食品细加工、冰雪和避暑休闲生态旅游这三个万亿级大产业。2021年，GDP（国内生产总值）增速在全国位次有所提升，在东北三省一区居于首位。固定资产投资增速已经连续两年居全国第四位。10年间，粮食产量连续跨上700亿斤、800亿斤两个大台阶，2021年，粮食产量增长率在全国居第一位，以2%的土地面积贡献了5.92%的粮食产量。二是重大项目蓄势赋能。中车松原新能源基地、吉化120万吨乙烯、西部"陆上风光三峡"、东部"山水蓄能三峡"、沿边开放旅游大通道等一大批重点项目陆续开工建设。三是创新能力大幅提升。在区域创新能力全国排名中，2021年，吉林省前进9个位次，上升幅度最大。长春自主创新示范区、长春国家农业高新技术产业示范区相继获得国家批准并启动建设。高铁变轨等一批关键核心技术取得突破，"吉林一号"在轨运行卫星达到70颗，建成了我国目前最大的商业遥感卫星星座。四是营商环境持续优化。投资平台在线审批率居全国首位，不动产登记效率居全国第二位，连续两年新登记市场主体增速居全国第三位。五是人民生活显著改善。2020年迈入全面小康社会，70万人摆脱贫困。2021年脱贫群众人均收入同比增长20.18%，增速排在东北三省一区首位。六是生态强省建设全面推进。大气、水、土壤等多项生态环境指标持续改善，空气优良天数达到94%。长白山、查干湖等旅游品牌叫响全国，冰雪旅游市场占有率稳居全国第一。

吉林省社会科学院（社科联）是中共吉林省委直属的、全省唯一一家哲学社会科学综合性研究机构。长期以来，吉林省社会科学院在坚持基础研究，保持传统学科优势的同时，注重发展地方特色，大力加强应用研究。现有一支从事东北振兴、吉林振兴研究的科研队伍并取得了一批重要的东北振兴研究成果，为东北振兴吉林振兴提供了智慧支持。在东北振兴20年之际，吉林省社会科学院推出"吉林振兴丛书"，旨在全面总结20年来吉林省振兴发展取得的重要进展和积极成效，发现问题，直面短板，探求路径，助力吉林省高质量发展。

本系列丛书共七本，分别是《东北振兴与吉林产业转型升级》《东北振兴与吉林农业农村现代化》《东北振兴与吉林民生建设》《东北振兴与吉林旅游高质量发展》《东北振兴与吉林新型城镇化》《东北振兴与吉林社会治理》《东北振兴与吉林绿色发展》。本系列丛书全面总结了东北振兴过程中吉林省经济转型、民生建设、社会治理以及绿色发展等问题,再现了吉林振兴取得的成果,分析了存在的问题,探寻了东北振兴的吉林之路。

"推动东北全面振兴取得新突破",实现吉林振兴,是国家区域协调发展战略的重要组成部分,事关我国区域发展总体战略布局,事关我国新型工业化、信息化、城镇化、农业现代化的协调发展。吉林省是我国重要的工业和农业基地,维护国家国防安全、粮食安全、生态安全、能源安全、产业安全的战略地位十分重要,关乎国家发展大局,实现吉林振兴新突破是新时代党中央、国务院赋予吉林省的新使命。本系列丛书立足于为党委和政府打造有价值的决策咨询研究成果,必将增强社会各界对东北振兴,尤其是对吉林振兴发展的关注度,为东北地区,尤其是吉林省相关部门的决策提供一些有价值的参考意见。

未来,在习近平新时代中国特色社会主义思想指引下,吉林省将在东北振兴、吉林振兴研究上再接再厉,提供更高层次、更高水平的理论成果,为东北振兴、吉林振兴作出更大的贡献。

2023年6月

于长春

目　录

第一章

东北振兴战略背景下加快绿色发展的重大意义

吉林省作为中国的老工业基地、主要商品粮基地、生态环境大省、边境重要省份,在共和国版图上具有十分重要的战略地位。党的十八大以来,习近平总书记三次赴吉林考察,每一次都亲自指导吉林省生态文明建设,要求加快推动新时代吉林全面振兴、全方位振兴。习近平总书记强调,良好生态环境是东北地区经济社会发展的宝贵资源,也是振兴东北的一个优势,要把保护生态环境摆在优先位置,坚持绿色发展。当前,在我国碳达峰、碳中和目标引领下,吉林省探索经济振兴新路径,应抓住此次经济突破的重要机遇,加快推动能源结构、产业结构战略性调整,大力促进经济社会发展全面绿色转型,实现生态环境高水平保护与经济高质量发展良性互动,打造美丽中国吉林样板,把吉林建设成人与自然和谐共生示范区和我国重工业绿色化升级的示范区。

第一节　提出背景

一、全球环境治理面对恢复经济和保护环境的双重任务

人类为了发展经济曾经大肆破坏地球生态环境，而如今则要面对地球生态环境不断恶化对经济增长带来的反噬。极端天气事件频发、生物多样性受损和生态系统崩塌、人为环境破坏、自然资源危机，这些都可能成为带来严重影响的全球性风险。气候风险已经对全球水资源、粮食生产、生态系统以及人体健康等多方面产生了严重影响，从长远看，不仅对人类社会的可持续发展构成了严峻威胁和挑战；从近期看，可能会对全球经济增长前景带来不利影响。如何重置人与自然的关系，成为21世纪全球面临的重要课题。随着对保护生态环境和应对气候变化工作的重视加深，加强应对全球气候变化和环境治理已逐渐成为世界各国的共识，气候治理也上升为全球治理的核心议程。中国是国际"环发"进程建立和发展的重要推动者、全球环境治理体系的积极参与者，在做出了重要贡献的同时，也获得了很大收益。中国的人口规模、资源环境特点、现代化进程决定了我国生态文明建设离不开国际社会合作，同时中国的生态文明建设对全球可持续发展进程发挥了重要的示范带动作用，为共谋全球生态文明建设与全球环境治理提供中国智慧和中国方案。中国作为世界第二大经济体和全球最大的发展中国家，正在持续推进深层次、全方位的生态文明变革，主动承担了大国责任，在应对气候变化、参与全球气候环境治理过程中，以切实的行动支持区域和全球环境保护，为创造全球生态文明美好未来，推动构建人类命运共同体做出了贡献。在环境气候危机日益加剧并逐渐成为全球经济发展硬约束的背景之下，特别是当前全球化遭遇逆流，单边主义、保

护主义盛行，应对气候变化已经成为凝聚各方共识，维系多边主义，推动国际合作的重要着力点。正如习近平总书记在《生物多样性公约》第十五次缔约方大会领导人峰会上的主旨讲话中所指出的，从全球环境治理格局来看，新冠肺炎疫情给全球发展蒙上了阴影，推进联合国2030年可持续发展议程面临更大挑战，面对恢复经济和保护环境的双重任务，发展中国家更需要帮助和支持。在这样的背景下，中国秉持人与自然生命共同体理念，提出共建地球生命共同体等主张，强调使全球环境治理体系更加公平合理，可谓正当其时、意义深远。当前全球面临气候变化、生物多样性丧失、荒漠化加剧等严峻挑战，俄乌冲突及其产生的"外溢效应"，在全球范围内引发了关于欧洲能源危机的讨论，使众多欧洲国家的传统能源结构调整面临更为艰巨的挑战，未来可能出现俄欧能源脱钩，将重塑全球能源供需格局，使全球气候变化治理面临极大的挑战和不确定性。然而，任何事物的存在都具有两面性，气候变化在给全球经济增长带来不确定风险的同时，也带来了新的发展机遇。近年来，世界各国纷纷将绿色转型确定为国家重要的经济政策，能源结构和产业结构转型将为全球经济带来新的增长动力。我们要顺应当代科技革命和产业布局趋势，通过推进经济、能源、产业结构转型升级，不断开拓生态文明发展道路，让良好的生态环境成为经济社会可持续发展的有力支撑。

二、碳达峰、碳中和开启新一轮国际经济技术竞争

从科技和产业发展趋势来看，当前世界经济正处于新旧动能转换、深刻调整演变的重要阶段，科技的迅猛发展与产业的深刻变革将给全球发展带来全新的挑战，世界各国的命运发展与战略利益相互交融、深度链接。展望未来趋势，新一轮科技和产业革命快速推进，5G、物联网、人工智能、云计算、区块链等新技术蓬勃发展，人类社会生产和生活方式均将受到深刻影响，国家间的竞争已不仅局限于军事、能源、经贸等领域，科技实力的竞争将持续深化，急需培育新动能、新业态和新产业以形成国际竞

争新优势。碳达峰、碳中和为经济社会带来深刻变革，同时也为能源转型、技术进步、产业结构调整和国际合作带来重大机遇。应对气候变化，得到国际社会的广泛共识与参与，"减少碳排"已经成为全世界各国的共同任务。发达国家利用其所拥有的技术优势和标准优势，通过设置市场壁垒、征收碳关税等手段，强化自身在全球气候变化领域的话语权并保持领先优势。从历史排放看，发达国家在经济发展过程中制造了更多的碳排放总量，但大多在20世纪后半期或21世纪初就实现了碳达峰。从国际来看，2016年全球178个缔约方共同签署《巴黎协定》，成为继1992年《联合国气候变化框架公约》、1997年《京都议定书》之后，人类历史上应对气候变化的第三个里程碑式的国际法律文本，形成了2020年后的全球气候治理格局。《巴黎协定》提请所有缔约方在2020年前提交21世纪中叶长期温室气体低排放发展战略，以推动全球尽早实现深度减排。已经有越来越多的国家积极参与到碳中和等气候变化强化行动中。截至2021年1月，已有127个国家承诺在21世纪中叶实现碳中和。目前，不丹、苏里南等国家已实现碳中和目标，英国、瑞典、法国、新西兰等国已将碳中和写入法律。截至2020年11月，已有19个国家向《联合国气候变化框架公约》提交长期低排放发展战略，其中有11个国家的长期低排放发展战略包含碳中和目标，承诺实现碳中和的国家的温室气体排放总量达全球的50%。

当前我国进入新发展阶段，推进碳达峰、碳中和是顺应科技进步趋势，破解资源环境约束难题，建设人与自然和谐共生现代化的必然选择。实现"双碳"目标，也是我国作为负责任大国对人类前途和命运的深刻关注和主动担当。2020年9月，习近平总书记在第七十五届联合国大会一般性辩论上的讲话中提出，"中国将提高国家自主贡献力度，采取更加有力的政策和措施，二氧化碳排放力争于2030年前达到峰值，努力争取2060年前实现碳中和"。2021年4月30日，在中共中央政治局第二十九次集体学习时，习近平总书记指出，"实现碳达峰、碳中和是我国向世界做出的庄严承诺，也是一场广泛而深刻的经济社会变革，绝不是轻轻松松就能实现的。各级党委和政府要拿出抓铁有痕、踏石留印的劲头，明确时间表、路线图、施工图，推动经济社会发展建立在资源高效利用和绿色低碳发展的基础之上"。碳达峰、碳中和目标的提出，是我国主动做出的战略决策，可借此推动广泛而深刻的经济社会变革，形成新的发展方式。我国承诺用全球最短的时间实现从碳达峰到碳中和，完成全球最高的碳强度降幅，任务非常艰巨。中国能否在借鉴发达国家碳达峰经验的基础上，走出一条比发达国家质量更高的碳减排路径，成为当前的重要课题。因此，一方面要在碳达峰之前的时间窗口，积极采取碳减排行动，尽力降低峰值；另一方面要加快发展方式向绿色低碳转型，以尽早实现碳达峰。

三、全球经济社会能源变革趋势倒逼中国加快发展方式转型

当前我国发展处于重要战略机遇期，从国际经贸合作形势看，贸易摩擦加剧，国际经贸规则加速调整和演变，以全球多边自由贸易体系为核心的开放型世界经济正在遭受贸易保护主义和单边主义的冲击，全球治理体系和合作体系面临着严峻挑战。从国内看，我国社会主义改革开放和现代化建设进入新阶段，经过40多年的开放发展，我国经济转入高质量发展阶段，新旧动能不断接续转化，经济结构加快转型升级，作为世界商品大市场和投资热土的优势不断显现。另一方面，随着劳动力成本不断提高、资源环境承载压力不断加大、科技快速变革发展，依靠劳动和资源密集型投入的发展模式和竞争优势遭遇瓶颈，中国急需加快培育全面开放新格局下企业的竞争新优势。

改革开放以来，我国经济快速发展，人民生活水平得到大幅改善，但传统发展模式付出了沉重的资源环境代价。特别是20世纪90年代中后期，伴随着工业化和城镇化的快速发展，生态环境、自然资源与经济社会发展之间的矛盾开始迅速恶化。历史上，国外一些发达国家在工业化过程中也出现过牺牲环境发展经济的情况，比如美国、日本、英国等，后来通过采取节能降耗措施、实施产业政策调整、大力推广节能技术设备等实现了经

济低碳绿色转型发展。我国由于以往粗放型的增长方式,不但能耗高造成了资源能源过快消耗,而且以牺牲资源环境为代价造成生态环境破坏严重,因而导致全国环境污染问题突出。在中国实现GDP持续高速增长的同时,也出现了诸多矛盾和问题,诸如大气污染严重、水体污染形势严峻、土壤状况不断恶化、固体废物污染加剧、植被破坏问题突出等。这种传统发展方式带来的生态环境问题不仅仅是一个经济问题,而且已经上升为安全问题并急需转变,迫切需要转型为依靠知识、技术、治理提高效率、支撑增长的发展阶段,必须转变经济发展方式,走低能耗、少污染、高质量的绿色发展道路。我国加强应对气候变化,尽快实现绿色低碳发展转型,是符合自身发展利益的,更可形成国内低碳行动与全球气候治理的良性互动,在全球经济社会能源变革的大趋势下,有助于倒逼中国加快发展方式转型,加快构建起绿色低碳的经济体系。

四、新时代吉林全面振兴、全方位振兴急需提升绿色发展优势

提升绿色发展优势是东北振兴国家战略的时代要求。保护绿水青山、提供生态保障、振兴东北既是东北区域经济社会发展的需要,更是国家粮食、生态、能源安全的需要,直接关系到国家的政治稳定、经济发展、社会福祉。吉林省是国家重要的老工业基地,工业是我国节能降碳的主战场,推动工业绿色发展,是实现经济高质量发展的必由之路,更是促进经济社会全面绿色转型,兑现碳达峰、碳中和承诺的重中之重。因此,必须大力推动吉林省产业绿色低碳发展,提高能源资源利用效率,着力挖掘绿色增长潜能,培育全省产业竞争新优势。从供给侧看,汽车、钢铁、石化等传统产业急需进行绿色低碳技术改造、降低能耗、减少污染物的排放;从需求侧看,为了满足人们日益增长的对绿色安全高品质产品的消费需求,同样需要不断提升吉林省产业体系的绿色发展水平。大力培育生态经济,推动绿色低碳发展,是吉林加快建设生态强省、尽早实现"双碳"

目标的必由之路。为此，吉林省忠实践行习近平生态文明思想，全面实施"一主六双"高质量发展战略，着力推进产业生态化、生态产业化，努力打造国家级新能源生产基地，为调整经济结构、能源结构、产能结构创造了良好条件。当前吉林省产业发展面临的环境复杂，需要加快推进产业转型升级，实施创新发展，为吉林全面振兴积蓄新动能、开辟新空间。为此，需要加大改革力度，扫除体制机制障碍，进一步激发市场主体发展活力。发挥有效投资的拉动作用，加快现代化经济体系建设，着力推动吉林经济高质量发展，积极拓展发展空间。坚持以智能制造为主攻方向，推进"数字吉林"建设，全力推动制造业振兴。坚持创新驱动发展战略，强化科技创新与实体经济的融合，激励企业提升创新能力，依靠创新培育壮大新动能，培育在全球价值链、供应链竞合中的新优势。深度融入"一带一路"，加速开放步伐，加强对外通道和各类开放平台建设，积极推进对外经贸交流与合作对接，助力全面振兴。

五、绿色发展是引领经济高质量发展的重要引擎

习近平总书记在党的二十大报告中指出：必须牢固树立和践行绿水青山就是金山银山的理念，站在人与自然和谐共生的高度谋划发展。加快推进发展方式绿色转型升级，是党中央立足全面建成社会主义现代化强国的重要途径。绿色发展是高质量发展的内在要求，是我国实现工业大国向工业强国迈进的必由之路。绿色发展是新发展理念的重要组成部分，当前我国经济高速发展过程中时刻面临如何实现经济发展和生态环境保护两者之间的平衡关系，通过改变传统的经济发展模式，调整产业结构和能源结构，促进提升能源使用效率，持续推动经济高质量发展。绿色发展需要系统规划、统筹兼顾。绿色发展是一种节约资源、环境友好的发展方式，对绿色发展有影响的各类要素之间是相互关联的，具有一定的系统整体性，绿色经济的增长不是局部的，必须要对其具有一定的宏观把握。绿色发展离不开完善的顶层设计，统筹兼顾，不断强化制度建设，调整阻碍绿色发

展的不合理机制，加快明确绿色标准的认定，加强环境监管，让制度和法治为绿色发展提供强有力的保障。技术创新为绿色发展提供源源不断的动力。绿色发展的实质是生产方式的升级，着力提高发展质量和效益。绿色发展的技术创新将会对传统技术创新中对环境的破坏和资源的浪费进行最大限度的弥补，不仅会降低企业污染物的排放，同时也会减少企业的环境保护成本，推动企业生产绿色化。绿色发展是长期、可持续的，需要金融资本的大力扶持。由于绿色发展将保护生态环境计入产品的生产成本中，所以绿色产品尚未形成规模化生产之前，产品的成本是不断增加的，产量也会有所降低。企业如果缺乏资金的强有力支撑，绿色转型过程中会遇到很多难题，甚至部分企业会因为利润的降低而放弃绿色技术转型升级。绿色金融支持会充分释放企业绿色发展的潜能。政府可积极引导金融机构、社会资本、风险投资等为企业的绿色发展提供多元化的融资渠道。加快建立完善的污染排放交易体系，使企业能够享受降低排污所带来的经济回报。绿色发展更是一种普惠发展，需要正确引导群众积极参与进来。绿色发展的理念为人与自然和谐发展，维护良好的生态环境更是普惠的民生福祉。经济发展的最终目的是不断改善居民的生活质量，满足人民日益增长的美好生活需要。绿色发展正是取之于民、回馈于民的，只有人民群众广泛参与，绿色发展人才队伍才会不断强大。

第二节　理论基础

绿色发展是建立在生态环境容量和资源承载力的约束条件下，将环境保护作为实现可持续发展重要支柱的一种新型发展模式。绿色发展蕴藏着深厚的理论基础、文化底蕴和丰富的实践经验，它既是一种理念，也是一种路径、一种实践行为，我们只有坚持绿色发展理念，走绿色发展道路，才有可能从根本上解决当代中国的生态问题，实现生态文明。

一、绿色发展是对中国传统生态文化的汲取和传承

中华文明历来崇尚天人合一、道法自然，追求人与自然和谐共生。人与自然的关系是人类社会生存发展中面对的最重要、最基本的关系，它表现在人类对自然的影响与作用和自然对人类的影响与反作用两个方面。人类来自于自然，当然就要顺应自然、反哺自然。只有这样，人类才能与自然共生、共处、共存、共融。人类应该而且完全可以积极地保护和利用自然，但不能随心所欲、恣意妄为地置生态经济规律于不顾，无节制地从自然界中攫取资源，甚至毁坏它。对自然的利用必须符合人与自然和谐发展的规律，否则，必然导致自然界对人类的报复，甚至会给人类带来毁灭性的灾难。在中国传统生态文化思想中，天地万物被视作统一的整体，人乃是天地万物的一部分。万物生存发展有其本身内在规律，天地自然是人类赖以生存的条件。先秦儒家的"天人合一"思想、道家的"道法自然"思想，都是把人与自然作为互相联系的有机整体，而不是将二者置于对立、割裂状态，摒弃了"人类中心主义者"所坚持的机械主义世界观和主客二分逻辑体系，引导人们认同世间万物的内在价值和固有价值。《庄子·达生》说："天地者，万物之父母也。"《管子·水地》说："地者，万物之本原，诸生之根苑也。"……这些朴素睿智的自然观思想，至今仍给人以深刻的警示和启迪。这让全面深入地树立"尊重自然""顺应自然""保护自然"的生态文明理念成为可能。

二、绿色发展是对马克思主义生态思想的坚持和发展

马克思主义的发展观蕴含绿色发展观，体现了发展的科学性，发展是它的基本目标指向，它与以往发展观的最大区别在于如何实现发展。马克思在《1844年经济学哲学手稿》中阐述了关于人与自然关系的思想。马克思主义认为，人靠自然而活，是自然界的一部分，并且人可以通过实践

活动有意识地改造自然。恩格斯在《自然辩证法》中指出："人也反作用于自然界，改变自然界，为自己创造新的生存条件。"马克思主义的生态文明思想指出了人与自然的辩证统一、自然生产力与社会生产力的辩证统一，并且指出了造成自然界资源和生态严重破坏的社会制度根源，对资本主义制度及其生产方式进行了批判。我们党提出的绿色发展理念和习近平生态文明思想是对马克思主义基本原理的运用、发展和创新，与马克思主义的生态思想是一脉相承的，马克思主义生态文明中关于人按照美的规律建造大自然的思想，对于我们今天建设美丽中国具有十分重要的启示意义。从党的十七大报告首次提出生态文明理念，到党的十八大以后，以"五位一体"总体布局、"四个全面"战略布局和绿色发展理念为标志，我国对环境与经济规律的认识及其相互融合发展战略安排与实践实现了系统性飞跃，中国生态环境保护发生历史性、转折性、全局性变化。在习近平生态文明思想的指引下，人民群众对优美生态环境的需要在新时代社会主要矛盾中得以充分体现，社会主义生态文明建设成为中国特色社会主义道路、理论体系、制度和文化的重要组成部分。

三、绿色发展是对西方生态文明的反思与借鉴

所谓"发展代价论"，认为经济社会发展过程中必然付出生态环境遭受破坏的代价，并且认为这种代价是值得的，将经济发展与保护生态环境二者割裂开来，认为二者是彼此独立的关系。"人类中心主义"认为，人是大自然的主人，是自然事物唯一的价值尺度，人类的利益和需要是绝对合理的，自然是满足人类需要的对象，并且人的自由体现在对自然的不断征服和改造之中。在"人类中心主义"价值观驱动下，人类的主体地位和尊严价值得到充分肯定，人类对自然的掠夺和改造很大程度上推动了科学技术的进步，进而扩展了人类的知识与实践能力，特别是"人类中心主义"价值理念与资本主义精神扭结在一起，形成了工业文明的意识形态。但是随着全球工业化迅速发展和城市化不断扩张，人类对自然无止境

的改造与掠夺，由工业文明引发的人与自然之间的矛盾日渐激化，引发了
严重的全球性生态危机并不断蔓延，已经对人类的生存与发展形成严峻的
考验。随着西方近代工业化引发环境危机，人类不断遭受自然惩罚，人们
开始对"人类中心主义"进行反思和批判，"生态伦理学"随之兴起，人
们开始追问和反思工业文明的发展方式应该如何定位人与自然的关系，应
该以何种方式对待自然。绿色发展逐渐成为世界共识，全球绿色生态环保
运动相继开展，开始呼吁加强资源节约和生态保护，积极寻求新的发展方
式。党的十八大以来，我国推动生态文明建设、践行绿色发展理念、提高
可持续发展水平。中国决心走绿色发展之路，不仅表明人类对于自然生态
价值的再发现、再认识，也体现了对西方工业文明和"人类中心主义"的
批判与反思。

四、绿色发展是对人与自然关系原理的辩证与统一

辩证关系指的是事物之间、事物内部要素之间存在既对立又统一的关
系。辩证关系是我们认识事物的普遍方法，把握辩证关系的重点在于是
否能用对立统一的方法看问题，客观、全面地表明事物矛盾双方的相互
关系。人与自然的辩证关系是对立统一的矛盾关系。人类社会的历史活
动离不开自然，自然不仅为人类社会的形成和发展提供了必要的物质前
提，同时也是人类社会赖以生存和发展并进行生活活动的自然基础。人类
往往会根据自身的需求去改变自然环境，而不是一味地去适应。在宜人的
环境下，人与自然保持着一种动态平衡，人类能够正常地生活、工作和学
习，进而产生更多的创造力和智慧；当生态环境遭到严重的破坏后，平衡
也随之遭到破坏，人类也会受到自然环境的惩罚，付出相应的代价。根据
对马克思主义相关理论的理解，人与自然的辩证关系就是人与自然之间对
立与统一的关系，这种关系表现在一定情况下，二者之间既相互依存又相
互促进，二者之间更有相互排斥和相互斗争。习近平总书记多次引用恩格
斯《自然辩证法》中的观点：人类不要过分陶醉于对自然界的征服。绿色

发展是人与自然辩证统一原理的具体体现，是对资本主义粗放型生产方式的一种改进和超越。人与自然所形成的矛盾与对立的关系对生态环境造成了破坏，根本原因在于资本主义自身的生产方式是错误的。资本家为追求获取最大的利润，采取不加约束的粗犷生产方式，这就导致产量相对过剩的结果，对资源造成浪费，破坏了生态环境，使人类与自然生态之间的矛盾发展到对立的形式。只有彻底转变传统的生产方式，坚持绿色发展，才能实现人与自然和谐统一。习近平生态文明思想正是对马克思主义人与自然关系思想，包括自然辩证法就是实现人与自然和谐发展思想的传承。因此，我们要做到日常生活活动既满足需求，同时又不去破坏大自然的生态环境，能够科学、准确地把握平衡点。但是，由于人类处于特定的历史时期及科技水平的发展程度和知识的局限性，一些实践活动会打破人与自然之间所建立的平衡关系，例如，英国出现的伦敦雾都现象、日本发生的"水俣病"，都对自然造成了巨大的破坏，同时也为人类带来了难以估量的危害。我们要正确认识和处理人与自然的关系，不能违背自然规律，破坏生态平衡，否则就会受到大自然的报复和惩罚。在科技迅猛发展的今天，生态环境问题日益严重，人与自然的辩证关系更显意义重大。在新时代，习近平生态文明思想对人与自然的关系有了创新的意义，对人与自然的关系认识更加深刻：人与自然是生命共同体，人类应该敬畏自然、尊重自然、顺应自然和保护自然，人与自然密不可分，人与自然是有机整体，人与自然和谐共生；树立绿水青山就是金山银山的理念，实施更加深入、系统、具体、有效的措施，实现人与自然和谐发展，建设生态文明。

五、绿色发展是科学社会主义的基本原则

科学社会主义是马克思主义的三个组成部分之一，科学的定义在于发现了实现社会主义的无产阶级的力量以及为之奋斗的阶级组织方式——共产党。"科学"一词更为深刻的含义不同于空想社会主义，社会主义不是一成不变的，而是可以被研究、被修改的。当今中国特色社会主义进入新

时代，说明科学社会主义在21世纪的中国焕发出强大的活力，在世界上举起了中国特色社会主义伟大旗帜。科学社会主义一般原则是社会主义事业发展规律的集中体现，是马克思主义政党领导人民进行社会主义革命、建设和改革的基本准则。习近平总书记明确指出：社会主义并没有定于一尊、一成不变的套路，只有把科学社会主义基本原则同本国具体实际、历史文化传统、时代要求紧密结合起来，在实践中不断探索总结，才能把蓝图变为美好现实。坚定不移坚持科学社会主义基本原则，要加强学习并全面领会科学社会主义基本原则的深刻内涵和精神实质，要积极投身于中国特色社会主义伟大事业中去。科学社会主义发展到当代中国，已经展现出全新的表现形式，那就是中国特色社会主义。科学社会主义是中国特色社会主义的理论基础，中国特色社会主义是科学社会主义的实际运用。中国共产党始终坚持把马克思基本原理与中国发展具体实际情况相结合，走出了一条符合中国特色的社会主义道路。中国特色社会主义所坚持的目标之一就是以经济建设为中心，以解放和发展生产力为基本，不断满足广大人民群众日益丰富的物质文化需求。随着绿色发展逐渐成为我国新时代实现高质量发展的必要途径，绿色发展理念也成为科学社会主义的一个基本原则，需要长期坚持不动摇。绿色发展将进一步促进科学社会主义发展文明的转型和全面发展。绿色发展将促进科学社会主义全面发展，科学社会主义的绿色发展主要强调以人为本原则，认为人是价值的中心，但人不是自然的主宰，人的全面发展必须促进人与自然的和谐。党的十八大报告中提到经济建设、政治建设、文化建设、社会建设及生态文明建设相互依靠，形成了建设中国特色科学社会主义"五位一体"的总布局。绿色发展理念是科学社会主义的基本原则。社会主义改变了人与自然对抗的资本主义的生产方式，为绿色发展创建了前提和保障。坚持绿色发展，建设"美丽中国"，需要树立尊重自然、顺应自然、保护自然的生态文明理念，坚持节约自然资源和环境保护的基本国策不动摇，加快建设资源节约型和环境友好型社会，实现人与自然的和谐共生，实现可持续发展。

第三节　现实意义

一、坚持绿色发展可以为吉林省经济社会可持续发展注入活力

习近平总书记提出，建设生态文明，关系人民福祉，关乎民族未来。走绿色发展之路，不仅能够节约生态资源，也能够更好保护生态环境，给持续发展注入活力。首先，走绿色发展之路，能够更好地保护吉林省的生态环境。生态环境是人类生存和发展的基本条件，是经济社会发展的基础。保护和建设好生态环境，实现可持续发展，是现代化建设必须坚持的一项基本方针。坚守绿色发展之路，深入打好蓝天、碧水、净土保卫战，持续巩固污染防治攻坚战成果，有助于建设以资源环境承载力为基础，以自然规律为准则，以可持续发展为目标的资源节约型、环境友好型社会，实现人与自然和谐相处、协调发展。其次，走绿色发展之路，能够推动社会进步。追求社会整体进步是人民群众不懈努力的奋斗目标，对提升群众幸福指数起着至关重要的作用。如果社会发展方式不合理，未能在社会各领域落实和践行绿色发展道路，长此以往势必造成社会发展潜力被湮没，让社会发展呈现出区域化差距，进而拉开与其他地区和国际间的发展差距。社会进步是当下发展的主流，要推动社会进步，离不开走绿色发展之路。最后，走绿色发展之路，能够促进经济发展。坚持绿色低碳发展，可以为吉林省经济发展注入新鲜的动力，为吉林经济高质量发展奠定坚实的基础，是促进吉林经济发展的重中之重。

二、坚持绿色发展有助于吉林省开拓新的增长领域

近年来，气候变化所造成的极端天气给世界经济发展带来严峻挑战；但另一方面，应对气候变化、促进低碳绿色发展也给世界经济增长带来新的机遇。从发达国家经济增长和产业发展的实践经验来看，走绿色低碳的发展道路不仅能够有效地降低碳排放量，而且可以促进国民就业，实现减排降碳和带动就业的双重红利。随着绿色低碳成为全球经济发展的一种潮流与趋势，率先开发并掌握相关绿色低碳技术的国家将成为新经济的领先者和主导者。吉林省是国家重要的老工业基地，工业发展对能源依赖程度比较高，坚持绿色发展道路，一方面将有利于吉林省在碳中和国际机制竞争中，打破发达国家的涉"碳"技术标准和贸易壁垒，从而带动全省外向型经济加速发展；另一方面有助于促进吉林省产业结构调整和升级，激励新兴产业快速崛起与发展壮大，形成新的经济增长点。不断夯实绿色发展的重要产业基础，可以为吉林省赢得更大的未来优先发展空间。当前，吉林省正处于振兴发展的关键时期，建立健全绿色低碳循环发展经济体系、发展壮大绿色产业、推进产业绿色转型升级是重点。加快绿色低碳发展，可以催生一批新兴产业，依托老工业基地优势，大力发展包括新能源汽车、新能源装备、卫星及应用、节能环保、数字创意产业和相关服务业在内的战略性新兴产业，为吉林省振兴发展注入新动能，使吉林省加快走上创新驱动、内生增长、绿色低碳的新道路。在遏制"两高"项目盲目发展的同时，对高耗能行业加快绿色化改造，通过技术创新与配套技术升级改造，加快传统制造业高端化、智能化、绿色化发展，在对传统产业低碳改造过程中，可以创造更多的就业机会。加快发展碳交易市场，充分利用好碳信用、期权期货、碳交易基金等衍生产品，可以有效破解资源节约型和环境友好型社会建设的融资难题。此外，低碳发展的制度创新，将进一步增强资源节约型和环境友好型社会建设的制度保障。加快绿色发展，可以孕育吉林省产业转型升级发展建设的先机，培植新的经济增长点，寻找新的突破口。

三、坚持绿色发展有助于提高吉林省的国际竞争能力

新冠肺炎疫情给世界各国经济发展和社会生活带来了巨大冲击，塑造绿色低碳的发展模式成为各国实现可持续发展面临的重大课题。美国、英国、德国、法国、日本等发达国家，以及巴西、印度等发展中国家，都纷纷推出气候目标和一系列绿色发展计划。国内浙江、四川、贵州、云南、海南等省份在绿色发展方面，均出台了诸多政策与措施，积累了丰富的经验。在世界经济格局发生重大变革时期，加快绿色低碳转型，既是企业提升竞争力的必然要求，也是中国制造制胜国际市场的核心所在。吉林省若能抓住机遇，着眼国内大循环为主体、国内国际双循环相互促进的新发展格局，推动企业在疫情常态化防控阶段转型升级，促进发展方式转变，加快绿色发展，将为实现全方位振兴带来重要商机。吉林省加快推进绿色产业发展，着力产业转型，夯实绿色发展基础，强化创新驱动，壮大数字经济智慧产业，大力推广绿色生态产品，加快治理生态环境，打造绿色生态屏障，加快整合提升资源效能，加快推行绿色生产生活方式，不仅关乎生态文明建设，更是增强国际竞争能力的重要保障。

四、坚持绿色发展是吉林省践行"两山"理念的重要实践

"两山"理念是习近平总书记新时代生态文明思想的重要核心。党的十九大将"两山"理念写入《中国共产党章程》，成为我国生态文明建设发展的行动指南。"两山"理念完整的表述是"我们既要绿水青山，也要金山银山。宁要绿水青山，不要金山银山，而且绿水青山就是金山银山"。"两山"理念指出绿水青山与金山银山之间就是生态保护与经济发展之间所存在的对立统一关系。该理念是从中国实际情况出发，在长期实践中所形成的经济发展与生态保护的协同创新理念。一方面从理论的角度出发，解释了什么是绿色发展的问题，重点是贯彻新发展理念，实现经济发展与生态保护的互利共赢。"两山"理念是我国绿色发展的指引，指引我国将生态保护放在经济发展之前，将生态优势转化成为经济优势和

发展优势，将生态效益转变成为经济效益。另一方面从实践的角度出发，讲明了如何进行绿色发展。中国将生态文明建设纳入"五位一体"总体战略中，全方位全面推进社会经济绿色可持续性发展，倡导绿色生活理念和绿色生活生产方式，大力推进绿色转型进程。只要时刻牢记人与自然和谐相处的前提条件，尊重、敬畏、保护自然环境，就一定能够实现经济增长与环境保护协同发展，在真正意义上兼顾金山银山与绿水青山共同发展。同时经济增长在环境容量固定、科学技术水平稳定的前提下，会对生态环境造成一定的破坏和污染，甚至一些企业会为了短期的利益和部分利益而损害长期利益。绿水青山一旦遭到破坏往往是不可逆转的，因此，如果经济发展无法做到与生态环境相兼顾的话，一定要坚持生态优先。"绿水青山就是金山银山"指的是生态资源环境也是一种自然资源，如果利用得当也会转化成为金山银山。只有保证了绿水青山，才会有源源不断的金山银山，"绿水青山就是金山银山"是一种生态经济化和经济生态化的有机转化和统一。经济的生态化实现的是产业生态化和绿色消费化，产业生态化指的是企业将生产活动中对生态环境造成的破坏进行改造升级，转变成有利于生态环境的生产行为；绿色消费化则是处理好人与自然的关系，摒弃一次性消费、奢侈消费、破坏性消费等不正确消费模式，推进环保型、节约型和持续型消费模式。处理好"绿水青山"和"金山银山"的关系就是处理好保护环境和经济发展的关系。吉林省拥有"绿水青山和冰天雪地"两座金山银山，是吉林省拥有的最重要的生态优势。习近平总书记考察吉林时提到"冰天雪地也是金山银山"的重要理念，吉林省全面践行"两山"理念，坚定不移走生态优先、绿色发展之路。吉林省紧扣旅游资源的独特性和唯一性，加快建设东部避暑冰雪生态旅游大环线、西部河湖草原湿地旅游大环线，做大做强冰雪经济和避暑休闲产业，为吉林省实现绿色高质量发展注入动力源泉。近年来，吉林省大力推进产业生态化和生态产业化，高度重视生态文明建设，将其融入经济社会发展全局统筹规划中，抓好大气污染防治工作，实施秸秆全域禁烧，打好全省污染防治攻坚战，充分释放绿水青山和冰天雪地的经济效益、生态效益和社会效益，加大生态强省的建设力度。良好的生态环境是经济绿色发展的基础，拥有绿水青山，生态旅游、休闲康养产业就有了发展基础。

五、坚持绿色发展有助于吉林全面振兴取得新突破

吉林省东部长白山林海资源丰富，中部沃野千里，粮食产量连年丰收，西部湖泡湿地众多。2018年9月，习近平总书记考察查干湖时指出，良好的生态环境是东北地区经济社会发展的宝贵资源，也是振兴东北实现全面振兴的一个优势；要把保护生态环境作为首要目标，坚持绿色发展。近年来，吉林省深入贯彻习近平生态文明思想，大力建设生态文明，取得了优异的成绩：地级以上城市空气质量优良天数比例从82%提升至94.3%，PM2.5平均浓度每立方米25微克，继续保持在全国第一方阵，排在全国第九位；优良水体比例从68.8%提升至76.6%；城市生活垃圾焚烧处理占比达78%，同比提高13.6个百分点；长春市和吉林市入选国家"无废"城市试点；西部河湖连通主体工程全面完成，林草湿生态连通工程扎实推进，新建及改善提升绿水长廊1177.8千米，造林绿化221.4万亩；国家级园林城市达到15个；大力支持白山市建设"两山"理念试验区；抚松县、敦化市被命名为国家第六批生态文明建设示范区，辉南县入选国家第六批"绿水青山就是金山银山"实践创新基地。坚持绿色发展是经济可持续发展的重要前提，经济发展结构和经济发展方式对生态环境保护起到了决定成败的作用。传统的高投入、高消耗、高污染的粗放型经济发展老路是国家政策不允许的，也是生态环境不允许的。经济可持续发展要坚持在发展中求保护、在保护中求发展。吉林省拥有天然的自然生态环境资源、冰雪消费资源等服务优势产业，应利用吉林省特有的夏季避暑、冬季观赏冰雪产生的旅游效益实现经济效益。坚持绿色发展是吉林实现全面振兴战略的时代要求。保护绿水青山，提供生态保障，全面振兴吉林不仅是东北区域经济社会发展的需要，也是国家粮食安全、生态安全、能源安全的需求。

第二章

东北振兴战略实施以来吉林省绿色发展取得的成效

改革开放初期，经济的快速发展造成了一定程度上的生态环境破坏。生态环境作为中华民族复兴伟业赖以存在的物质基础，其被破坏在一定程度上削弱了人民群众追求美丽中国的内在动力。为有效解决这一矛盾，在东北振兴战略实施以来，吉林省委、省政府带领人民不断探索，以遵循自然规律为准则，树立绿色发展观，探寻全新发展方式，实施绿色发展战略。随着绿色发展战略的不断深入，吉林省与其他地区间自然条件差异和经济社会发展基础差距逐步缩小。在此，以吉林省地区发展理念演变为开端，对中华人民共和国成立后吉林省发展理念演化的历史脉络进行详细梳理和总结，分析东北振兴战略实施以来吉林省绿色发展优势、成效和进展。

第一节　吉林省绿色发展理念演化的历史脉络

一、以经济建设为主，环保意识薄弱阶段（1949—1977年）

新中国成立之初，我国一穷二白、百废待兴，吉林省因其资源环境、地缘优势和工业基础，建立起以重化工业为主导的工业体系，为国家复兴做出较大贡献，地区经济也随之迅速复苏，人们生活环境显著改善。随着吉林省内重化工业项目的大范围开展，由于缺乏合理规划，加之粗放式的发展模式，导致资源环境受到较大损害。一是缺乏合理规划。吉林省工业企业在新中国成立初期，厂址多沿用了东北沦陷时期企业地址，经过改建后落成，如吉林化工企业就多设立在沿江地区，给下游城市生产生活带来安全隐患。2005年11月13日，吉林市的中国石油吉林石化公司双苯厂发生连续爆炸，导致100吨苯类污染物倾泻入松花江中，造成长达135千米的污染带，给下游哈尔滨等城市带来严重的"水危机"。2010年7月28日，吉林省永吉县境内发生特大洪水，永吉县经济开发区新亚强化工厂一批装有三甲基一氯硅烷的原料桶被冲入松花江中，对水质造成影响。二是粗放式的发展模式。1958—1960年，吉林省的经济发展呈现出以"大炼钢"为代表的"大跃进"模式，造成森林、矿石等资源大幅浪费，对生态环境破坏严重。党和国家领导人提出了污染防治意见，吉林省政府开始着手进行环境保护，但由于对环境问题的认识程度及技术限制，加之"文革"等多方面因素共同影响下，相关措施未得到长久有效贯彻落实，导致因工业生产而造成的环境污染并未得到有效解决，并且粗放式的经济发展模式也浪费了大量资源，松花江流域出现了严重的环境问题。

20世纪70年代后，区域性的环境问题日趋严峻，为应对此阶段严峻的环境问题，国务院在1973年召开了全国范围内第一次环境保护会议。会议审议通过了"全面规划、合理布局、综合利用、化害为利、依靠群众、大家动手、保护环境、造福人民"的环境保护工作32字方针和我国第一个环境保护文件《关于保护和改善环境的若干规定》，将环境保护提上国家管理的议事日程，自此拉开了环境保护的序幕。会后，各地相继建立了环境保护机构。吉林省于1973年将1972年11月成立的吉林省革命委员会综合利用办公室更名为吉林省革命委员会"三废"利用办公室，1974年6月更名为吉林省革命委员会环境保护办公室，1979年2月更名为吉林省环境保护局，2009年3月更名为吉林省环境保护厅，2018年成立吉林省生态环境厅。自此，吉林省连同黑龙江省和辽宁省共同开展松花江和鸭绿江等水系污染治理工作以及生态保护区的申报工作。吉林省还制定了"环境保护10年规划"，确立了以防治"三废"污染为重点的环保方针。

可以看出，新中国成立之初在坚持以重化工业为主导推进吉林省经济增长的政策下，环境破坏严重，环境保护意识不足，人地关系矛盾突出。直至20世纪70年代后，国家提出了保护和改善环境的规定，吉林省贯彻落实相关治理制度和基本法规，生态环保意识逐步增强，工业生产技术有所改进，但总体来看环保力度仍较为薄弱。

二、环境治理体系初步确立阶段（1978—1989年）

1978年3月5日，第五届全国人民代表大会第一次会议通过了经重新修改制定的《中华人民共和国宪法》，其总纲第十一条中首次规定了"国家保护环境和自然资源，防治污染和其他公害"，随后1979年9月13日第五届全国人民代表大会常务委员会第十一次会议通过的《中华人民共和国环境保护法（试行）》，再次强调了经济社会发展中环境保护问题。在此背景下，吉林省环境保护工作进入了新阶段，加快污染防治，并依法强化监督管理，重点加强水污染源、大气污染源和城市环境治理，开展"三废"综合利用工作。同时，根据1988年9月国务院环境保护委员会发布的《关于城市环境综合整治定量考核的决定》，吉林省坚持推动城市环境综合治理的深入发展，着重落实长春等城市环境综合整治定量考核试点工作。此外，吉林省积极贯彻中央精神，下马一批污染重、效益低的工程项目，关、停一批布局不合理、污染重的工厂，将1974年建立的吉林省环境监测中心站逐步发展成覆盖省、市、县三级监测站的环境监测网络体系。依据1984年5月11日第六届全国人民代表大会常务委员会第五次会议通过的《中华人民共和国水污染防治法》，1985年6月30日国务院环境保护委员会、国家经济委员会颁布的《工业企业环境保护考核制度实施办法（试行）》等国家政策法律，吉林省围绕重点工业企业，通过开展技术改造、调整能源结构等工作，降低能源消耗，改善环境保护条件。

随着国家环境立法工作的有序展开，吉林省也对地方性的环境保护法规进行了探索，具体围绕污染费征收、排污费管理、城市环境综合整治、工业企业环境管理等方面进行，如1984年吉林省颁布了《征收排污费暂行办法》的补充规定等。

三、可持续发展背景下发展方式转变阶段（1990—1999年）

吉林省在经过前一阶段对环境建设和污染治理方面的努力后，环保成绩显著。但受重化工业数量较多，存在历史欠账、治理投入有限等因素影响，吉林省在此时期的工业废气、废水排放量和固体废弃物产生量仍较多。进入20世纪90年代后，吉林省因长期高强度的经济建设造成资源和环境间的矛盾进一步突显。1987年，世界环境与发展委员会在《我们共同的未来》报告中阐述的可持续发展理念，成为国际社会的广泛共识，这为吉林省提供了发展新思路。1991年7月13日，吉林省第七届人民代表大会常务委员会第二十三次会议通过《吉林省环境保护条例》（简称《条例》），《条例》中明确了经济社会发展与保护和改善生活环境与生态环境，防治污染和其他公害之间不可分割的关系。

1992年，联合国环境与发展大会通过了《21世纪议程》，旨在鼓励发展的同时保护环境全球可持续发展计划的行动蓝图，是"世界范围内可持续发展行动计划"。随后，1995年党的十四届五中全会将可持续发展上升为我国现代化建设的重大战略。按照党中央指示，为更好实现经济社会与生态环境协调发展，吉林省积极贯彻中央指示精神编制发展规划，在此期间组织有关部门和科研人员编制生态省建设规划大纲。规划包含生态保护、发展经济和社会进步三方面内容，提出要通过保护环境、发展经济，积极促进社会向文明、公正、安全、健康的方向发展。随后发布的《吉林省生态建设和环境保护"十五"规划》，提出要"以改善生态环境、提高人民生活质量、实现可持续发展为目标；以科技为先导，遵循自然规律和经济规律，紧紧围绕我省生态环境所面临的突出矛盾和问题，统筹规划，突出重点；强化区域和流域综合治理，把生态环境建设与经济发展紧密结合起来，促进经济效益、社会效益和生态效益的统一"。吉林省还将向国家积极申请生态省建设试点作为重点工作，并在1999年11月经国务院授权国家环保总局批准吉林省成为国家生态省建设试点。

四、生态省建设及循环经济发展阶段（2000—2011年）

自20世纪90年代末被批准为国家生态省建设试点后，吉林省围绕生态省试点建设，构建全新发展模式，大力改善生态环境，发展生态经济。2001年12月，吉林省第九届人大常委会第二十七次会议审议批准实施《吉林省生态省建设总体规划纲要》，提出了发展生态环保型效益经济的全新发展模式，做出了建设生态省的战略决策。吉林省生态省建设分为近期启动、中期发展、远期提高三个阶段。第一阶段（2001—2005年），为生态省建设启动期。用5年时间做好生态省建设的启动和布局，初步建立生态环保型效益经济基本框架，确立吉林省绿色品牌大省形象。第二阶段（2006—2015年），为生态省建设发展期。用10年时间使吉林省经济、社会和环境步入良性循环，形成生态环保型效益经济体系，树立绿色产业大省形象。第三阶段（2016—2030年），为生态省建设提高期。用15年时间，全面达到生态省建设的各项目标，展现吉林省绿色经济强省形象。2003年10月，《中共中央 国务院关于实施东北地区等老工业基地振兴战略的若干意见》提出，在东北振兴时期，要打造北方生态屏障和山青水绿的宜居家园。针对吉林省提出要切实抓好长白山重点林区保护、松辽平原等重点湿地保护、松花江等重点流域水质改善等工作，2004年10月，吉林省人民政府颁发《2004—2005年生态省建设实施计划的通知》，提出要把生态省建设与老工业基地振兴相结合，充分利用老工业基地振兴和国家加大对粮食主产区支持的优惠政策，按照《吉林省生态省建设总体规划纲要》的要求，加快全面建设小康社会步伐，大力发展生态环保型效益经济，积极推进生态环境建设和生态文明建设，实现"全面启动生态省建设，初步建立生态环保型效益经济基本框架，确立吉林省绿色品牌大省形象"的第一阶段奋斗目标。

这一阶段，党中央陆续提出了"科学发展观"、建设"两型社会"的发展论断。2005年后，中国政府开始着力推动循环经济建设。2006年，吉林省提出了《吉林省循环经济"十一五"规划》，规划在全省企业层面、区域层面、社会层面和资源再生产业方面滚动实施"53121"工程，即抓好50个循环经济骨干企业（项目）、3个循环经济示范园区、1个循环经济试点市、2个循环经济试点县（市）、1个国家循环经济试点重点领域建设。2008年国际金融危机后，吉林省进一步通过产业政策落实低碳、循环发展成果。组织实施了工业节能"1111"行动计划，制定发布了8个地方行业能耗定额标准，推广了26种节能技术产品，开展节能审计，已完成30户重点企业能源审计。建立了节能调度系统，实施了月调度制度，定期跟踪调度项目资金落实及投达产情况。精心组织一批工业点源治理项目，协调落实节能项目的支持政策，并开展资源综合利用认定工作。

可以看出，吉林省此时期的环境保护举措已经从经济活动所产生的环境污染末端治理转为整个经济系统发展方式的转变。但是，从2002年下半年起，中国进入新一轮重化工业扩张阶段，致使能源资源供给全面趋紧，污染物排放急剧攀升。从这一时期环境状况总体上看，呈继续恶化趋势，但恶化程度有所减轻。吉林省重化工业受此影响较大，在一定程度上阻碍了绿色发展的实施。东北振兴战略提出后，为吉林省生态环境保护和建设注入了动能，吉林省生态省建设和循环经济发展进入增长期，生态省和循环经济建设获得初步成效，产业政策和法律法规逐步健全。

五、生态文明建设中的绿色发展阶段（2012年至今）

2012年3月4日，国务院批复了关于《东北振兴"十二五"规划》。该规划提出要加强生态建设、积极推进节能减排、加强环境污染治理等保护生态、发展东北经济等要求。同年，党的十八大报告明确了"大力推进生态文明建设"的总体要求后，党中央在各类会议上均将绿色发展作为我国生态文明建设的重要组成部分，各地区的绿色发展步伐也随之加快。吉林省提出了区域间绿色协调发展战略，2014—2015年，先后颁布了《吉林省西部生态经济区总体规划》《吉林省东部绿色转型发展区总体规划》《吉林省中部创新转型核心区总体规划》，以全面提升绿色发展水平，深入实施东部绿色转型发展区、中部创新转型核心区和西部生态经济区"三大板块"绿色协同发展的三年战略。从节能与新能源汽车和先进轨道交通装备等七大产业入手，加快发展新动能产业的"北斗七星"，积极引领培育"绿色引擎"，以食品、石化、冶金、建材、能源等传统行业为重点，全面推行绿色化升级改造，鼓励相关企业实施绿色标准，推广应用绿色技术，开发绿色工艺，倾力推进传统工业体系向新型绿色工业体系转换。同时，发展绿色金融，加强绿色发展综合服务平台建设，构建绿色技术创新体系，建立绿色制造评价体系等，建立了绿色发展保障和长效机制。

2015年，中共中央、国务院印发《生态文明体制改革总体方案》，阐明了我国生态文明体制改革的指导思想等重要内容。随后，吉林省加快生态文明体制改革顶层设计的步伐，成立生态文明体制改革小组，开展重要改革举措落实情况督查工作。全国范围内绿色发展领域立法工作不断展开，2016年工业和信息化部提出《工业绿色发展规划（2016—2020年）》，国家发展改革委提出《可再生能源发展"十三五"规划》，国家发展改革委等提出《关于支持老工业城市和资源型城市产业转型升级等实施意见》……吉林省也颁布了一系列行政法规，2017年吉林省工业和信息化厅印发《关于推动制造业绿色发展的指导意见》的通知，2021年中共吉林省委十一届九次全会审议通过《关于忠实践行习近平生态文明思想加快建设生态强省的决定》，省委、省政府印发《关于深入打好污染防治攻坚战的实施意见》，省政府办公厅制定印发《吉林省生态环境保护"十四五"规划》等，改善了吉林省生态环境质量，促进绿色发展，完善现有体系。此外，吉林省政府忠诚践行"绿水青山就是金山银山"理念，坚定不移走生态优先、绿色发展之路。通过申报试点城市，进一步探索绿色发展道路。2019年11月，生态环境部命名表彰了第三批23个"绿水青山就是金山银山"实践创新基地和84个国家生态文明建设示范市县，吉林省集安市榜上有名。2020年，吉林省白山市和长白山保护开发区池北区分别被生态环境部命名为"国家生态文明建设示范市""国家生态文明建设示范区"，同年，伊通县被自然资源部确定为"绿色矿业发展示范区"。2020年9月22日，中国政府在第七十五届联合国大会上提出："中国将提高国家自主贡献力度，采取更加有力的政策和措施，二氧化碳排放力争于2030年前达到峰值，努力争取2060年前实现碳中和。"吉林省将碳达峰、碳中和作为绿色发展的必由之路。为全面贯彻新发展理念，做好碳达峰、碳中和工作，吉林省人民政府于2021年11月30日提出《关于完整准确全面贯彻新发展理念做好碳达峰碳中和工作的实施意见》（简称《意见》）。《意见》提出要深入实施"一主六双"高质量发展战略，全面建设生态强省，把碳达峰、碳中和纳入全省经济社会发展全局，以经济社会发展全面绿色转型为引领，以能源绿色低碳发展为关键，着力构建清洁安全高效能源体系，促进生产和生活方式绿色化变革，坚定不移走生态优先、绿色低碳的高质量发展道路，确保如期实现碳达峰、碳中和。在2021年的吉林省政府工作报告中，"做好碳达峰、碳中和工作"被列为2021年重点任务之一，吉林省"十四五"规划也将加快推动绿色低碳发展列入其中。

总的来看，东北振兴"十二五"规划提出后是绿色发展相关政策性纲领文件出台最为密集的时期。围绕绿色发展理念，吉林省在党中央带领下进行了多方面的有效尝试，建设并完善了绿色发展制度体系，增加环保法规，进行试点工作等，地区绿色发展进入成长阶段。

第二节　吉林省实施绿色发展的优势

一、区位优势

吉林省地处东北亚地理中心位置，中国东北中部。吉林省在国内南、西、北分别与辽宁、内蒙古、黑龙江相连接，东部与俄罗斯接壤，东南部以图们江、鸭绿江为界，与朝鲜隔江相望。吉林省东部的珲春距离日本海15千米，距离俄罗斯的波西耶特湾4千米。吉林省地处北温带，全省四季分明，雨热同季，山水林田湖等自然生态要素齐备。生态环境呈特殊的多样性和相对的整体性，而且可恢复性和保护程度较好。多年来，吉林省森林植被、林相结构和生物多样性明显改善，土质肥沃，具有发展优质农产品的优越条件。现有各级各类自然保护地167个，总面积319.2万公顷，占全省面积的16.69%。各类自然保护区51个。其中，国家级自然保护区24个，省级自然保护区20个，市、县级自然保护区7个。基本形成了梯次结构合理、类型较为齐全的自然保护区体系。吉林省由东部长白山地、中部台地和西部草原共同组成一个综合的生态系统。东部森林生态区包括通化市、白山市、延边州全境，长白山管委会和吉林市的东部地区，面积约8.6万平方千米，占吉林省总土地面积的45%左右。区内以长白山山地为主，森林面积占全省森林总面积的79.5%。西流松花江、鸭绿江、图们江、牡丹江以及绥芬河水系均发源于长白山区，河流径流量大，水能资源丰富。东部地区在全省、全国乃至东北亚都具有极高的生态地位。中部平原生态区包括东部和南部的大黑山山脉的丘陵漫岗。西部为松嫩平原的边缘，有世界著名的黑土带，是全国重要的商品粮生产基地。西部草原湿地生态区是科尔沁草原湿地、松辽平原黑土地和大兴安岭森林生态系统的过渡带，是吉林省重要的商品粮基地、油料基地和畜牧业生产基地。吉林省独特的区域优势给绿色发展奠定了良好的生态、环境、资源、产业等基础。

二、经济基础

2003年10月，《中共中央 国务院关于实施东北地区等老工业基地振兴战略的若干意见》正式发布，标志着振兴东北地区等老工业基地拉开序幕。20年来，吉林省紧紧围绕振兴发展的战略目标，创造性地贯彻落实中央精神，走出了一条老工业基地实现科学发展、创新发展、和谐发展的新路，老工业基地发生深刻的变化，经济社会发展取得巨大成就，焕发出新的生机和活力。

（一）经济稳步发展

东北振兴战略实地以来，吉林奋力赶超，坚持贯彻新发展理念，坚持高质量发展，深入实施"三个五"战略，扎实推进中东西"三大板块"建设，加快构建"一主六双"产业空间布局，着力破解制约振兴发展的深层次矛盾问题，经济社会发展取得了新的重大成就，进一步夯实发展基础，经济保持持续平稳发展势头。2021年吉林省经济总量达到13235.5亿元，与2003年相比，增长了6.18倍，年均增长10.06%，地区生产总值迈上万亿元的台阶。2021年地方级财政收入突破千亿元，达到1143.97亿元，比2003年增长了7.43倍，年均增长11.13%。2020年规模以上工业企业利润达573.99亿元，比2003年提高了3.59倍，年均增长6.96%。

（二）产业结构调整加快

服务业在地区生产总值中所占比重由2003年的39.6%升至2021年的52.2%，超第二产业0.16个百分点。三次产业结构由2003年的22.73：37.63：39.64调整为2021年的11.74：36.03：52.23。装备制造业增加值占工业的比重超过20%，高技术制造业更是迅猛发展。为进一步加快结构调整步伐，提高企业自主创新能力，吉林省瞄准"六新产业"，提出在现代汽车、轨道装备、光电装备、卫星制造等装备制造领域上集中发力，推动工业经济实现高质量发展。农产品加工业迅猛发展，成为新的重要支柱产业。粮食综合生产能力跃上亿斤阶段性水平，2021年总产达到亿斤，创历史新高。

（三）经济发展保障机制不断完善

"东北老工业基地振兴""东北老工业基地再振兴""东北振兴'十三五'规划"和"长吉图开发开放先导区"等国家战略为吉林省地方经济发展提供了良好的制度保障，也为吉林经济绿色发展注入活力。

1. 东北老工业基地振兴战略

2003年12月，国务院振兴东北地区等老工业基地领导小组成立。2007年8月，经国务院批复的《东北地区振兴规划》发布，提出经过10年到15年的努力，实现东北地区的全面振兴。2009年9月11日，国务院发布《国务院关于进一步实施东北地区等老工业基地振兴战略的若干意见》，实施东北地区等老工业基地振兴战略，以国有企业改革为重点，体制机制创新取得重大突破，多种所有制经济蓬勃发展，经济结构进一步优化，自主创新能力显著提升，对外开放水平明显提高，基础设施条件得到改善，重点民生问题逐步解决，城乡面貌发生很大变化。实践证明，中央实施振兴东北地区等老工业基地战略的决策是及时的、正确的。但也要清醒地看到，东北地区等老工业基地体制性、结构性等深层次矛盾有待进一步解决，已经取得的成果有待进一步巩固，加快发展的巨大潜力有待进一步发挥。与此同时，地区绿色发展也得到了进一步推动，2009年，吉林市成为第一个低碳经济示范区项目，在随后的一年，吉林市获得"最具竞争力的低碳产业基地城市"称号。

2. 东北老工业基地再振兴战略

以2012年党的十八大召开为标志，东北振兴战略进入了新的十年，与前十年相比，最大的变化是由"振兴"转向"全面振兴"。2016年8月22日，国家发展改革委印发了《推进东北地区等老工业基地振兴三年滚动实施方案（2016—2018年）》，10月18日，国务院召开振兴东北地区等老工业基地推进会议，会议审议通过《关于深入推进实施新一轮东北振兴战略部署加快推动东北地区经济企稳向好若干重要举措的意见》，12月19日，国家发展改革委公布《东北振兴"十三五"规划》。政策的持续发力，促使东北地区经济持续向好，也为绿色发展营造了良好空间，为吉林省走出一条绿色环保可持续发展之路打下了基础。在2012年全国低碳旅游发展大会上，吉林·通榆向海景区由低碳旅游实验区晋级为全国首批低碳旅游示范区，全国有19个景区获此殊荣，东北地区仅有2席，四平、白山市获批国家级可持续发展实验区。2014年，吉林省辽源市、白山市、舒兰市、长春市九台区、敦化市、通化市二道江区、汪清县七个市县区被列入国家资源枯竭型城市转型试点城市。

3. 长吉图开发开放先导区

2009年发布的《中国图们江区域合作开发规划纲要——以长吉图为开发开放先导区》赋予了长吉图开发开放先导区重要使命，肩负着向东向南双翼并进、与东北亚各国间的合作、融入环渤海经济圈、对接京津冀协同发展的重要使命。之后，吉林省编制完成《长吉图战略实施"十三五"规划》、中蒙"两山"铁路项目列入中俄蒙三国签署的《建设中蒙俄经济走廊规划纲要》。这些举措为吉林省地区经济发展注入新的活力，也推进了吉林省与国际经济技术的合作。在国际合作中，环境保护是最活跃的领域之一。吉林省积极参与区域性的深度环境科技合作，引进国外先进环保技术和环保管理经验，积极自主创新，扩展环境科技成果。

三、生态条件

（一）自然资源丰富

吉林省自然资源丰富，优势突出，耕地、黑土地、森林、湿地、草地、淡水资源丰富。按照2021年公布的2018年第三次全国国土调查结果，吉林省有耕地11247.75万亩、林地13138.57万亩、草地1012.11万亩、湿地345.41万亩，全省林地、草地、湿地总面积14496.09万亩，占全省总面积一半以上。且吉林省动植物类型多样，拥有野生的人参、五味子等药用植物资源，长白山为中国三大天然药材宝库之一，"东北三宝"驰名中外。

1. 黑土地面积广阔

吉林省地处世界闻名的黑土带，是世界闻名的"黑土地之乡"，土壤表层有机质含量为3%～6%，高者达15%以上。2021年，吉林省有黑土地耕地面积9811.01万亩，占全省耕地总面积的87.23%，覆盖全省9个市（州）60个县（市、区），其中典型黑土区耕地面积7202.4万亩，占全省耕地总面积的64.04%，覆盖26个市、县，贡献了全省80%左右的粮食产量。

2. 森林覆盖率较高

吉林省是全国重点林业省份之一，森林资源丰富。根据吉林省林业和草原局的森林资源统计结果显示，截至2021年，全省林地面积879.28万公顷，有林地面积833.20万公顷，森林蓄积量10.86亿立方米，森林覆盖率45.2%，有林地平均公顷蓄积量130立方米。东部长白山区素有"长白林海"之称，是我国重要的木材战略基地之一、我国东北重要的生态屏障，也是松花江、鸭绿江、图们江三大水系的发源地，在整个东北乃至东北亚地区生态系统中占有重要位置。吉林省森林植被类型丰富，东部是山地天然次生林区，中部是低山丘陵次生林区，西部是平原农田防护林区。乔木树种主要有红松、云杉、落叶松、黄波椤、水曲柳、胡桃楸、椴树、柞树、杨树等。灌木和草本种类也比较丰富。

3. 湿地类型多样

吉林省是全国湿地类型较多省份之一。全省湿地面积345.41万亩，占全省总面积的1.2%。吉林省拥有湿地类型较为丰富，拥有以长白山林区为代表的东部森林沼泽湿地，以松花江、嫩江流域为主的西部内陆河流及平原沼泽湿地，以及以江河湖泊为主的中部湖泊湿地。在第26个"世界湿地日"来临之前，吉林省林业和草原局发布了吉林省第一批省级重要湿地名录，公布吉林省认定的第一批湿地包括通榆向海湿地、镇赉莫莫格湿地、松原查干湖湿地、乾安大布苏湿地、通化哈泥湿地等在内的21处省级重要湿地。2021年，吉林省新建长白间山峰、德惠大白水、梅河口帽沟、通化县朝阳等4个省级湿地公园。截至2021年末，吉林省已建立湿地类型自然保护区17个，其中国家级湿地保护区8个，省级湿地保护区9个；已建立湿地公园36个，其中国家湿地公园23个，省级湿地公园13个。全省湿地保护率由6年前的35%提高到如今的47%。吉林省有湿地野生动物297种、湿地高等植物613种。

4. 草地资源丰富

吉林省是中国八大牧区之一。全省草地总面积1012.11万亩，约占全省土地面积的3.6%，可利用面积约占全省草地面积的70%以上，其中，西部草场辽阔，草质较好，且连片集中，东部山区丘陵较多，草地零散，但产草量较高。近年来，吉林省响应国家号召，加强草场保护，每年春季牧草返青期实行休牧，减轻草原承载压力，草原植被得以恢复。

5. 淡水资源丰沛

吉林省水资源丰富，西流松花江、鸭绿江、图们江、牡丹江以及绥芬河水系均发源于长白山区，河流径流量大。根据吉林省水利厅发布的2020年吉林省水资源公报显示，全省水资源总量为586.15亿立方米，比多年均值增长47%。其中，地表水资源量为504.80亿立方米，全省地表水资源分布不均，从东部山区到中西部平原区，年径流深由800毫米减至30毫米。地下水资源量为169.45亿立方米。其中，平原区地下水资源量为98.65亿立方米，山丘区为72.73亿立方米，平原区与山丘区间地下水资源重复计算量为

1.93亿立方米。全年流入吉林省境内水量为24.04亿立方米，流出省境水量为409.87亿立方米，其中，流入国际界河图们江、鸭绿江的水量为101.41亿立方米。全省有123座大、中型水库（其中大型19座，中型104座），2020年末蓄水总量197.71亿立方米。

6. 动植物类型多样

吉林省有发育良好多样的生物种群，东部长白山是东北虎、东北豹的栖息地，西部草原湿地是重要候鸟栖息地。自东向西形成东有虎豹、中有梅花鹿、西有白鹤的生态链廊。吉林省现有野生植物3890种，占全国植物种类的13%。长白山区作为中国三大天然药材宝库之一，为吉林省提供了丰富的野生药用植物资源，使吉林省成为中国最大的人参生产和出口基地。同时，吉林省还是享誉国内外的梅花鹿之乡，鹿茸酒、鹿尾巴精、鹿胎膏等鹿产品广受欢迎。

（二）新能源和可再生能源资源

吉林省西部地区"三化"土地量较大，具有发展新能源和可再生能源的良好条件，水能、风能、生物质能、太阳能、地热能资源储量丰富。

1. 风能资源

吉林省地处温带大陆性季风气候区，受西风带控制，吉林省风能资源具有风速稳定、少极端大风、空气密度大等特点，拥有较多风能资源，可开发的风能面积较大。

风能潜在开发量大。根据中国气象局第四次风能资源调查结果显示，吉林省全域2.5级以上的风能资源潜在开发量约2亿千瓦，可装机容量约5400万千瓦。从分地区看，吉林省东、西部地区潜在开发量相对其他地区较高，大约分别为0.75亿千瓦和1.25亿千瓦，可装机容量分别约为1000万千瓦和4400万千瓦。

风速时空分布特征明显。中西部地区风速和风功率相对较大，东部地区风速和风功率密度明显低于西部地区，其中白城、松原、四平双辽等地区风能资源分布更为集中。中西部地区地势平坦，风速大，10米高度年平均风速在2.5～4.5米/秒，风功率密度在50.0～150.0瓦/平方米；70米高度年平均风速在5.5～7.5米/秒，风功率密度在200.0～400.0瓦/平方米。东部山区和半山区对西风环流形成阻挡，使得风速较中西部地区小，除个别山顶和峡谷地区外，大部分区域10米高度年平均风速在1.5～3.5米/秒，风功率密度在25.0～75.0瓦/平方米；70米高度年平均风速在3.5～5.5米/秒，风功率密度在100.0～200.0瓦/平方米。风速年内以春季风速最大，秋季次之，夏季最小；日内以白天风速相对较小，晚上风速较大，风功率密度分布规律与风速分布规律基本一致。

风电快速发展。吉林省由于丰富的风能资源，成为中国九大千万千瓦级风电基地之一。凭借风能资源禀赋和国家风电政策持续利好，吉林省风电得到快速发展，并网装机容量逐年增长，风电开发和利用为全省能源结构调整、减少排放、改善环境、促进地方经济社会发展注入新的动力。

2. 生物质能资源

吉林省丰富的生物质资源主要来源于农业、林业和畜牧业产生的大量剩余物。据国家统计局关于2021年粮食产量数据公告显示，2021年吉林省粮食产量达807.84亿斤，占全国粮食产量的5.9%，位居全国第5位，秸秆产出量较大。每年畜牧业养殖产生大量畜禽粪便。森林覆盖率较高，每年清林、抚育、加工剩余物和地栽木耳废弃菌袋等产生大量林业废弃物。随着城镇化进程的加快，每年产生大量生活垃圾及有机废弃物。西部地区盐碱沙化地治理和生态建设，为种植能源植物提供条件。

农业生物质资源丰富。根据全省2021年粮食产量测算，农作物秸秆产出量约为5000万吨/年，可收集量约为3800万吨/年，除去用于薪材、还田、养殖、工业原料外，可能源化利用的资源总量约为1300万吨/年。另外，随着农业种植技术水平的提高和吉林省百亿斤粮食增产工程的实施，吉林省农作物秸秆分布区域差异较大，其中，长春、吉林、四平和辽源等中部地区占全省年产秸秆总量的63.5%，可用于能源化利用量约为826万吨/年；

白城和松原等西部地区占全省年产秸秆总量的26.6%,可用于能源化利用量约为346万吨/年;延边、通化、白山等东部地区占全省年产秸秆总量的9.9%,可用于能源化利用量约为128万吨/年。

林业生物质资源丰富。吉林省是全国重点林业省份,森林覆盖率45.2%,主要分布在东部的吉林、通化、白山、延边地区。目前,长白山区域已经被列为国家森林禁伐区。林业生物质资源主要来自清林的枝丫材和木材加工废料。据吉林省能源局统计,全省每年清林、抚育和种植食用菌菌袋等林业剩余物资源约为1000万吨,可能源化利用量约为400万吨。

畜牧业生物质资源丰富。据统计,2021年吉林省猪、牛、羊、禽分别存栏1137.6万头、338.3万头、650.4万只、1.6亿只,畜禽粪污排放总量约为3800万吨。其中,牲畜粪便约2800万吨/年,家禽粪便约1000万吨/年。全省畜牧业规模化养殖比例约占50%,每年畜禽粪便可能源化利用量约为1527万吨。"十四五"期间,吉林省开始实施"秸秆变肉"暨千万头肉牛建设工程,预计到2025年全省肉牛养殖数量发展到700万头,"十五五"中期预计达成1000万头的目标。根据吉林省畜牧业发展规划和养殖数量的增速情况,通过估算,2025年畜牧业粪污排放总量将突破4400万吨,"十五五"中期畜牧业粪污排放总量将突破4800万吨。

城镇生活垃圾资源可利用率较高。随着吉林省各市(州)城区内人口的逐年增长以及人民生活水平的不断提高,生活垃圾产出量将进一步呈上升趋势。2020年,全省城市生活垃圾无害化处理能力达18925吨/日,城市生活垃圾无害化处理率达100%。截至2020年底,吉林省已投产的生活垃圾焚烧发电项目共11个。到2021年底,吉林省人口总数约为2375.4万人,生活垃圾年产量约为2.2万吨,每年可收集能源化利用的资源量约为0.5万吨,达到垃圾总量的22.7%。

能源作物种植条件成熟。在吉林省西部白城地区和松原地区有153万公顷盐碱化土地和49万公顷沙荒地,具备种植甜菜、文冠果和甜高粱等能源作物以及沙棘、沙柳等能源林的条件。

3. 太阳能资源

据中国气象局发布《2021年中国风能太阳能资源年景公报》结果显示，吉林省多年平均日照时数为2200~3000小时，2021年，吉林省年平均日照时数2292小时，水平面总辐照量平均值达1344.27千瓦时/平方米，年太阳总辐射量为1403.25千瓦时/平方米，根据太阳能资源评估方法（QX/T89-2008），属资源很丰富级别，全省太阳能资源总体属于二类。

吉林省西部太阳能资源最为丰富。吉林省各地区间天气条件差异较大，日照时数地理分布不均匀，总趋势是由西向东递减，山地低于平原，东部低于西部。西部地区太阳能资源最为丰富，年日照时数为2800~3000小时，年太阳总辐射量达5200兆焦耳/平方米以上；中部的长春、四平地区次之，年日照时数为2600~2800小时，年太阳总辐射量达到5000~5200兆焦耳/平方米；东部山区最少，年日照时数为2150~2500小时，年太阳总辐射量达到4672~4800兆焦耳/平方米。

4. 水电资源

吉林省水电资源较丰富，90%分布在白山市、通化市、延边州和吉林市等地区，即集中在松花江、鸭绿江、图们江各水系。西北部平原除发源于大兴安岭的洮儿河外，河流甚少或无河流。

吉林省水电资源开发程度很高，已达到国内先进水平，继续开发潜力不大。2021年，吉林省发电量959.6亿千瓦时，其中水力发电量为82.4亿千瓦时，占吉林省发电量比重约为8.59%。

全省可开发水电装机容量574.4万千瓦，其中可开发的大型水电站装机容量为332.9万千瓦，现已开发289.9万千瓦，占大型电站可开发资源的87.1%；可开发的中型水电站装机容量为69.4万千瓦，现已开发36.0万千瓦，占中型电站可开发资源的51.9%；可开发的小型水电站装机容量为172.1万千瓦，现已开发及在建67.4万千瓦，占小型电站可开发资源的39.2%。

5. 地热能资源

吉林省地热能资源主要分布在东部长白山天池温泉群、抚松县、临江市等地，中部长春双阳、四平伊通等地，西部长岭等地。目前，地热能开发仅限于温泉、洗浴和养殖，从长远看，具有供热和发电潜力。此外，在省内地表地下水资源丰富地区可利用城市污水开发地源热泵用于供暖制冷。

四、科技教育

（一）环保产业技术有较大提高

1. 技术创新平台与人才支撑作用逐步加强

吉林省的技术创新平台功能较为完善。产学研结合机制明显，尤其在重要节能环保领域集聚了广泛的工程技术、机构及研发人才，为节能环保产业的发展提供了技术支撑。自主创新步伐加快。2021年，吉林省有科学研究与技术开发机构1125个。其中省级部门所属科学研究与技术开发机构55个，高等院校所属科研机构824个，高技术产业（制造业）企业办研究机构47个。年内全省有研究与试验发展人员8.7万人，在省内全职工作的中国科学院和中国工程院院士22人。

截至2019年底，吉林省共有国家及省级高技术研究重点实验室11个；截至2021年底，吉林省共有国家工程技术研究中心5个、省级科技创新中心223个。全社会科技创新投入大幅度增长，2019年，研究与发展活动经费（内部）支出148.4亿元，占全省生产总值的1.27%。2020年，全省科技进步贡献率达60%左右。2020年，启动实施了汽车关键技术、重点行业节能减排技术、重点流域（辽河流域）污染防控与生态修复等6个重大科技专项。每个专项的技术创新和人才支撑具有一定的优势。

2. 资源循环利用技术水平进一步提升

吉林省开发、引进和完善回收利用新工艺、能量转化技术，提高资源利用率。主要开发农作物秸秆还田、发电、燃料制造、造肥、造纸、生物天然气制备等技术；矿产资源综合利用技术，推动油页岩、火山渣、硅藻土等资源综合利用和深度加工；推动规模化畜禽养殖废物资源化利用技术；发酵饲料、高效有机肥等农林废弃物资源化利用技术；推进冶金、化工、建材等行业节能减排。长春一汽综合利用股份有限公司拥有再生水、蒸压粉煤灰加气混凝土切块技术，成为中国再生资源百强企业和中国再生资源回收利用示范基地。吉林伸飞环保能源有限公司与东北电力大学合作建立油页岩综合利用工程研究中心、研究生工作站，吉林中迪科技有限公司与中国石油集团吉林设计院合作研发高效芬顿试剂处理硝基苯，四平健新气体有限公司引进二氧化碳回收技术，等等，提升了吉林省资源循环利用产业技术支撑能力。

3. 环境监测仪器技术深度和广度逐渐延伸

随着第一颗"吉林一号"卫星的发射，现已形成15颗"吉林一号"卫星组网，为农业、林业、资源、环境等行业用户提供更加丰富的遥感数据和产品服务。长光卫星及地理数据中心项目实现航天测控与接收网络的全球覆盖，提高了吉林省对江河湖、土壤环境的监测能力，实现了土壤环境质量监测点位所有县（市、区）全覆盖，使吉林省在监测环境技术方面走在全国前列。吉林恒涛节能环保有限公司合作建立吉林省火电机组节能减排工程技术研究中心锅炉综合节能诊断研究室、吉林省电力大数据智能处理工程技术研究中心锅炉运行大数据分析研究室及校外实践基地，使吉林省环境监测仪器自动化、智能化水平明显提高，使烟气污染源监控系统、水环境检测仪器及自动监控系统、在线、快速检测等技术研究和清洁生产水平有了较大的发展。此外，吉林省还引进红外光度测油、机动车尾气检测等技术，满足了环保产业检测技术的需要。

4. 固体废物处理处置技术发展较快

我国固体废物处理技术设备的发展起步晚，但近年来发展较快，吉林省同步跟进，开展城市生活垃圾生态填埋成套技术和重金属污染土壤植物修复技术与示范等研究，取得了积极的进展。在垃圾收运设备、工业废物无害化和再生利用设备、焚烧炉、填埋场等方面开展了大量的研发，重点包括城市生活垃圾和危险废物所需的小型、高性能焚烧技术及配套系统和设备，填埋场高分子合成防渗材料和排水工程材料，焚烧炉二噁英污染控制技术装备等。在危险废物处置技术方面，开发了中小型回转窑焚烧技术、热解焚烧等技术，并应用于工程实践，推进长春一汽综合瑞曼迪斯环保科技有限公司的危险废物循环利用与综合利用技术的开发。大力发展煤矸石、粉煤灰等工业"三废"综合利用产业发展。加强城乡生活垃圾综合利用，推进餐厨废弃物资源化利用和无害化处理试点建设。积极推进技术引进利用，如四平中科能源环保有限公司引进的垃圾焚烧循环化床，舒兰市金禾生物质能有限责任公司引进的颗粒机用于再生资源回收利用技术。

5. 水污染防治技术研发能力不断提高

吉林省不断加强水污染治理技术的研发，通过自主研发和引进国外技术消化吸收，研发出一大批适合吉林省省情的城市污水处理实用新工艺和新技术。在污水处理厂污泥处理处置技术方面，重点开发造粒与焚烧技术、污泥沼气发电技术、污泥除臭灭菌技术和重金属稳定化等技术。加快研发重点行业废水深度处理、生活污水低成本高标准处理、饮用水微量有毒污染物处理、地下水污染修复等技术。加强水处理工艺，研究成果有适合不同类型城市污水处理厂使用的厌氧—缺氧—好氧污水生物处理技术、序批式活性污泥法和氧化沟等技术。吉林市光大分析技术公司与中国科学院长春应用化学研究所合作研发水质毒性在线分析、生物耗氧量（BOD）在线分析技术，吉林双元环保科技公司研发难降解高浓度有机废水撬装处理设备，吉林拓达环保设备工程公司与吉林大学合作研发小型一体化污水处理设备，吉林中实环境技术开发集团研发工业废水预处理MFM（微孔滤膜）过滤技术，为吉林省水污染治理注入了新的发展动力。

6. 大气污染控制技术得到有效应用

在大气污染防治领域，吉林省引进了先进的电除尘和袋式除尘技术设备。经过多年的消化吸收和改进，电除尘和袋式除尘技术已达到国际先进水平。袋式除尘技术已在吉林省垃圾焚烧和火电厂大型燃煤锅炉项目中得到应用。组织实施了燃煤电厂、大中型工业锅炉烟气脱硫技术及设备产业化，燃煤电厂锅炉烟气微细粒子高效控制技术与设备，柴油机氮氧化物净化技术，柴油车微粒捕集器关键技术等项目的攻关。目前已有石灰石—石膏湿法、烟气循环流化床、脱硫除尘一体化、半干法、旋转喷雾干燥法、活性焦吸附法等烟气脱硫工艺技术得到应用，脱硫设备的国产率已达90%以上。长春塑瑞达节能环保公司粉尘颗粒回收系统、通化通关达环保技术设备公司除尘脱硫脱硝一体化处理等技术获得多项发明专利。这些低氮氧化物的煤燃烧技术，能够大幅度减少烧煤的氮氧化物排放量。

7. 土壤治理修复技术不断突破

吉林省已在生物修复、物理修复、化学修复及其联合修复等土壤修复技术方面取得成效，积累了不同污染类型场地土壤综合工程修复技术、污染土壤的原位生物修复技术和基于监测的自然修复技术等应用经验。如，博大东方新型化工（吉林）公司和中国科学院长春应用化学研究所共同建设的"生物降解塑料产业园"，现已经完成了第三代催化剂技术（高热稳定锌系催化剂、HS-Zn催化剂）的研发中试，用于地膜污染治理。以秸秆等为辅助原料，采用微生物技术，将生产出的沼渣、沼液进行深加工后用作高档菌肥，同时利用发电产生的余热和二氧化碳进行大棚有机种植，如吉林三龙环保科技公司与烟台大学合作开发高温好氧发酵技术生产肥料。推进"四控"行动，全面加强农业面源污染综合治理，促进生态循环农业发展。在盐碱地治理、矿山修复、改良土壤等技术创新上取得突破，提高了粮食产量，保护了生态环境。

（二）环境宣教持续加强

政府的环境保护一个重要职责是加强全民的环境意识和环境法律教育。主要分为：

1. 环境基础教育持续加强

2016年，吉林省制定并开始实施《吉林省生态环境保护工作职责规定（试行）》（吉办发〔2016〕57号），规定教育部门组织指导各类学校将环境保护知识纳入教学内容，积极开展环境保护科普教育和志愿服务活动，培育学生的生态文明思想和环境保护意识。吉林省从儿童和青少年抓起，在幼儿园和中小学开设环境教育基础课，使下一代从小就有较强的环境意识。如吉林省吉林市六十一中学认为，环境意识是根本，活动是途径，该校充分利用新课程改革机遇，加强课程渗透教育与开展绿色教育特色活动，强化环境教育，努力加强学生的环境意识，开展种一棵树、栽一盆花、节约一度电、节约一滴水、节约一张纸的"五个一"环保节能等丰富多彩的活动，让学生在活动中感悟、在活动中学习，增强学生爱护环境、珍惜资源的意识。利用学校的各种开放空间，设置各种绿色教育内容，从知识性内容、温馨提示语、环保宣传上，进行环保教育熏陶，提高中小学生对环境保护的意识。

2. 环境宣传教育持续加强

利用各种新闻媒体，开办知识性、趣味性相结合，富有教育意义的环境法律知识节目，利用环境新闻报道、环境问题曝光等手段，提高人们的环境法律意识，改变传统的环境观念，动员群众积极维护和管理自己的生存环境。早在1985年，吉林省就成立了吉林省环境保护宣传中心，负责全省环境宣传、环境教育、环境新闻、环境报刊出版、环境文化传播等方面工作。2016年，吉林省制定并开始实施《吉林省生态环境保护工作职责规定（试行）》（吉办发〔2016〕57号），规定宣传部门要规划、部署、实施生态环境和资源保护宣传教育工作。自此，在每一年的"六五环境日"活动中，吉林省均通过集中开展宣传、组织开展公益、举办生态环保公众开放、组织旅游产品推介等活动，大力宣传我省生态优势、生态文明建设成就、生态旅游产品、生态示范创建成果等内容。活动周期间，依托精神文明指导委员会办公室、新时代文明实践中心、学校、社区等机构，组织开展以"蓝天保卫战我是行动者""装扮美丽家园守护大美吉林"等为主题的系列公益活动。选取已经开展旅游的部分自然保护地和生态环保设施，在活动周期间集中向公众开放。积极开展以森林生态、康养度假、边境风情、农业观光、民俗体验、历史文化等为主题的旅游产品推介活动。

3.环境培训教育持续加强

吉林省环境培训教育分环境管理人员的业务培训教育和各级行政领导的环境培训教育。将环境保护法律法规、生态文明建设相关内容纳入各级党校、行政学院党政领导干部教育培训内容，将党中央、国务院关于环境保护的重要方针、政策和省委、省政府决策部署纳入党政领导干部教育培训内容和各级党委（党组）中心组学习内容。通过培训使党政领导不仅能掌握环境法律知识，还会使用环境管理的办法，如环境管理八项制度，从而在实践中，能从本地区的整体利益出发，用最经济的管理费用，达到整个区域环境状况的全面改善。2021年，吉林省环境保护产业协会申办的吉林省吉环职业培训学校获批民办学校办学许可证，该学校为吉林省内首所环保专业类的职业培训学校，以工业气体生产、工业废气治理、水生产处理和工业废水处理为主要培训内容，将面向行业、面向领域、面向社会招生，为吉林省培育职业道德素质良好、有一定技能理论基础、动手能力较强的环保专业技能人才，为就业前人员、在职人员、失业人员、农村劳动力、大学毕业生提供发展平台。

第三节　吉林省绿色发展成效及进展

一、产业绿色转型成效显著

（一）农业绿色转型成效明显

1.农业绿色发展先行区建设加快

在"绿水青山就是金山银山"理念引领下，聚焦生态文明建设，突出绿色发展，出台了一系列节约资源保护环境的政策措施，严格执行环境保护"一票否决"制。围绕"一控两减三基本"目标，大力推广绿色生产技术，加快农业产地环境突出问题治理，重点培育绿色高效可持续发展模式。持续完善绿色产品认证体系，健全绿色产品销售渠道，优质、安全、绿色农产品供给能力不断提升。认定和创建国家农业绿色发展先行区3个、省级先行区10个、省级先行区创建单位8个。

2. 农业资源保护利用成效明显

耕地保护力度不断加大。按照《吉林省补充耕地指标调剂管理办法》，对各地补充耕地指标调剂进行审核管理。颁布施行《吉林省黑土地保护条例》，实施国家黑土地保护利用试点项目，建立11个黑土地保护试点县。在梨树县建立全国首家黑土地保护与利用院士工作站，创造了"梨树模式"，推广保护性耕作1852万亩，覆盖32个县（市、区），规模全国最大。划定粮食生产功能区和重要农产品保护区7415.34万亩，超额1.58%完成国家下达的指标。建设高标准农田3530万亩，有力巩固了粮食生产基础。

水资源利用效率持续提升。实施灌区配套节水改造工程，重点推进白沙滩等7个大型灌区和朝阳川等2个中型灌区节水配套改造项目。积极推广管道输水、喷灌和微灌等高效节水灌溉技术，农田灌溉水有效利用系数达0.6。

林草湿生态资源保护成效突出。全省森林覆盖率达到45.04%，森林碳汇和应对气候变化能力持续提升。完成中西部农田防护林建设任务25万亩，沙化土地治理166.7万亩。落实草原禁牧面积840万亩，建设人工草地270万亩，草原综合植被覆盖度达72%。新晋升湿地类型国家级自然保护区2个、国家湿地公园3个，新建省级湿地公园5个，湿地保护率达47%。

3. 产地环境治理效果显著

化肥农药施用趋于科学合理。大力推广应用绿色高效生产模式，实现化肥农药施用量负增长，主要粮食作物化肥农药利用率均达40%以上。农作物病虫害航化作业达7500余万亩次。主要农作物绿色防控覆盖率达30%以上，病虫害专业化统防统治覆盖率达40%以上。

农业废弃物资源化利用效果显著。秸秆循环利用技术得到广泛应用，基本形成以秸秆为纽带的循环农业发展模式，秸秆综合利用率达70%。规模养殖场粪污处理设施装备配套率达96.3%，高出全国平均水平3.3个百分点，畜禽粪污综合利用率达94.04%，资源化利用水平全国领先。推广应用厚度不低于0.01毫米地膜和地膜减量增效技术，农膜回收率达80%。2017年印发《关于开展农药包装废弃物专项整治行动的通知》，加强农药包装废弃物回收和集中处置工作的组织领导并落实相关措施。吉林市、白山市、长春市等地区以及部分县（市、区）对农药包装废弃物回收处理工作进行大量尝试和探索，取得阶段性成果。

农业生态治理步伐加快。开展农业面源污染状况调查，强化畜禽规模养殖环境监管、水产养殖污染防治、水生生态保护，有效防控面源污染物入河。全面开展农业环境污染防控，严格入河排污口审批和管控，降低土壤、灌溉水源和农村小流域的有害物质，有效切断镉等重金属污染物进入农田的途径，重点重金属污染物排放量比2013年下降5%。

4. 绿优产品供给持续增长

农业标准化生产步伐加快。围绕农业标准化生产，累计组织制修订国家标准、行业标准、地方标准、团体标准、企业标准近700项，扶持引导部分新型农业经营主体率先实行标准化生产。创建国家农业标准化示范县6个、国家农产品质量安全县9个、省级农产品质量安全县14个、省级安全优质绿色农产品标准化生产示范基地30个。建成全国绿色食品原料标准化生产基地23个、国家级蔬菜水果标准园140个，标准化示范面积达5500万亩。创建国家级渔业健康养殖示范县2个、农业农村部水产健康养殖示范场175家，全省水产健康养殖率达60.49%。

农产品质量安全监管能力持续提升。以省、市、县、乡四级监管机构为主导，省、市、县三级检测机构为支撑，监测信息平台为补充的农产品全链条质量安全监管体系进一步健全。农产品质量安全监管制度进一步完善，对农业产地环境、农业投入品和农产品的风险监测、监督抽查和安全执法实现常态化，累计监测面积1214万亩，主要农产品质量安全监测合格率达97%。推进国家和省级农产品追溯平台应用，纳入国家和省级追溯平台的农产品生产经营主体超过1500家，纳入国家追溯平台管理的监管机构、检测机构、执法机构达189家。畜牧业追溯系统已覆盖48.1%的县级以上生猪屠宰场，畜产品质量安全监管常态化运行。

农业绿色品牌培育取得重大进展。围绕白金（大米）、黄金（玉米）、彩金（杂粮）、铂金（人参）、黑金（黑木耳）五张名片，构建了区域公用品牌、企业品牌、产品品牌相协调的品牌矩阵，累计培育98个区域公用品牌、180个企业品牌、200个产品品牌。"十三五"期间，重点培育集安人参、查干湖淡水有机鱼等22个区域公用品牌，其中梅河大米等4个区域公用品牌被中国农交会授予"中国百强农产品区域公用品牌"称号，抚松人参、汪清黑木耳、舒兰大米、九台贡米、榆树大米等11个区域公用品牌入选全国300个农业区域公用品牌名录。省内48家农业企业入选全国名特优新农产品目录。"吉林农嫂"鲜食玉米、"德乐圆"鲜食玉米、扶余四粒红花生、查干湖黄小米等25个农产品品牌获得全国农交会金奖产品称号。绿色食品、有机食品和地理标志农产品认证数量达1382个。

5. 绿色发展条件不断改善

科技创新与应用条件不断优化。联合科研单位、涉农高校、企业等创新主体，建立了以农业绿色生产为重点的科技联合攻关、绿色技术集成推广等体系。吉林省农业科学院、黑龙江省农业科学院、辽宁省农业科学院、内蒙古自治区农牧科学院、黑龙江农垦科学院共同组建"东北三省一区"玉米秸秆综合利用协同创新联盟，围绕玉米秸秆综合利用，开展了共性关键技术研发和技术体系集成示范。舒兰市、通化县、和龙市获批国家农业绿色发展先行先试支撑体系建设试点县，完成了农业绿色支撑体系设计。政产学研紧密结合，围绕"控、替、精、统"，推广绿色防控技术，强化生物农药、高效低风险农药及新型高效植保机械应用，推行精准施药和病虫害统防统治。

农业经营主体支撑能力不断加强。2019年，吉林省颁布实施《吉林省农民专业合作社条例》，2021年，吉林省印发《关于大力促进农民合作社高质量发展的实施意见》，提出七大重点27项具体任务，推进农民合作社规范发展，增强其自身发展实力，拓宽其服务和带动功能，有效推进了新型农业经营主体培育。截至2021年，吉林省新型农业经营主体发展到22.8万户。其中，县级以上农业产业化龙头企业发展到2343户，省级以上农业产业化龙头企业发展到651户，县级以上农业产业化龙头企业带动农户241万户。实施家庭农场和农民合作社示范创建活动。家庭农场发展到14.6万户，县级以上示范家庭农场达3090户。九台区绿野家源家庭农场、永吉县张全家庭农场入选全国首批家庭农场典型案例。农民合作社规范发展到8.1万家，九台区、双阳区、公主岭市、东辽县和靖宇县获批全国农民合作社质量提升整县试点。出台《吉林省开展农民专业合作社"空壳社"专项清理工作实施方案》，开展了"空壳社"清理行动。采取"国外+省外+省内""理论+实训""线上+线下"等培育培训方式，实施新型职业农民培育"1231"工程，每年培训新型职业农民3万多人。土地流转近266.67万公顷，占家庭承包面积的一半以上，高于全国平均水平。

（二）工业绿色转型步伐加快

1. 绿色制造有效推进

"十三五"时期，吉林省工业能耗持续下降，单位规模以上工业增加值能耗累计下降23.4%，超额完成工业节能目标任务。绿色制造体系加快构建，建成29家国家级绿色工厂、30种国家级绿色设计产品、2个国家级绿色供应链、2个国家级绿色园区、60家省级绿色工厂、9种省级绿色设计产品、8个省级绿色供应链、2个省级绿色园区。高效节能技术装备得到推广应用，吉林至诚电气立体卷铁心配电变压器等8个型号变压器、吉林宏日新能源生物质锅炉被列入国家工业节能技术装备推荐目录。省内重点钢铁企业吨钢二氧化硫排放量、吨钢烟粉尘排放量、吨钢取新水量与2015年相比分别下降了45.3%、40.9%、21.2%，固废综合利用率由98%提高到99%。

2. 树立绿色制造先进典型

近年来，吉林省贯彻落实工信部《工业绿色发展规划（2016—2020年）》《关于开展绿色制造体系建设的通知》及省工信厅《吉林省2021年度工业资源节约与综合利用工作要点》，加快推动绿色制造体系建设，打造绿色制造先进典型。2020年，吉林省在家用电器、纺织、医药、食品、节能环保装备制造、新能源装备制造、资源综合利用、再制造等行业加快创建绿色工厂，打造了包括吉林省万和广电集团有限公司、长春中誉集团有限公司、兰舍硅藻新材料有限公司、吉林亚泰水泥有限公司在内的25家企业为绿色工厂。打造以产品制造和能源供给为主要功能、工业基础好、基础设施完善、绿色水平高的园区。选择汽车、航空航天、船舶、电子电器、通信、大型成套装备机械、轻工、纺织、食品、医药、建材、电子商务、快递包装等行业中代表性强、影响力大、经营实力雄厚、绿色供应链管理基础好的核心企业，构建绿色供应链。2020年，长春一汽富晟德尔汽车部件有限公司成为绿色供应链管理企业。在此期间，吉林省把发展循环经济作为一项重大任务纳入国民经济和社会发展规划，按照减量化、再利用、资源化的原则，推进生产、流通、消费各环节循环经济发展。实施了包括吉林化学工业循环经济示范区在内的一批循环经济技术产业化示范项目，推广应用了一大批先进适用的循环经济技术。此外，吉林省产业废物综合利用已形成较大规模，产业循环链接不断深化，再生资源回收体系逐步完善，垃圾分类回收制度逐步建立，"城市矿产"资源利用水平得到提升，再制造产业化稳步推进，餐厨废弃物资源化利用开始起步。"无废城市"建设和生活垃圾分类处理也逐步推进。

（三）服务业绿色发展水平显著提升

1. 绿色金融创新发展

近年来，吉林省大力发展绿色金融，创新绿色信贷、绿色融资担保、绿色债券、绿色保险等金融项目。随着吉林省"数字吉林"建设取得重大突破，经济社会运行数字化、网络化、智能化水平大幅提升，大数据、云计算、"互联网+"、人工智能成为产业转型重要支撑，信息化带动力持续增强，数字社会、数字政府建设深入推进，数字红利进一步释放，信息技术和智能设备的运用更加广泛，智慧服务的范围不断扩大、水平不断提高，推动互联网绿色金融规范有序发展。2022年，吉林银行以吉林省"十四五"时期建设生态强省规划为指导，立足吉林省绿色金融发展方向，深入践行 ESG 发展理念，把发展、支持绿色金融作为全行战略重点，建立吉林银行"4+3"绿色金融战略体系。吉林银行制定出台《"碳"索吉林"绿"动未来吉林银行绿色金融行动方案》《吉林银行绿色金融指导意见》《吉林银行支持绿色金融发展专项信贷政策》等一系列专项政策，围绕"固碳""降碳""零碳"三大方向，聚焦生态保护治理、绿色农业、清洁能源、节能技改、绿色建筑、绿色交通、碳交易、绿色消费八大领域，制定服务举措，搭建产品体系，为绿色企业开辟专属金融服务通道，设立专项信贷规模，设置优惠利率及专项服务收费优惠，推进吉林银行绿色金融纵深发展。此外，吉林省还鼓励发展科技金融，联合金融机构、第三方服务机构等搭建科技金融服务平台，建立促进知识产权质押融资、科技贷款、科技保险等科技金融协同推进机制。

2. 绿色物流发展迅速

绿色运输方面，吉林省逐步推动新能源汽车充电桩基础设施建设，提升物流配送效率，积极促进物流行业降本增效，有效推广新能源汽车应用，逐步优化绿色城市配送模式。2019年，吉林省供销集团控股的膳良一品公司首批投放100辆解放牌K5纯电动物流车正式上线运营，拉开了吉林省调整运输结构3年行动计划的序幕。此外，吉林省还积极推动构建智能化物流网络和智能化仓配体系建设，提升城市配送效率。

绿色快递方面，吉林省正在认真构建绿色快递运输体系，强化过度包装治理，积极推动落实邮政业生态环保工作。2021年，《吉林省关于加快建立健全绿色低碳循环发展经济体系的实施意见（征求意见稿）》正式印发，明确24项重点工作，其中"构建绿色物流体系""推进过度包装治理"2项工作被列入其中，重点推动邮政快递等领域新增或更换作业车辆优先使用新能源或清洁能源车辆。以电商快递等行业为重点，支持企业推广使用可循环、可折叠包装产品和物流配送器具。倡导绿色生活方式，推进过度包装治理。吉林省邮政管理局指导菜鸟驿站在省内5所院校开展"绿色快递进校园"活动。通过在校园快递网点现场悬挂"快递包装不乱扔，分类回收再利用"等宣传横幅、校园LED大屏循环播放宣传片、放置快递包装回收箱等方式，宣传快递行业绿色环保工作，号召高校师生养成环保意识，将快递包装盒拆开及时丢入回收箱，以期循环利用，打造绿色校园。

3. 生态旅游蓬勃发展

近年来，吉林省加快将旅游业培育成为绿色发展的生态产业、共享发展的民生产业和转型升级的支柱产业。一方面，发展冰雪旅游，利用丰富的冰雪资源，吉林省致力打造全国避暑冰雪生态旅游示范区。冰雪是吉林省宝贵的自然资源、生态资源、发展资源，吉林省东部的长白山与中部的吉林市、长春市是名副其实的"雪世界"。其中，长白山地处北纬41度至42度之间，是世界"冰雪黄金纬度带"，为世界三大粉雪基地之一。吉林省不断完善设施条件，有效扩大产业规模，已建设滑雪场54家，单日最多接待量达到10万人次。其中，万科松花湖、长白山国际度假区、吉林北大湖滑雪场接待量稳居全国前列。吉林市北山越野滑雪场是国内唯一一家四季滑雪场。投资300亿元，重建新中国成立后的第一个专业滑雪比赛场地——通化金厂滑雪场。吉林省以滑雪为龙头的冰雪产品供给不断丰富，玩法更加多样，吸引着越来越多的游客。冰雪产业趋旺。吉林省大力发展冰雪运动教育，建设冰雪运动特色学校557所，其中国家级冰雪运动特色学校302所、北京冬奥会奥林匹克教育示范学校15所。目前，吉林省每年直接参与冰雪运动的人数达到1000万，其中在校学生参与冰雪运动人数超过120万。为充分挖掘冰雪经济潜力，吉林和新疆签署了共同创建中国（长白山脉—阿尔泰山脉）冰雪经济高质量发展试验区战略合作框架协议。长白山素有"千年积雪万年松，直上人间第一峰"的美誉，2021年12月，开往长白山的"森林高铁"白敦高铁正式开通，打通了长白山连接长春市、进入大东北、直奔京津冀的大通道。同时，吉林省积极构建现代化冰雪经济体系，大力培育新业态、新模式。实施"冰雪+"战略，让运动魅力与自然之美相映成趣。大力推动"冰雪+休闲""冰雪+文化""冰雪+康养""冰雪+培训"等跨界融合、产业协同发展，衍生出发烧友俱乐部、线上线下互动、私人定制等新生旅游消费业态。目前，长白山、查干湖、松花湖、北大湖和长春冰雪新天地等冰雪景区，旅游方式多样，消费业态丰富，"吃住行游购娱"全要素挖掘，成为旅游者心中理想的冰雪旅游目的地。充分利用冰雪资源，吉林省节庆活动丰富：连续举办6届国际冰雪产业博览会，并举办长春净月潭瓦萨国际滑雪节、查干湖冬捕节、吉林雾凇节、长白山粉雪节等享誉国内外的冰雪活动，不仅积攒了人气，更增加了消费黏性。吉林省出台《关于做大做强冰雪产业的实施意见》《冰雪产业高质量发展规划（2021—2035年）》，提升市场价值，打造"温暖相约·冬季到吉林来玩雪"品牌，努力把吉林建设成为冰雪产业大省、冰雪旅游强省、世界级冰雪旅游目的地。另一方面，发展生态康养旅游。当前，吉林省生态康养旅游发展处于初级阶段，仅仅是小规模的以旅游为主、疗养为辅的状态，尚未形成产业。但省政府对其重视日益加强。2015年，"中国长白山健康养生文化论坛暨首届长白山健康养生文化节"开幕；2016年，"中国长白山健康产业论坛暨第二届长白山健康养生文化节"在吉林省长白山举办；2017年，吉林省政府发布了《吉林省中医药发展"十三五"规划》（简称《规划》）。《规划》中强调要大力发展中医药健康旅游服务，为实现这一目的，吉林省政府推行实施了"旅游+中医药"行动，在吉林省"一圈五区"的旅游业区域发展规划中，融入了一种新元素——中医药健康旅游，并陆续做出一系列安排，采取一系列措施，包括开设新兴的专注中医药和民族医药的健康旅游路线，构思设计开发一系列健康旅游新品，建设一批集种植、服务、文化、运动、饮食于一体的有特色的中医药健康旅游示范区。此外，吉林省还充分发挥长白山、松花江、鸭绿江和图们江"一山三江"山水生态资源优势，推出了"清爽吉林·22℃的夏天"消夏节，并不断丰富避暑休闲产品供给，消夏节期间展开的各种活动从2017年的120余项增加到2019年的400余项。

4. 绿色消费快速发展

绿色家电消费方面，2022年1月，国家发改委等部门印发的《促进绿色消费实施方案》中提到，到2030年低碳消费方式成为公众自觉选择，绿色产品成为市场主流。根据能源基金会发布的《家庭绿色生活与绿色消费行为调研报告》显示，被广泛接受的绿色消费行为发生在家用电器领域，表现为受访者对节能家电有着明显的购买偏好，使用和处置过程中也有着具体的绿色行为。2022年，商务部等13个部门联合推出家电消费刺激政策，为助力低碳生活理念，加速普及、优化绿色节能家电商品服务供给，吉林省举办"家电消费季"暨绿色智能"家电下乡"活动，发放2000余万元家电消费券，推出了一系列细化措施，以此推动绿色智能家电消费升级。

新能源汽车消费方面，吉林省逐步提升新能源汽车市场占有率。2021年，吉林省新能源汽车产销分别完成354.5万辆和352.1万辆，同比均增长1.6倍，市场占有率达13.4%，高于上年8个百分点，已实现了新能源汽车在公共机构配备更新公务用车总量中的广泛应用。

绿色食品消费方面，依托食品产业优势，吉林省格外注重创新绿色食品销售方式，相继建设了"吉林大米网"电子商务平台，在重点省市和地区建设了一批吉林省优质特色农产品专营店和商超专柜，有力拓展了"吉林大米"的直营销售网络。正在加快开发建设省部共建的国家级长白山人参市场和人参网络交易平台；加快开发建设玉米、水稻、杂粮等农产品物联网溯源服务平台和若干数据采集点，并重点建设汪清黑木耳、洮南杂粮、扶余三井子杂粮等一批区域性产地市场。此外，为推进吉林绿色食品销售，吉林省加大绿色食品品牌宣传，吉林省绿色食品办公室近年来连续组织开展"春风万里 绿食有你"绿色食品宣传月活动，进一步提升绿色食品公共品牌的认知度、知名度和美誉度，扩大绿色食品的市场占有率和影响力，助力吉林农业高质量发展。

（四）能源产业绿色转型不断加快

1.新能源开发利用步伐加快

以风能、太阳能、生物质能为代表的新能源资源禀赋、发展潜力较大，是吉林省固有的优势之一。早在东北再振兴时期，吉林省西部地区就获批成为国家首批7个千万千瓦级风电基地之一。近年来，吉林省积极部署，稳步推进新能源开发利用，并带动新能源装备制造业发展，实现资源开发与装备制造相互促进。2021年，吉林省新能源产业发展不断发力，打造西部国家级清洁能源基地，"一主六双"高质量发展战略把吉林省新能源的开发利用上升到战略层面；吉林省"陆上风光三峡"工程建设全面启动，总投资1000亿元，省内消纳基地、外送基地和制氢基地等3个千万千瓦级新能源生产基地和"吉电南送"特高压电力通道建设不断推进；大安、洮南、通榆、乾安、长岭为鲁固直流特高压外送配套的总装机容量300万千瓦的风电项目建设加快；成功引进10余家企业参与吉林省新能源装备制造产业链建设；生物质固体燃料开发利用初具规模，利用秸秆等资源，重点发展生物质固体燃料和液体燃料。因地制宜发展生物质热电联产，以长春、吉林、松原、四平、辽源等地区为重点建设一批农业生物质发电项目。稳定发展风电、水电，合理开发生物质发电、太阳能光伏发电等新能源，提高电力保障能力。以长春为重点推进生活垃圾焚烧发电，以四平为重点推进农林生物质发电。此外，在吉林省西部，另一种新能源——氢能亦崭露头角。新能源转化（制氢）基地利用风电、太阳能光伏发电，电解水制氢，全过程可实现零排放、零污染、可持续。发展氢能产业，吉林省力求通过风能、光能等新能源来电解水制氢，不仅解决了清洁能源消纳问题，更为光伏产业发展拓展了空间。

2. 清洁能源利用率提升

2020年12月，吉林省丰满水电站全面治理（重建）工程投入运行，实现清洁能源、生态环保、防洪减灾、灌溉养殖多重成果。这是世界水电史上首个"百米级坝高、百亿级库容、百万级装机"大型水电站实现成功重建。2022年4月，国网新源吉林敦化抽水蓄能电站全面投产发电，标志着我国最大的自主设计、自主研发制造、自主建设投运的首座700米级水头抽水蓄能电站建成。此外，5个500千伏变电站新建扩建工程稳步推进，2021年12月，吉林电网500千伏龙嘉变电站扩建工程竣工投运，2022年1月，吉林省容量最大的变电站——吉林向阳500千伏变电站扩建4号主变工程正式投运，长岭500千伏变电站投入运行，吉林松原乾安（布苏）500千伏输变电工程项目获批开工建设，2023年2月，白城昌盛500千伏变电站扩建工程全面复工生产。吉林省风电清洁供暖示范项目也相继建成投产，大唐洮南热力站弃风供暖示范项目和中广核安广风电清洁供暖推广项目已经投入运行。通过实施"上大压小"等措施，吉林省于2020年12月底前完成煤电行业淘汰落后产能任务，当年关停了浑江发电公司6号（21.5万千瓦）机组和白山煤矸石发电有限公司1号（33万千瓦）、2号（33万千瓦）机组。煤炭产业集中度进一步提高。截至2020年底，吉林省保留各类煤矿54处，现有矿井核定生产能力2274万吨/年，大中型煤炭企业原煤产量占全省总产量的85%以上，煤矿技术改造不断加强，安全生产能力稳步提高。

3. 能源节能减排成效显著

2021年，吉林省全省能源消费总量6261.10万吨标准煤，比2017年下降了21.9%；全省用电量843.18亿千瓦时，同比增长4.69%，与2017年相比增长了19.9%。全省万元地区生产总值能耗比上年下降4.9%，比2017年下降了10.8%。2021年全年，吉林省全口径发电量983.55亿千瓦时，同比下降0.66%；原油产量414.25万吨，同比增长2.43%；原油加工量823.27万吨，同比下降13.56%；天然气产量21.53亿立方米，同比增长7.68%；域外管输天然气13.59亿立方米，同比增长24.70%；天然气消费量35.41亿立方米，同比增长11.60%；原煤产量875.17万吨，同比下降8.32%。可见，吉林省水电、风电、核电、天然气等清洁能源消费量呈现出增长态势。

二、生态环境质量显著改善

（一）大气环境

1. 城市环境空气质量

2021年，吉林省城市环境空气质量优良天数比例为94%，较全国平均水平高出6.5个百分点。全省9个城市环境空气质量综合指数在2.51~3.56之间，全省平均值为3.14，9个市州政府所在地城市空气中6项污染物年均浓度均达到国家二级标准。与2004年相比，全省达到国家空气质量二级标准的城市数上升了5个。其中可吸入颗粒物（PM10）年均浓度为0.047毫克/立方米，细颗粒物（PM2.5）年均浓度为0.026毫克/立方米。总悬浮颗粒物年均浓度为0.083毫克/立方米（2020年），相较于2004年的0.222毫克/立方米，下降了62.6%；二氧化硫（SO_2）年均浓度为0.011毫克/立方米，与2004年相比下降69.4%；二氧化氮（NO_2）年均浓度为0.021毫克/立方米，与2004年相比下降34.4%；（图2-1）一氧化碳（CO）日均值第95百分位浓度为1.1毫克/立方米，同比下降21.4%；臭氧（O_3）日最大8小时平均第90百分位浓度为0.116毫克/立方米，同比下降5.7%。

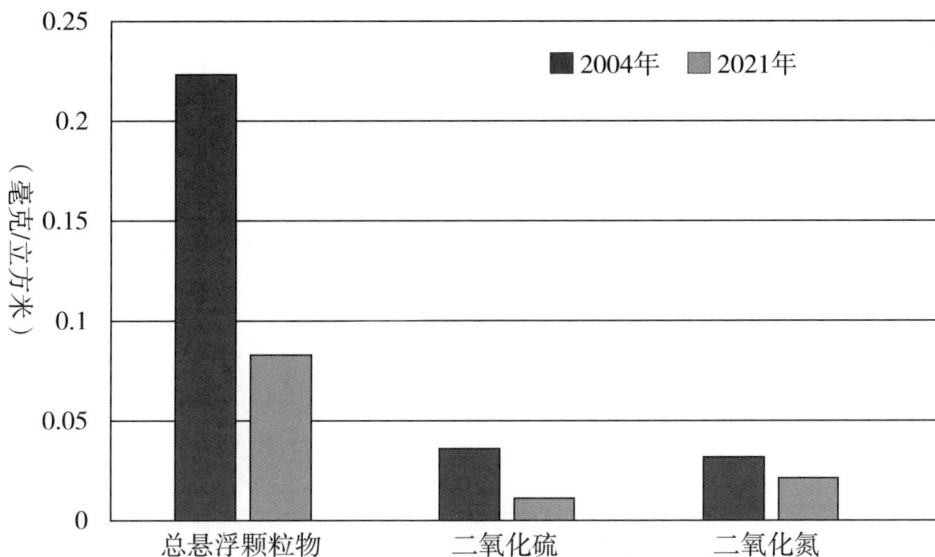

图2-1　2004年和2021年吉林省环境空气主要污染物年均浓度年际比较

2. 酸雨

2021年，吉林省城市降水pH年均值为6.59，呈中性，与2004年相比pH值下降了0.04。991个有效降水样品中pH值<5.6的酸雨样品9个，酸雨频率0.9%，出现酸雨样品的城市2个，与2004年持平。2021年，15个城市降水区域空间分布数据统计分析显示，无pH年均值<5.6的区域，酸雨频发区域与2004年相比呈明显缩小态势；但与2004年一样，酸雨样品主要发生在东部地区图们市，多集中在夏秋两季，2021年，该地区酸雨污染较2004年显著减轻。

（二）水环境

1. 主要江河

2021年，吉林省49条江河（含1个湖库）的103个国控断面水质评价结果为：Ⅰ～Ⅱ类水质34个，占比33.0%，比2004年提升了18.72个百分点；Ⅲ类水质48个，占比46.6%，比2004年提升了22.79个百分点；Ⅳ类水质15个，占比14.6%，比2004年下降了4.45个百分点；Ⅴ类水质5个，占比4.8%，劣Ⅴ类水质1个，占比1.0%，比2004年分别下降了6.31个和30.75个百分点。（图2-2）

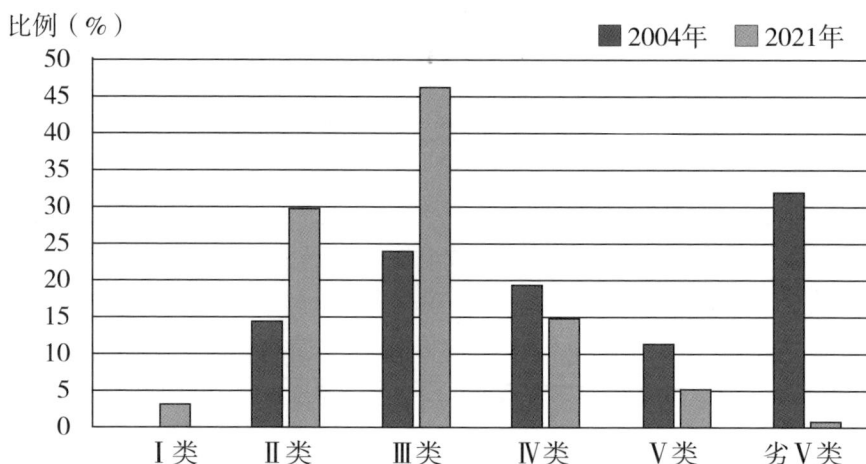

图2-2　2004年和2021年吉林省主要江河水质类别比例年际比较

　　其中，松花江水系61个国控断面中，47个达到年度水质目标要求，达标率77%。在松花江水系与黑龙江省交界的5个国控断面中，4个断面水质为良好以上，优良率达到了75%。在2004年松花江干流各监测断面中，Ⅲ类水质占58.4%，Ⅳ～劣Ⅴ类水质占41.6%，可见2021年松花江水质状况明显好转。图们江水系15个国控断面有86.7%达到年度水质目标要求。而2004年的图们江干流各监测断面中，没有Ⅰ～Ⅲ类水质，Ⅳ类水质占25.0%，劣Ⅴ类占75.0%。可以说，2021年图们江所有断面水质显著改善。鸭绿江水系13个国控断面中，全部达到年度水质目标要求，达标率100%，水质状况良好。鸭绿江水系与辽宁省交界的1个国控断面水质状况为优。辽河水系12个国控断面中，9个达到了年度水质目标要求，达标率75%。辽河水系与外省交界的4个国控断面中，2个国控断面水质状况为良好，其余2个国控断面水质状况分别为轻度、中度污染。在2004年辽河干流各监测断面中，Ⅲ类水质占25.0%，Ⅳ类占12.5%，Ⅴ类水质占25.0%，劣Ⅴ类水质占37.5%。可以看出，辽河水质有所好转。绥芬河水系监测的2个断面水质均为轻度污染。（表2-1）

表2-1 2004年和2021年吉林省主要江河国控监测断面水质状况

水系	Ⅰ～Ⅲ类		Ⅳ类		Ⅴ类		劣Ⅴ类	
	2004年	2021年	2004年	2021年	2004年	2021年	2004年	2021年
松花江	58.40%	77.00%	25.00%	14.80%	8.30%	6.60%	8.30%	1.60%
辽河	25.00%	75.00%	12.50%	16.70%	25.00%	8.30%	37.50%	—
图们江	—	86.70%	25.00%	13.30%	—	—	75.00%	
鸭绿江	—	100.00%	—	—	—	—	—	
绥芬河	—	—	—	100.00%	—	—	—	
浑江	16.70%	—	16.70%	—	50%	—	16.60%	—

2. 湖泊（水库）

2021年，吉林省15个湖泊（水库）中，1个水库为Ⅱ类水库，水质状况为优，为曲家营水库；11个水库为Ⅲ类水库，水质状况良好，包括松花湖、新立城水库、石头口门水库、月亮湖水库等。这12个水库水质优良率达到80%，其中月亮湖水库由2020年Ⅳ类水质改善为2021年Ⅲ类水质。2020年，轻度污染湖泊2个，2021年，轻度污染湖1个，为查干湖，水质为Ⅳ类水质。

3. 饮用水水源地

2021年，吉林省长春市、吉林市、延吉市等18个地级及以上城市的集中式饮用水水源地（地表水水源地14个，地下水水源地4个）中16个饮用水水源全年均达标，达标率达到88.9%，2个未达标的饮用水水源地分别为四平市下三台水库和松原市哈达山水源地，均为总磷超标。其中，地表水达标率达85.7%，地下水达标率100%。与2004年相比，主要城市集中式饮用水源水质状况达标率略有降低，下降了1.1个百分点。

（三）声环境

1. 城市区域噪声

2021年，吉林省地级市（州）政府所在的9个城市区域声环境质量按照《环境噪声监测技术规范　城市声环境常规监测》（HJ640—2012）开展监测和评价，平均等效声级在47.8~56.9分贝（A）之间，均值为53.6分贝（A）。同2004年年均值55.0分贝（A）噪声相比，2021年吉林省城市区域环境噪声平均等效声级有所下降。2004年，吉林省9个市（州）政府所在地城市区域环境噪声平均等效声级范围介于51.8~58.6分贝（A）之间。东北振兴近20年，吉林省全省城市区域环境噪声平均等效声级降低了约1.4分贝（A）。

2. 道路交通噪声

2021年，吉林省地级市（州）政府所在的9个城市道路交通声环境质量按照《环境噪声监测技术规范　城市声环境常规监测》（HJ640-2012）开展监测和评价，平均等效声级在66.1~69.6分贝（A）之间，均值为68.0分贝（A）。同2004年年均值68.5分贝（A）的道路交通噪声相比，2021年吉林省全省城市道路交通噪声平均等效声级有所下降。2004年，吉林省9个城市道路交通噪声平均等效声级范围在69.8~66.7分贝（A）之间。东北振兴近20年，吉林省全省城市道路交通噪声平均等效声级降低了约0.5分贝（A）。

（四）生态环境

2021年，吉林省全省生态环境状况指数（EI值）68.62，等级为良。全省的省域生物丰度指数58.85，植被覆盖指数高达87.61，水网密度指数22.64，土地胁迫指数6.34，污染负荷指数13.30。相较于2020年68.07的EI值，2021年全省生态环境状况指数增加了0.55。可见，吉林省生态环境整体状况持续改善。其中，草地生态同比上升0.1个百分点，全省草原综合植被覆盖度72.1%。湿地类型自然保护区17个，国家级湿地公园23个，保护湿地面积11.05万公顷。2020年，全省森林面积843.15万公顷，森林覆盖率45.04%。2021年，全省省级以上自然保护区共计44个。其中，国家级24个，涉及面积120.2万公顷；省级自然保护区20个，涉及面积47.1万公顷。全省现有国家重点保护野生动物136种、陆生脊椎动物491种。

在空间分布上，EI值的分布情况明显受自然条件影响，自西向东呈增高趋势，与自然植被分布状况基本吻合。2020年，全省县域EI值中，汪清县EI值最高，通榆县EI值最低。

（五）辐射环境

自2004年开始，吉林省加强辐射环境法治建设，积极推进辐射环境地方性法规进程，同年，《吉林省辐射环境污染防治条例》经省人大常委会颁布实施。2009年，辐射环境质量自动监测站运行，2021年，监测结果显示，吉林省大气辐射环境吸收剂量率平均范围值为64.40～103.7nGy/h。吉林省境内15个陆地环境累计剂量测得的空气吸收剂量率范围值为70.4～119.9nGy/h，与2009年的68~118nGy/h环境γ辐射空气吸收剂量率相比略有提升。2020年，吉林省典型城市环境电磁综合场强监测结果范围为1.01～1.73V/m，不超过公众照射导出限值最低值12V/m，几个典型污染源的电磁辐射水平均不超过国家限制标准，与2009年主要城市典型环境电磁辐射水平值0.36~1.01V/m相比略有提升。

（六）固体废物

2021年，吉林省一般工业固体废物产生量6772.23万吨，比2004年增长3.34倍，其中，贮存量38759.30万吨，内部利用处置量510.31万吨，委托利用处置量2332.18万吨；危险废物（不含医废和含氰尾渣）产生量173.05万吨，综合利用量102.67万吨，处置量67.55万吨，待利用处置7.31万吨。2020年，工业污染治理投资8063万元，比2004年提升80.9%。

三、绿色产业体系持续壮大

（一）绿色产业体系建设基础逐步完善

近年来，吉林省开发推广了低消耗、轻污染、高效益的清洁生产工艺，研制和生产具有市场竞争力的环保产业名牌、拳头产品，形成产品结构合理、适销对路、技术含量高的环保产业体系。充分发挥新能源与可再生能源资源丰富的优势，调整能源结构，运用高新技术改造提高传统能源产业，坚持资源综合利用，积极开发天然气资源，大力发展风力发电、水力发电，充分利用太阳能、地热、生物质能等资源，发展清洁燃料等替代能源，全力创造条件发展核电，逐步增加清洁能源在能源结构中的比重，使清洁能源成为全省经济发展的优势基础产业。在采用先进工艺、推行清洁生产、稳定提高基础化工的同时，调整产品结构，向生物化工、医药化工、合成材料、有机及绿色精细化工、绿色化工溶剂、新型材料、汽车化工、绿色农用化工方向发展，提高产品的科技含量和附加值，形成系列化深度开发和集约经营，提高经济效益，减少废物排放，减轻对城市空气和主要水域的污染负荷，实现环境与经济双赢。以信息化带动工业化，发挥全省科技优势，以高新技术开发区和经济技术开发区为依托，围绕生态省建设需要，在电子、信息通信、生物工程、新材料、先进制造技术等领域，集中研究发展一批科技含量高、示范带动作用强、产业关联度大、生态经济效益显著的高新技术，推进其产业化。以高新技术产业化和传统产业高新技术化构筑生态环保型效益经济产业结构，为生态省建设提供强有力的技术保障和产业支撑。

（二）节能环保产业逐步壮大

20年来，吉林省大力推进节能减排，发展循环经济，建设资源节约型、环境友好型社会，为节能环保产业发展提供了巨大空间，节能环保产业得到较快发展，目前已初具规模。据统计，2021年，吉林省节能环保产业企业达到491家，产业规模不断扩大，产品结构日趋合理，科技创新能力逐步提升，市场竞争能力不断增强，服务水平显著提高，取得了较好的经济效益和社会效益，初步形成了门类较为齐全的产业体系。在环境保护装备（产品）制造领域，环境保护专用设备及净化设备制造、环境保护监测仪器及应急处理设备制造、环境污染处理药剂及材料制造、资源循环利用等装备（产品）制造技术和产品推广取得较大突破，市场占有率大幅提高。在环境服务业中，环境与生态监测、生态保护、污水处理及其再生利用、城市污水排放管理服务、水污染治理、大气污染治理服务、固体废物治理、危险废物治理、放射性废物治理、土壤污染治理与修复服务、噪声与振动控制服务等环境治理业快速发展。在矿产资源综合利用、工业固体废物废气废液回收和资源化利用、城乡生活垃圾综合利用、农林废弃物资源化利用、水资源循环利用与节水等资源循环利用产业上成效卓著。

（三）清洁能源产业加快建设

截至2020年底，吉林省已建成双吉科技、洁源（吉林）电力科技、吉林省新东起能源、吉林重通成飞、中材科技（白城）、成来电气科技等6家清洁能源企业。2021年，吉林省共引进14家企业参与产业链建设，计划投资120亿元，新建17个新能源装备制造项目。其中，三一重能和远景能源通榆风机制造项目已经建成投运，天能塔筒配套产业项目已经实现供给能力，远景能源乾安风机制造、天能锚栓、东方电气新能源装备制造、中车松原新能源产业基地、山东水发电力装备、乾安县天顺新能源装备制造产业园、凡瑞重工（通榆）新能源装备制造基地7个项目正在施工建设，明阳智能长岭县风电制造业产业基地、金风科技松原风机智能制造厂、通榆鋆鼎风电主机设备部件及风塔内件加工、洮南运达新能源装备制造产业、上海电气风电装备制造产业园、乾安县阳光新能源装备制造产业、吉林重通成飞四棵树乡产业园区孵化器等7个项目正按计划开展各项前期工作。截至2021年底，吉林省清洁能源产业链上已有20家企业，涉及风电、光伏、电力装备及储能等。此外，吉林省还将聚焦风光发电领域，围绕产业上中下游配套，引进一批产业链补链和延链企业落户，涉及风电、光伏、电力装备及储能等，打造相对完整的风电、光伏装备产业集群，基本涵盖风电、光伏装备制造产业链主体，力争释放的产能与风光资源开发利用项目相匹配。

（四）绿色融合产业持续发展

2017年，吉林省开始积极布局能源清洁利用工业互联网建设。9月7日，吉林浙达能源清洁利用技术有限公司与浙江大学热能工程研究所共同签署了《岑可法院士工作站暨吉林省能源清洁利用大数据云平台项目》协议。吉林省能源清洁利用工业互联网平台服务于能源行业实现节能减排取得了许多积极成效。能源清洁利用工业互联网平台建设得到吉林省政府的大力支持。2018年4月，吉林省政府出台《吉林省人民政府关于深化工业互联网发展的实施意见》，将"能源清洁利用工业互联网平台"列为吉林省重点支持的三张工业互联网之一，并出台了一系列扶持政策；同年8月，由省政府牵头，省工信厅组织，召开了"能源清洁利用工业互联网平台"建设推进会，调动全省相关力量支持项目建设。政府各相关职能部门多次组织技术、客户、资金等方面的对接会议，为实现"能源清洁利用工业互联网平台"建设的每一个阶段目标提供了明确的工作方向与可利用资源，大大加快了项目建设进程。工业互联网建设的核心是对先进工业技术的掌握与实际应用。东北电院开元科技有限公司与浙江大学热能工程研究所院士团队深度融合，同时利用公司股权结构固化双方合作关系，突破产学研合作仅限于某位专家、某项技术的局限，实现引进热能所全部智力资源和科研成果。浙江大学热能工程研究所拥有国际领先的科研队伍，先后获得国家级三大奖项共18项，在能源清洁利用领域有上百项科研成果，其中有30余项与发电、热力、环保、节能等领域业务相关。"能源清洁利用工业互联网平台"整合了浙江大学热能工程研究所的全部科研成果，依托其科研队伍和先进技术，为能源产业上下游用户提供系统解决方案。此外，阿里云是国内互联网龙头企业，在工业互联网方面的研发成果和提供的公共资源，代表着国内工业互联网最前沿的技术。能源清洁利用工业互联网平台建设与阿里云深度合作，在阿里云提供的公共资源基础上逐步建立数据接入、数据中台、知识图谱、算法模型库，并利用阿里云提供的弹性计算、云存储、流式计算等先进技术，为能源转化与利用企业定制解决方案，以实现企业生产过程控制的优化节能。

（五）特色生态文化产业逐步显现

黑土地生态绿色产业稳步发展。吉林省自然禀赋良好，土地资源丰富，土质肥沃，呈现人均耕地多、后备土地多等特征，是全国重要的商品粮基地。吉林省有效使用绿色、有机、地理标志农产品数量达到1400个。打造吉林大米、吉林玉米、吉林杂粮、长白山人参、长白山黑木耳、吉林优质畜产品、吉林梅花鹿七大"吉字号"优质特色农产品品牌，培育市级以上农产品区域公用品牌79个、农业企业品牌188个、农产品品牌267个。11个农产品品牌被纳入全国农业区域公用品牌名录，48家农业企业入选全国名特优新农产品目录，592家省级农业产业化龙头企业品牌被录入中国农业品牌公共服务平台。舒兰大米、长白山黑木耳、查干湖胖头鱼被纳入2022农业品牌精品培育名单。5年来，吉林省农产品质量安全保持平稳向好态势，主要农产品监测合格率达99.2%。

冰雪生态产业蓬勃发展。长春冰雪大世界、长春"冰雪梦工厂"、松原查干湖冬捕、吉林国际雾凇冰雪节等一批冰雪品牌项目落成。启动冰雪资源普查，编制实施冰雪产业高质量发展规划，推动冰雪旅游、冰雪运动、冰雪文化、冰雪装备等加快发展。申报建设国家级冰雪经济高质量发展试验区。加快长春莲花山、吉林松花湖、松原查干湖、通化万峰、延边仙峰等重大冰雪项目建设。抓好"牵手冬奥·筑梦冰雪"主题年活动，举办"冰雪丝路"国际论坛及"粉雪"联赛，提升"雪博会"举办层次，扩大冰雪品牌市场影响力。深化"冬奥在北京·体验在吉林"活动，组织好冬奥火炬传递。推进冰雪运动进课堂，扩大冰雪运动的群众基础。到2030年通过构建完善的冰雪产业体系，冰雪产业将成为吉林省新的支柱产业。

（六）绿色产业发展空间巨大

目前，吉林省绿色产业发展空间巨大。2020—2021年国家"双碳"目标的提出，为东北地区低碳经济转型带来新机遇，也是实现东北全面振兴和高质量发展的新契机。中国节能投资公司是中国节能环保产业的航空母舰。在节能减排技术服务领域，中国节能投资公司是目前中国节能服务提供商之一，是政府确定的中央企业节能减排技术服务机构和指定的节能环保项目评估咨询机构，主要提供节能减排咨询、合同能源管理、技术集成等服务。目前，从中国节能投资公司的发展战略看，吉林省没有被列入近期开发的计划，而且吉林省绿色产业的技术引进、设备制造等都在一定程度上受制于中国节能投资公司。但是，从另一个角度看，近年来吉林省绿色产业发展呈现一个比较平稳发展的态势，发展潜力和成长空间较大。在保增长、扩内需和投资拉动的新要求下，吉林省内需求强劲，一批成长型的绿色环保企业应运而生，如中节能（通化）环保能源有限公司、吉林省惠津环保集团有限公司、吉林省东成环保集团、吉林省正源环保科技有限公司、吉林省新未来环保科技有限公司等。与此同时，吉林省产业结构和资源禀赋为绿色产业发展提供了较为宽泛的领域，如大型城市污水、生活垃圾、除尘脱硫、工业废水处理等环保项目，节能技术产品与新能源项目，新材料、资源综合利用与循环经济项目，绿色有机食品与生态开发，新农村建设等项目。因此，吉林省发展绿色产业的市场广阔，发挥后发优势，充分挖掘市场需求，结合吉林省绿色产业特点侧重发展节能环保服务业等优势产业，仍是近期吉林省着重关注的课题。

四、绿色管理体系不断完善

（一）国家级绿色政策体系

环境保护政策是国家为保护和改善人类生存环境而对一切影响环境质量的人为活动所规定的行为准则，是政府为了解决环境问题而形成的一种环境治理手段。从20世纪70年代开始，我国召开第一次全国环境保护会议，通过了中国第一个具有法规性质的环境保护文件《关于保护和改善环境的若干规定》，到21世纪初，中国的环境政策日益完善，环境政策手段和管理方法不断丰富。目前我国已制定并颁布了17部环境资源法律、65部行政法规、5904部部门规章，累计颁布545部地方性法规及大量的规范性文件。

1. 大气污染防治方面的政策

大气污染防治的重大政策包括工业污染整治、能源污染治理、交通运输体系污染治理、面源污染防治、重大专项行动、重点区域治理等。1987年9月5日，第六届全国人民代表大会常务委员会第二十二次会议通过《中华人民共和国大气污染防治法》。2013年，国务院发布《大气污染防治行动计划》十条措施。2014年，环保部会同有关部门细化分解梳理了《大气污染防治行动计划》，形成6条能源结构调整政策、10项环境经济政策，以及6个方面的管理政策，共计22项政策措施。2018年，国务院发布《关于全面加强生态环境保护 坚决打好污染防治攻坚战的意见》。其中，工业污染整治主要包括重点行业脱硫、脱硝、除尘改造工程，"两高"行业产能严控，"散乱污"企业综合整治等方面。此类政策还包括2012年环保部发布的《关于加强化工园区环境保护工作的意见》、2013年环保部发布的《水泥工业污染防治技术政策》、2015年工业和信息化部发布的《促进化工园区规范发展的指导意见》、2016年环保部发布的《制糖工业污染防治技术政策》、2020年生态环境部发布的《黄金工业污染防治技术政策》等。能源污染治理除能源结构调整外，主要包括重点区域煤炭消费总量控制、燃煤锅炉综合整治等内容。交通运输体系污染治理主要包括老旧车辆淘汰、移动源污染防治、货物运输结构优化调整、城市道路污染治理等方面。此类政策还包括2006年国务院发布的《国务院关于加强节能工作的决定》，2007年国务院发布的《国务院关于印发节能减排综合性工作方案的通知》，1998年开始施行，2007年、2016年、2018年先后几次修订的《中华人民共和国节约能源法》，2000年交通部发布的《交通行业实施节约能源法细则》，2013年国务院发布的《国务院办公厅关于加强内燃机工业节能减排的意见》等。面源污染治理主要包括扬尘综合治理、露天矿山综合整治、秸秆禁烧管控等方面。重大专项行动主要包括重点区域秋冬季攻坚行动、柴油货车污染治理攻坚战、工业炉窑治理专项行动、挥发性有机物（VOCs）专项整治等方面。此类政策还包括2019年自然资源部办公厅发布的《关于加快推进露天矿山综合整治工作实施意见的函》，2019年生态环境部印发的《工业炉窑大气污染综合治理方案》等。重点区域治理主要包括京津冀及周边地区、汾渭平原、长三角地区等重点区域大气污染综合治理。此类政策还包括2020年发布的《京津冀及周边地区、汾渭平原2020—2021年秋冬季大气污染综合治理攻坚行动方案》《长三角地区2020—2021年秋冬季大气污染综合治理攻坚行动方案》。近年来，大气污染防治从点到面展开全面布局，政策重点从单一区域污染物排放控制逐步过渡到多区域污染物联防联控。

2. 水污染防治方面的政策

水污染防治重大政策包括工业污染防治、生活污染治理、重点类型环境保护、重点区域水污染治理等。2015年4月，国务院发布实施《水污染防治行动计划》。其中，工业污染防治主要包括小型工业企业取缔、重点行业专项整治、工业集聚区水污染集中治理等方面。此类政策还包括2018年国务院发布的《关于全面加强生态环境保护 坚决打好污染防治攻坚战的意见》，完善了工业园区污水集中处理设施，强化了直排海污染源和沿海工业园区监管。生活污染治理主要包括污水处理设施建设与改造、控源截污建设等内容，近年来进一步提出城镇污水和农村污水防治对策。如，2019年住房和城乡建设部、生态环境部、发展改革委三部委联合印发的《城镇污水处理提质增效三年行动方案》、2020年环保部发布的《农村生活污染防治技术政策》等。重点类型环境保护主要包括城市黑臭水体整治、饮用水水源保护、近岸海域环境保护、以长江黄河等为代表的重点流域水污染防治等内容。此类政策还包括2018年住房和城乡建设部、生态环境部发布的《城市黑臭水体治理攻坚战实施方案》，国家发展改革委印发的《"十四五"重点流域水环境综合治理规划》。除此之外，以长江经济带、渤海等为代表的重点区域水污染治理也被放在了重要位置。2017年环保部、国家发展改革委、水利部联合印发《重点流域水污染防治规划（2016—2020年）》。一直以来，水污染防治主要聚焦于工业污染排放和城镇污水处理。党的十八大以后，政策重心逐渐转移至流域水环境治理。

3. 土壤污染防治方面的政策

关于土壤污染防治的重大政策包括土壤污染调查、农用地分类管理、建设用地准入管理、土壤污染源监管、土壤污染治理与修复、固体废弃物处理、医疗及危险废物处置等。2016年，国务院印发《土壤污染防治行动计划的通知》。其中，土壤污染调查以农用地和重点行业企业用地为重点开展。另外，土壤环境质量监测网络基本建成，例行监测工作有序开展，全面落实《关于省以下环保机构监测监察执法垂直管理制度改革试点工作的指导意见》，明确土壤环境监测事权。2018年，生态环境部会同相关部门建立全国土壤环境信息平台，土壤环境基础数据库正在不断完善。2022年，生态环境部、发展改革部、财政部、自然资源部、住房和城乡建设部、水利部、农业农村部等7个部门联合印发《"十四五"土壤、地下水和农村生态环境保护规划》。总体来看，土壤污染防治目前主要处于打基础阶段。

4. 农业农村污染防治方面的政策

有关农业农村污染防治的重大政策包括以化肥农药使用量零增长行动、农药包装废弃物回收处理、农膜回收行动为代表的农业面源污染治理，养殖污染防治，农村人居环境整治三年行动，农作物秸秆综合利用和禁烧等。2018年，国务院、生态环境部、农业农村部为农业农村污染治理而联合制订了《农业农村污染治理攻坚战行动计划》。农村人居环境整治三年行动重点包括农村生活垃圾治理、厕所粪污治理、农村生活污水治理、村容村貌提升、村庄规划管理、建设和管护机制完善等内容。除此之外，长江经济带等重点区域农业农村污染治理也被放在了重要位置。其中，化肥农药使用量零增长行动旨在通过科学施肥、合理用药、有机肥替代化肥，推进化肥农药减量增效。实际上，早在2015年农业部就已经制定了《到2020年化肥使用量零增长行动方案》和《到2020年农药使用量零增长行动方案》。养殖污染防治重点包括畜禽养殖禁养区划定、畜禽养殖废弃物资源化利用、水产养殖污染防治等内容。早在2010年环保部就制定了《畜禽养殖业污染防治技术政策》。总体来看，农业农村污染防治目前主要处于起步阶段，农村人居环境整治成效显著，其他方面实施效果随着工作的推进有待逐步显现。

5. 其他领域的重大政策

绿色发展转型方面，包括重污染行业转型升级，工业布局优化，清洁生产和循环经济推进，集中供热、煤改电、煤改气等，天然气产供储销体系建设，北方地区清洁取暖，车船结构升级，油品质量升级，配套管网强化建设，气候变化应对，碳排放权交易机制建设等。2022年2月10日，国家发改委、国家能源局发布《关于完善能源绿色低碳转型体制机制和政策措施的意见》，提出"十四五"时期，基本建立推进能源绿色低碳发展的制度框架，形成比较完善的政策、标准、市场和监管体系，构建以能耗"双控"和非化石能源目标制度为引领的能源绿色低碳转型推进机制。2021年2月1日，《碳排放权交易管理办法（试行）》正式施行，落实"中央统筹、省负总责、市县抓落实"的工作机制要求，以部委规章形式，从国家层面对全国碳交易市场的建设做出明确规定。

体制机制方面，除领导干部责任制、一岗双责、中央环保督察、排污许可管理外，大气主要包括区域大气污染防治协作机制建设、重污染天气应急联动、法律法规标准体系完善、环境监测监控网络完善、强化市场机制作用等内容。2020年，国家发展改革委发布了《关于构建现代环境治理体系的指导意见》。其中，水污染治理方面主要包括河湖长制建立、水功能区划编制、入河排污口管理、环境质量目标管理、水污染排放相关法规标准体系建设等。此类政策还包括2016年国务院办公厅印发的《关于全面推行河长制的意见》、2002年3月编制完成的《中国水功能区划》，以及2011年实施的《入河排污口管理技术导则》（SL532-2011）、2019年实施的《国家水污染物排放标准制订技术导则（HJ945.2-2018）》。土壤治理方面主要包括从2019年开始施行的《中华人民共和国土壤污染防治法》，包括污染地块导则、工矿用地指南、农用地标准、土壤污染状况详查规定等内容的标准体系。此类政策还包括2018年生态环境部发布的《土壤环境质量农用地土壤污染风险管控标准（试行）》《土壤环境质量建设用地土壤污染风险管控标准（试行）》，2019年生态环境部发布的《污染地块地下水修复和风险管控技术导则》等。农业农村治理方面主要包括相关法规标准体系的构建。此类政策还包括2018年农业农村部印发的《农业绿色发展技术导则（2018—2030年）》，2019年中共中央办公厅、国务院办公厅印发的《关于创新体制机制推进农业绿色发展的意见》等。

（二）吉林省绿色政策体系

1. 责任体系方面

"十三五"时期，吉林省全面完成机构改革、环保"垂改"和综合行政执法改革，进一步理顺督察、监测、执法管理体制机制。2016年，吉林省委、省政府颁布了《吉林省2016—2020年政府环境保护目标责任制工作实施方案》，2017年，吉林省委、省政府颁布了《吉林省生态环境保护工作职责规定（试行）》《吉林省生态环境保护督察办法》，吉林省生态环境厅先后于2019年、2020年、2021年颁布了《全省生态环境保护工作要点》等政策，促使吉林省生态环境执法监管能力得到提高。制定了生态环境保护职责规定，建立污染防治攻坚战成效考核机制，完善生态环境保护目标责任制，全面压实生态环境保护"党政同责、一岗双责"。完善了督察整改体系，制定省级生态环保督察办法，健全督察整改"四项机制""八项制度"，综合运用调度、预警、通报、约谈、专项督察等手段，有力推进整改任务落地落实。

2. 法规标准体系方面

吉林省委、省政府先后于2016年颁布实施《吉林省大气污染防治条例》、2018年颁布实施《吉林省黑土地保护条例》；根据《中华人民共和国环境保护法》《中华人民共和国水污染防治法》《中华人民共和国水法》等法律法规，于2019年颁布实施《吉林省辽河流域水环境保护条例》；依据《中华人民共和国环境保护法》《中华人民共和国大气污染防治法》等有关法律法规，于2019年颁布实施《吉林省河湖长制条例》。吉林省委、省政府于2017年修订《吉林省湿地保护条例》，2018年修订《吉林省城镇饮用水水源保护条例》，2020年颁布实施《吉林省生态环境保护条例》等地方性法规。2020年，吉林省生态环境厅联合省市场监督管理厅研究制定吉林省《农村生活污水处理设施水污染物排放标准》（DB22/3094—2020）等42项地方标准，对重点地区、重点流域持续实施污染物特别排放限值，保护和改善生态环境，防治污染和其他公害，维护生态环境安全。

3. 监管体系方面

吉林省委、省政府出台《吉林省生态环境损害赔偿制度改革工作实施方案》《关于构建现代环境治理体系的实施意见》《加强生态环境监管工作的实施意见》等近40项政策文件，落实生态环境保护领导责任、部门管理责任、企事业单位主体责任，强化公众参与和社会监督。提出建立健全环境治理的领导责任体系、企业责任体系、全民行动体系、监管体系、市场体系、信用体系、法规政策体系、支撑体系，落实各类主体责任，提高市场主体和公众参与的积极性，形成导向清晰、决策科学、执行有力、激励有效、多元参与、良性互动的环境治理体系。颁布实施《吉林省排污许可管理办法》，在全国率先实现固定污染源排污许可全覆盖。

4. 治理保障体系方面

吉林省政府办公厅出台《吉林省人民政府办公厅关于加快推进环保产业振兴发展的若干意见》《吉林省人民政府办公厅关于推进绿色金融发

展的若干意见》等政策，印发《吉林省改善农村人居环境四年行动计划（2017—2020年）》，省委办公厅、省政府办公厅出台《吉林省农村人居环境整治三年行动方案》，省生态环境厅出台《吉林省生态环境污染强制责任保险实施方案（试行）》。2021年8月，省人大常委会颁布实施《吉林省危险废物污染环境防治条例》，2021年12月，省政府向省人大常委会报送了《吉林省大气污染防治条例》《吉林省机动车和非道路移动机械排气污染防治条例》修订议案。同年，吉林省生态环境厅制定出台《吉林省环境信息依法披露制度改革实施方案》《汽车维修业表面涂装挥发性有机物治理技术指南》等文件，并开展流域上下游生态补偿，累计奖励资金近亿元；就企业风险管理水平、环境风险评估程度、环境信用等方面进行评价，不断完善生态环境法规标准体系，推进工业企业参与生态环境污染强制责任保险。2021年，全省在生产的涉重金属企业45家，参保企业34家，参保率达76%，保险保障金额近亿元。健全生态环境监测网络，截至2020年底，全省建有空气自动监测站129个、水质自动站127个。

5. 社会行动体系方面

吉林省各级党校（行政学院）将习近平生态文明思想纳入课程体系。吉林省生态环境厅在生态环保方面就污染源控制、居民环境提升、环境风险防控对策等领域设置课题进行研究，各级各类媒体大力宣传我省生态环境保护举措成效，群众环境信访有奖举报制度深入实施，社会各界和人民群众关心、关注、支持和参与生态环境保护的社会氛围愈加浓厚。

第三章

吉林省实施绿色发展面临的机遇与挑战

第一节　发展机遇

一、绿色经济已然成为全球经济复苏的契机

俄乌冲突和新冠肺炎疫情使全球经济遭受重创，今后如何实现经济复苏与增长是各国首要任务。气候变化是比疫情更长期、更深层次的挑战，这使得绿色复苏成为当前全球最大共识，以碳中和为核心的绿色复苏方案和绿色新政成为多数国家发展未来经济的选择。

（一）"绿色新政"强化对投资的绿色引导

俄乌冲突使得全球石油价格高涨，各国对可再生能源需求不断提高。为此，绿色投资在刺激经济复苏的政策中扮演了极其重要的角色，不仅能形成新的绿色供给能力，还能带动供需两端的绿色复苏，成为稳增长的重要抓手。如，欧盟积极整合各类资金并出台绿色投资计划推动经济绿色转型，加大公共资金绿色投资力度，将欧盟投资预算、"投资欧洲"基金和

欧洲投资银行融资中气候项目比重提高到25%、30%和50%。在绿色财税政策方面，加快能源税等税收改革，取消空运、海运部门税收豁免，取消化石燃料补贴，增加环境保护和应对气候变化增值税等优惠力度。英国政府提出将投入13亿英镑，加快在英格兰各地家庭、街道和高速公路上设置电动汽车充电桩，让车主更便捷地为电动汽车充电；投入5.82亿英镑，为购买零排放或超低排放汽车的消费者提供补贴，降低其购车成本，并鼓励更多消费者购买电动汽车。未来四年，英国还将投入近5亿英镑来研发和批量生产电动汽车电池。从2030年英国开始停止售卖新的汽油和柴油汽车及货车，并于2035年开始停止售卖混合动力汽车，这一举措将有助于英国工业向可持续、绿色发展转变。不仅如此，最近几年全球投资趋势分析表也显示，有越来越多的资本注入"绿色"市场，这也意味着随着社会进步，已经有更多的人开始看到这个与以化石能源为支撑的传统发展模式完全不同的新兴发展模式正在兴起。对于中国而言，这毫无疑问是一个相当重要的机会。近年来，我国在风光能源领域年均投资达到5000亿元以上，并且在目前的宏观政策下，投资额仍有保持或进一步扩大的趋势。中国能源基金会的一项分析表明，"十四五"期间，在传统产业的数字化升级和绿色改造领域、绿色低碳城镇化和现代城市建设领域、绿色低碳消费领域和可再生能源或电力系统建设等领域总投资近45万亿元，年均约8.9万亿元，占2021年全社会总投资的16%左右，这将是一个可观的增长投资动能。此外，另一项分析表明，到2050年面向中国碳中和的直接投资可达140万亿元，增加关联投资考量，实际投资的规模将远超预期。碳中和相关的投资将在今后30—40年为经济增长提供可观的投资推动力。

（二）"绿色新政"强化对消费的绿色引导

绿色消费又称"可持续消费"，是指消费主体从满足生态需要出发，以生态平衡和环境保护为准则，始终贯彻绿色低碳理念的新型消费行为。绿色消费领域涵盖生产、生活行为的方方面面，包括食品、衣着、物资以及能源等方面的回收利用和有效使用。各国在坚持绿色发展上表现出远见和定力，努力实现绿色复苏。如，欧盟通过能源价格、能源税、碳交易、碳税、绿色产品标识等经济政策积极引导绿色消费；英国在家用器具、时尚服饰、娱乐与玩具及家具等领域，在产品的材质选择、造型设计、功能设置等方面都从节能、保护资源出发，引导消费者树立更为理性和环保的消费观。2022年1月，国家发改委等部门印发的《促进绿色消费实施方案》中提到，到2030年绿色消费方式成为公众自觉选择，绿色低碳产品成为市场主流。同时，根据能源基金会发布的《家庭低碳生活与低碳消费行为调研报告》显示，被广泛接受的低碳消费行为发生在家用电器领域，表现为受访者对节能家电有着明显的购买偏好，使用和处置过程中也有着具体的低碳行为。经济发展中，消费与生产是互相依赖、互相促进的。绿色消费能促进绿色生产，绿色消费也能促进绿色城市或生态城市的建设。总之，探索科学、可行的绿色消费模式有助于经济社会发展中可持续发展能力的增强。

（三）"绿色工业革命"引发全球技术创新

发展绿色经济是为应对人类目前共同面对的最大挑战——气候变化，但如果从积极的角度来看，这也是人类目前最大的一次发展机遇。为应对气候变化，实现经济可持续发展，第四次工业革命即"绿色工业革命"应运而生。"绿色工业革命"以人工智能、清洁能源、无人控制技术、量子信息技术、虚拟现实以及生物技术为主，标志着人类进入绿色能源时代，也可以被称为新的绿色工业革命。通过全力提高资源生产率突破经济发展与不可再生能源的长期捆绑，摆脱经济发展与温室气体排放的依附关系，在此过程中，绿色生产技术必不可少。一方面以技术支撑不可再生能源"绿化""清洁化"，科学合理利用化石能源，开发能耗更低、效率更高、更绿色的生产方式，降低单位能耗污染强度；另一方面以技术支撑拓展可再生能源、绿色能源的适用范围，降低其使用成本，提高生产效率，从而减少不可再生能源在经济增长中的贡献率，逐渐增加可再生能源、绿色能源所占的比重，直至对化石能源形成完全替代。与以往的工业革命相比，在新一轮工业革命中实现包容性增长，具有更大的可能性。因为以网络化、数字化、智能化技术为代表的新一轮工业革命，不仅创造了新的供给和需求，大大拓展了发展空间，也给各个国家带来更多平等参与的机会。面对此次发展机遇，中国正从核心技术的创新和应用入手，加速产业结构的转变和升级，以满足第四次工业革命的需要。

二、经济平稳增长为绿色发展提供广阔前景

经济发展与绿色转型并非此消彼长的关系。发展新阶段，围绕生态环境、绿色能源、碳排放等要素的新产业新业态均可能成为新的经济增长点，以点带面促进相关行业高质量发展。

（一）经济持续健康发展为绿色转型提供广阔前景

绿色是经济社会可持续发展的先决条件，也是人民追求美好生活的切实需求。2015年，我国政府将"绿色发展"作为新发展理念之一，为"十三五"时期及之后的经济社会发展指明了方向。促进传统产业绿色升级，加快绿色经济发展，以提高经济体系中的能源利用效率来缓解和治理生态问题，注重人们对环境美好的需求，拓展经济发展空间，培育绿色产业，扶持其成为引领绿色经济发展的重点产业，实现经济发展与化石能源投入脱钩，全方位治理长期以来经济粗放式发展导致的生态环境恶化，促进经济健康发展。一方面，经济可持续发展能够为传统产业绿色转型提供平稳发展环境，阻断不确定性的影响链条，增强经济抵抗力和恢复力，降低资源的流失率。对于吉林省而言，我省工业基础雄厚，但正处于工业转型升级关键阶段，存在宏观层面工业增长下降、微观层面企业效益不稳定的问题。因此，应以高污染、高能耗、高水耗、高碳排放的工业企业绿色转型为重点，促进节能减排，降低钢铁、水泥、煤炭等高污染行业的过

剩产能，有效控制电力、钢铁、建材、化工等重点行业的碳排放，鼓励绿色生产工艺的创新和应用，降低单位能耗污染强度，提高能源利用效率。另一方面，经济可持续发展将加快绿色化进程，促进经济增长中清洁能源、可再生能源的贡献率。加强碳排放等指标监测和管理，提高能源资源节约标准，助推"双控"行动落地，分别从企业、产业、园区层面，开展生产、链条、组合的循环改造，推动"资源—生产—废弃物"发展模式向循环经济闭环的发展模式转变。降低化石能源、不可再生能源比重，提高清洁能源、可再生能源比重，提升能源、资源在单位产品生产中的利用效率和清洁化标准，促进智能电网、电动汽车、绿色建筑、储能快速发展，建设节能标准。对符合节能标准且具有创新举措的近零碳排放工程，总结其具有普适性的优秀做法，将其树立为示范项目，发挥引领带动作用。节能环保产业是国家加快培育发展的七大战略性新兴产业之一，具有产业链长、关联度高等特性，不仅能够服务于相关产业的绿色化转型，还能为循环经济、绿色经济发展奠定基础提供支撑，为全国和吉林省等地区经济绿色转型发展贡献重要力量。

（二）经济持续健康发展为绿色消费提供广阔前景

绿色消费，是指以节约资源和保护环境为特征的消费行为，主要表现为崇尚勤俭节约，减少损失浪费，选择高效、环保的产品和服务，降低消费过程中的资源消耗和污染排放。经济持续健康发展有赖于采取加快产业结构调整、提高能源使用效率、扩大可再生能源的使用比例、改变现有的生产和消费方式等措施。经济持续健康发展，对于满足人民美好生活需求、扩大国内需求、升级消费结构、促进供需对接有重要作用。一方面，经济持续健康发展可以促进绿色消费产品推广，促进节能减排。经济持续健康发展会促使人们对高效节能电机、节能环保汽车、高效照明产品等节能产品需求增大。截至2021年初，能效标识2级以上的空调、冰箱、热水器等节能家电市场占有率达到50%以上。节水龙头、新能源汽车等产品的销量也不断提升。截至2021年，新能源汽车产销分别为354.5万辆和352.1万辆，市场占有率达13.4%，高于上年8个百分点，实现新能源汽车在公共机构配备更新公务用车总量中的广泛应用。另一方面，经济持续健康发展可以促进绿色消费市场扩大，调整需求结构。经济持续健康发展，人民生活水平逐步提高，对绿色产品需求增加，有利于绿色产品生产和销售渠道的增加，以及节能商场、绿色超市等新概念场景的培育和发展，从而提升人们对绿色产品、环保产品的认可度和购买力。还可通过搭建绿色产品销售平台等方式，满足消费者不同消费方式的多样化需求，并进一步拓展绿色产品的销售市场。此外，经济高质量发展能够保障企业拥有充沛的资金，从而促进企业加大绿色技术、产品的研发投入，进一步增加绿色产品的高效供给和销售。随着经济平稳较快的增长，政府能够合理规划、建设大众创业、万众创新平台，发展"互联网+绿色消费"模式，为企业的绿色转型、发展提供支撑，为企业绿色技术、产品的研发提供数据支撑，为企业绿色产业链上下游企业对接提供平台，为企业绿色产品供给与消费者需求畅通沟通渠道，从而满足不同主体多样化的绿色消费需求。

（三）经济持续健康发展为绿色外贸提供广阔前景

出口是拉动经济增长的重要动力之一。但近年来，不可控因素增多，对我国对外贸易发展造成严重影响。经济持续健康发展能够为绿色外贸提供更多可能性。推动符合国际环保标准的绿色产品走出国门，不仅是抢占国际绿色经济市场、提升我国绿色产业国际竞争力的重要路径，还是顺应经济全球化、国际消费升级和环保规则的必然选择。一方面，随着全球各地对绿色发展的要求，国内环境标准与国际环境标准逐步接轨，出口企业环保达标审核随之加强，出口企业为保障自身产品出口，会严格遵守国家环保法律法规，开展相关国际绿色产品认证，攻克绿色壁垒，从而增加绿色产品出口量。另一方面，经济持续健康发展会促使外贸结构优化、绿色产品占比提升、绿色产品出口增加。同时，我国政府正在着手研究通过调整出口退税率结构，提高绿色产品出口退税率，并简化相关审批、退税等环节的流程，提升环保产品金融支持规模和信用保险范围，加大对绿色出口财政支持力度，进一步加大绿色产品出口。

三、"美丽中国"建设为吉林绿色发展提供契机

"美丽中国"是中国共产党第十八次全国代表大会提出的概念，强调把生态文明建设放在突出地位，融入经济建设、政治建设、文化建设、社会建设各方面和全过程。美丽中国是生态文明建设的目标要求，生态文明建设是建设美丽中国的必由之路。大力推进生态文明建设，建设美丽中国意义重大。作为生态资源大省，良好的生态环境是吉林省最突出的优势、最宝贵的财富、最重要的品牌。在生态文明建设突出重要的社会背景下，"美丽中国"建设为吉林省将绿水青山变为金山银山提供了重要的发展契机。

（一）生态文明建设为美丽中国"吉林样板"建设提供契机

我国生态环境治理明显加强，环境状况得到改善，党的十八大做出"大力推进生态文明建设"的战略决策。2014年，我国提出实施《国家应对气候变化规划（2014—2020年）》，2015年，国家相继出台《关于加快推进生态文明建设的意见》《生态文明体制改革总体方案》等，制定了多项涉及生态文明建设的改革方案，从总体目标、基本理念、主要原则、重点任务、制度保障等方面对生态文明建设进行全面系统部署安排，为绿色发展的具体落实提供了政策环境和指引。党的十九大提出加快生态文明体制改革，建设美丽中国。从将生态文明建设纳入"五位一体"总体布局，到将"树立尊重自然、顺应自然、保护自然的生态文明理念，增强绿水青山就是金山银山的意识"写入党章，再到将生态文明写入宪法，我国把生态文明建设放在了突出地位，融入经济社会发展各方面和全过程，努力建设人与自然和谐共生的现代化。在习近平生态文明思想指引下，我国的生态文明建设取得令人瞩目的成就。2016年，我国率先发布《中国落实2030

年可持续发展议程国别方案》，同年，向联合国交存《巴黎协定》批准文书。2021年，"碳达峰、碳中和"被首次写入政府工作报告。我国作为全球生态文明建设的重要参与者、贡献者、引领者，为保护人类共同的地球家园贡献了中国力量。我国不仅重视加强传统意义上的生态建设，更强调包括人类与自然环境在内的整个社会和谐发展。我国在生态建设方面付出了巨大努力，取得了丰硕成果，城市空气质量有了较大改善，水体更加清洁，大规模的绿化和植树造林工程让越来越多的荒漠变成绿洲，美丽中国建设步伐加快，为吉林省社会经济发展带来了发展机遇，为人民日益增长的美好生活需要和热切期盼加快提高生态环境质量的需求提供了更好的绿色满足，为推动吉林省绿色发展迈上新台阶，打造美丽中国"吉林样板"提供了契机。吉林省随之提出优化保护长白山生态体系建设，充分发挥森林、河湖、湿地等丰富的生态资源优势，培育特色产品品牌，积极融入国家"一带一路"建设，加大生态保护力度，构建可持续发展的绿色城镇带，夯实生态环境建设基础，探索转型发展模式，创建绿色发展先行区。

（二）生态文明建设是吉林省绿色城市建设的重要机遇

打造绿色城市是国家生态文明发展的重要着力点之一。新型城镇化注重打造宜居、绿色的居住环境，将1/3的城市土地建设成为郁郁葱葱的绿地、城市公园、绿化带，是绿色城市的主要元素，并可供人们休闲娱乐，是深受居民喜爱的户外空间，也是彰显重要主题、历史文化、核心价值的正式名片。值此机会，吉林省转变绿化设计理念，坚持生态优先绿色发展，在城市建设上逐步形成和构建一个较为完整的生态系统。在绿地营建中做到人与自然和谐共生。在绿地建设过程中融入市民的活动场所和空间，以公园的标准建设城市绿地，减少人员活动对城市绿地的破坏；同时城市绿地又为人员活动提供更加优美的场所，最终建成绿色城市，实现人与自然和谐共生。

四、深化体制改革带来绿色发展新机遇

通过深化要素领域市场化改革，创新能源环境市场体系，催生新的绿色内需、创新动能，拓展生态产品价值转化新途径，促进物质财富和环境财富共同繁荣发展，为绿色发展创造新机遇。

（一）实施要素领域市场化改革带来绿色发展新机遇

2020年4月9日，《中共中央 国务院关于构建更加完善的要素市场化配置体制机制的意见》对外发布，拉开了要素市场化配置改革的大幕。21个月后，即2021年12月，国务院办公厅印发《要素市场化配置综合改革试点总体方案》，对深入推进要素市场化配置改革进行了系统部署，涉及土地、矿产、海洋等多个自然资源领域，提出开展试点工作，进一步破除阻碍要素自主有序流动的体制机制障碍，提升要素协同配置效率。一方面，我国正在通过支持试点地区完善电力市场化交易机制，提高电力中长期交易签约履约质量，开展电力现货交易试点，完善电力辅助服务市场。按照股权多元化原则，加快电力交易机构股份制改造，推动电力交易机构独立规范运行，实现电力交易组织与调度规范化。深化天然气市场化改革，逐步构建储气辅助服务市场机制。完善矿业权竞争出让制度，建立健全严格的勘查区块退出机制，探索储量交易等举措，不断支持并完善资源市场化交易机制。另一方面，在明确生态保护红线、环境质量底线、资源利用上线等基础上，通过支持试点地区进一步健全碳排放权、排污权、用能权、用水权等交易机制，探索促进绿色要素交易与能源环境目标指标更好衔接的机制。探索建立碳排放配额、用能权指标有偿取得机制，丰富交易品种和交易方式，探索开展资源环境权益融资，探索建立绿色核算体系、生态产品价值实现机制以及政府、企业和个人绿色责任账户等举措，支持构建绿色要素交易机制。这些举措为资源环境相关市场进一步发育和完善拓展了新空间。

（二）创新建设能源环境市场体系带来绿色发展新机遇

作为碳排放最大的领域，能源行业是实现"双碳"目标的主战场。现代能源体系的核心内涵正是"清洁低碳，安全高效"。构建现代能源体系，旨在强化节能降碳和用能弹性，增加清洁能源供应能力，减少能源产业链碳排放，推动能源绿色低碳转型，实现"清洁、低碳"目标。此外，该体系有利于增强能源供应链安全性和稳定性，还可推动构建新型电力系统，建立适应新能源、储能发展的市场化机制，实现"安全、高效"的目标。现代能源体系作为现代市场体系的一个重要组成部分，需遵循构建现代市场体系的基本原则和方法，使市场在资源配置中起决定性作用，更好地发挥政府作用。我国政府通过培育多元竞争主体、建设部门体系、实现能源价格改革，强化政策协同保障，构建现代能源体系。一方面，我国政府通过建立公平开放透明的市场规则，打破行业壁垒，实行统一的市场准入标准，优化产业组织结构，支持新模式新业态发展，增加主体进入，激发市场主体活力等方式培育多元竞争主体作为构建现代能源体系的基础。同时，我国政府还提出建立以新能源为主体的新型电力系统，建设一个高标准电力市场体系，促进低碳清洁能源市场化消纳。继续深化电力体制改革，加快构建和完善中长期市场、现货市场和辅助服务市场有机衔接的电力市场体系。创新有利于非化石能源发电消纳的电力调度和交易机制，通过市场化方式拓展消纳空间等举措进行能源部门体系建设。另一方面，深化价格形成机制市场化改革，充分发挥价格在市场调节中的主导作用，建立反映市场供求关系、资源稀缺程度和环境损害成本的能源价格形成机制，大力引导低碳清洁高效能源发展，促进能效提高，进行能源价格改革。此外，我国政府通过发挥有效市场和有为政府作用，健全完善财政、金融、税收等支持政策，优化能源市场监管等措施，强化政策协同，加强可再生能源电力消纳保障。

五、供需体系升级释放绿色化市场潜力

我国是世界第一制造大国，伴随传统产业加快向中高级发展，清洁能源逐步取代化石能源，清洁煤炭、电动汽车、智能电网、氢能等各种绿色技术快速发展，绿色产品和服务的供给能力不断增强。人民群众对优美生态环境、现代能源服务的需求快速增长，绿色消费热点不断增多，孕育着前景巨大的市场空间。

（一）打造绿色供应链体系释放绿色化市场潜力

绿色供应链理念源于绿色制造理论，绿色制造是制造业以可持续发展为导向进行绿色转型升级，力争在生产全过程实现单位产品资源能源消耗量最少、生态负担最小、极大减少安全危害，形成经济效益、生态环境效益、社会效益相互协调、相互促进的制造业生产过程。绿色供应链体系基于绿色制造和国家战略，以绿色发展为原则，构建覆盖研发、设计、生产、运输、仓储、销售、回收利用等各环节的循环机制。绿色供应链是产业链上下游企业精准对接的重要渠道，具有多产业融合、多行业协调、多环节畅通的特点，能够有效促进绿色产业链供应链安全性、稳定性提升，激发市场活力。在数字经济发展趋于成熟的阶段，可促进大数据、通信技术等技术与绿色供应链相融合，增加绿色产品一物一码设计，实现对绿色产品产地、原料、生产过程、环保信息的可查证及产品追溯功能。当前，我国政府正在致力构建绿色供应链。一是订单模式，首先确定消费群体，再与生产企业签订绿色产品购销合同。特别是针对绿色生态产品，围绕区域特色产业、产品打造区域品牌，打破一家一户经营状态，实行规模化种植养殖，保障销售。二是建立绿色供应链产品标准，利用大数据、通信技术等技术进行全链条监管，紧抓绿色产品各环节标准化生产，保障消费主体优质绿色产品需求。建立绿色供应链系统，并确保每个子系统内部绿色低碳环保，又协调子系统之间实现资源利用率最高、污染排放量最少，同时平衡经济、社会、环境三方收益。

（二）突破绿色制造技术壁垒释放绿色化市场潜力

在绿色发展的需求下，从2007年开始，环保支出科目被正式纳入国家财政预算，政府对环保工作提出了新思路、新对策。受益于此，中国环保行业继续高速增长，且增速进一步提高。为维持中国的绿色产业能够良好发展，绿色制造技术创新必不可少，以保持中国绿色产业的市场竞争力与长久的活力。为确保中国绿色产业进入良性发展阶段，绿色产业相关企业积极促进绿色技术创新，以新发展理念为指引，强调绿色元素，从节能、高效、提质、环保等层面研发绿色工艺，拓展应用场景，将绿色理念渗透至生产、运输、仓储、销售等各环节的科学技术研发中，力求在全周期生产过程中提质增效，减少生态环境负担，兼顾微观层面主体生产经营效益和宏观层面的社会效益。一方面，国内外对绿色工业技术研发与应用的重视程度不断提高。在密集出台的政策引领下，政产学研积极发挥技术研发优势，主动承担国家、地方促进绿色产业高质量发展的课题项目，以"双碳"目标和市场需求为导向，不断探索更加节能、更加高效、更加环保的工业技术。目前，高校、研究院所及新型研发机构已形成大量研究成果，包括绿色产品数据开发利用、生产技术绿色化升级，以及绿色产品创新绩效等企业现代管理层面在内的研究被不断丰富，这无疑为绿色产业实践层面的推进提供了理论支撑和方法指引。另一方面，发挥绿色制造技术先进典型的示范带动作用。为贯彻落实《中国制造2025》《"十四五"工业绿色发展规划》，深入实施绿色制造工程，加快构建绿色制造体系，根据《工业和信息化部办公厅关于开展绿色制造体系建设的通知》《工业和信息化部办公厅关于推荐第四批绿色制造名单的通知》要求，工信部连续四年确定绿色制造、绿色设计产品名单，以发挥绿色制造设计先进典型的示范带动作用。2021年度的名单中包括绿色设计产品989种。此外，随着绿色工艺、清洁工艺的开发强度不断增大，试图通过绿色工艺的研发、应用减少单位产品能源资源耗能、提质增效，并降低经济增长对能源资源的依赖，减少GDP带来的生态环境负担。目前，主要做法是通过绿色工艺提高资源能源生产效率，减少绿色产品生产过程中有毒化学品的投入量，并降低对生态环境造成严重破坏的废弃物排放量，生产出高质量、高价值且绿色环保，对生态环境负担较小的产品，同时加强对有毒化学品操作者的保护，防止职业暴露，注重劳动者工作环境优化，保护劳动者身心健康。以原材料为例，应酌情减少高污染及对人体和环境有害的材料的投入量，积极研发此类材料的高性能替代物，制定有毒有害废弃物的循环利用、回收处理、环境治理的可行方案，提升此类原材料及复合材料的应用标准、用量及使用范围，加强实时监管，并提高违法成本。2021年6月，由中建八局工程研究院做的最新报告《绿色施工工艺技术》，介绍了最新的绿色施工技术，通过科学管理和技术进步，最大限度地节约资源和保护环境，实现绿色施工要求，实施生产绿色建筑产品的工程活动。2022年1月18日，中国石油和化学工业联合会发布了《石化绿色低碳工艺名录（2021年版）》。中国石油和化学工业联合会鼓励企业在技术改造、项目建设中积极采用绿色低碳工艺，提高石化化工行业绿色、低碳发展水平。与此同时，我国在风力涡轮机、薄膜太阳能板、太阳能芯片、全气候电池产品等风能、太阳能以及电动汽车等诸多绿色科技领域取得重大突破。这些为吉林省节能环保产业快速发展提供了技术支持和环境保障。

六、地理环境因素强化碳汇经济发展优势

习近平总书记指出："'十四五'时期，我国生态文明建设进入了以降碳为重点战略方向、推动减污降碳协同增效、促进经济社会发展全面绿色转型、实现生态环境质量改善由量变到质变的关键时期。"提升生态碳汇能力，必须坚持以习近平生态文明思想为指导，全面践行绿水青山就是金山银山理念，强化顶层设计，发挥制度优势，统筹推进山水林田湖草沙系统治理。因此，因地制宜采取各种手段有效实现"碳中和"对于吉林省的绿色转型和发展而言至关重要。

（一）自然地理环境为碳汇经济发展提供先天优势

碳达峰、碳中和是当前全球应对气候变化的重要任务之一。而要实现这一目标，提升生态碳汇能力是至关重要的一个方面。生态碳汇指的是各类生态系统通过吸收、储存和固定二氧化碳等温室气体，减缓全球变暖和气候变化的过程。这一概念的拓展和创新，强调了各类生态系统对碳循环平衡和维持的整体作用。为了提升生态碳汇能力，我们需要加强国土空间规划和用途管控，以保障各类生态系统的完整性和稳定性。其中，森林和草原是最具代表性的生态碳汇。通过植树造林、植被恢复等措施，可以增加森林和草原的吸收能力，吸收大量的二氧化碳，从而减缓气候变化的进程。此外，湿地也是非常重要的生态碳汇，可以通过保护和恢复湿地等措施，提高其对二氧化碳的吸收能力。土壤和冻土是最为广泛的生态碳汇之一，它们可以吸收和储存大量的二氧化碳，同时还能够通过微生物的作用将碳固定在土壤中。总的来说，提升生态碳汇能力，不仅是对传统碳汇概念的拓展和创新，更是对生态系统及其相互关联的整体平衡和维持作用的认知。在全球范围内，加强生态系统的保护和恢复，通过有效的规划和管控，增加各类生态系统的碳汇能力，是实现碳达峰、碳中和目标的必经之路。因此，自然地理环境为吉林省发展碳汇经济提供了先天优势，具体表现在纬度、地貌形态、气候环境和土壤资源等方面。

其一是吉林省纬度较高，存在大面积季节性冻土。吉林省地处东经121°38′~131°19′、北纬40°50′~46°19′之间，土地面积18.74万平方千米，占中国国土面积的2%。任景全等（2019）发现，吉林省季节性冻土最大冻结深度呈由西向东逐渐减小的空间分布特征，绝大多数气象站点最大冻结深度呈减小趋势，西部冻土冻结深度变幅较大，中部、东部最小。从时间上看，基本上在10月开始冻结，次年3月达到最深，6月完全融化。在这种大面积冻土的先天优势下，吉林省能够大面积分季节采用林草、湿地和冻土实现生态固碳，成为我国重要的固态"蓄电池"。

其二是吉林省地貌形态非常多样，具有显著的地形差异。地势总体呈东南高、西北低的倾斜特征，由东南向西北倾斜。以中部大黑山为分界线，吉林省可划分为东部山地和中西部平原两大地貌类型。吉林省的地形类型丰富，主要包括火山地貌、侵蚀剥蚀地貌、冲洪积地貌和冲积平原地貌等。其中，火山地貌分布较广，主要分布在吉林省东南部；侵蚀剥蚀地貌则分布于吉林省中部山地和周边地区，主要包括丘陵、峡谷、溶洞等地形类型；冲洪积地貌则主要分布于吉林省中西部平原地区，以及部分山地地区的河谷、低洼地带等；冲积平原地貌则主要分布在吉林省南部。吉林省的主要山脉包括大黑山、张广才岭、吉林哈达岭、老岭和牡丹岭等，其中大黑山是吉林省地势最高的山脉。吉林省的山脉地形复杂，包括山峰、峡谷、峡口、悬崖、瀑布等景观。山地地区多山多水，气候湿润，植被丰富。吉林省的主要平原区包括松辽分水岭以北的松嫩平原和以南的辽河平原。松嫩平原主要分布于吉林省北部，包括黑龙江省南部和内蒙古自治区西部。辽河平原则分布于吉林省南部和辽宁省中部。这些平原地区主要是由于河流的冲击作用而形成的，土地肥沃，适宜农业。吉林省的主要河流包括松花江、辽河、鸭绿江、图们江和绥芬河等五大水系。这些河流流经不同的地形地貌类型，形成了各具特色的河谷、峡谷、瀑布等自然景观。吉林省的河流资源丰富，为吉林省的经济发展提供了重要的资源支撑。

吉林省的地形地貌特征有助于吉林省率先进入碳汇经济发展阶段。《联合国气候变化框架公约》第九次缔约方大会指出，国际社会已将造林、再造林等林业活动纳入碳汇项目，并制定了新的运作规则。有研究表明，我国的西南地区和东北地区碳汇程度占整体陆地的35%左右，吉林省是重要的林业省份，拥有丰富的森林资源。截至2021年，吉林省的林地面积达到879.28万公顷，其中有林地面积为833.20万公顷，森林蓄积量达到10.86亿立方米，森林覆盖率高达45.2%。吉林省的森林资源在东北三省及内蒙古重点林区中处于领先地位，在全国也处于靠前水平。吉林省的有林地平均公顷蓄积量为130立方米，表明了吉林省林木生长的健康和发展状况。吉林省林地面积占全省总面积的一半，因此是我国东北地区的重要生态屏障。吉林省拥有众多的山脉和平原地貌，其地形地貌多样性为森林资源形成提供了条件。吉林省森林资源种类繁多，主要包括红松、落叶松、樟子松、白桦等，这些树种适应了吉林省的环境和气候条件，为吉林省的林业发展提供了优质的原材料。森林资源是吉林省重要的经济支柱之一，林业在吉林省的经济发展中起着重要作用。吉林省大力实施林业资源保护和开发利用政策，加强了森林资源的管理和保护，提高了林业资源的可持续利用能力。同时，吉林省积极推进森林旅游业和生态旅游业的发展，进一步提升了吉林省森林资源的经济和生态价值。

此外，流水侵蚀作用对吉林省地貌影响较为广泛，山地、丘陵、台地、平原、盆地、谷地多受到侵蚀、剥蚀、堆积、冲积等综合作用，形成了各种流水地貌，如河漫滩、冲积洪积平原、冲沟等，加之水系丰富，因此湿地资源较为丰富。吉林省东部主要是长白山林区森林沼泽湿地，中部主要是以江河湖泊为主的湖泊湿地，西部主要是以松花江、嫩江流域为主的内陆河流及平原沼泽湿地。湿地作为"地球的肾"，能够起到固碳的作用，因为湿地丰富的水分条件适宜植物生长，而这些植物能大量吸收空气中的二氧化碳，当这些植物死亡以后，残体会交织在一起，在湿地上形成疏松的草根层，碳元素就以固态形式被保存下来。因此，吉林省地形地貌特征为林草碳汇发展提供了强大支撑，依靠多个生态系统实现碳吸收，为吉林省发展碳汇经济的重要先天优势。

其三是吉林省的气候环境有利于碳汇经济发展。吉林省位于中纬度亚欧大陆的东侧，气候环境因地处内陆而受到大陆性季风的影响，呈现出明显的季节变化和地域差异。吉林省四季分明，春季干燥风大，夏季高温多雨，秋季天高气爽，冬季寒冷漫长，气温、降水、温度、风及气象灾害等也因此有着明显的季节性变化。冬季是吉林省最寒冷的季节，平均气温在-11℃以下，且常年受到寒潮、冷空气的影响，温度变化幅度较大。夏季是吉林省最炎热潮湿的季节，平原平均气温在23℃以上，由于受到季风的影响，降雨量较多。无霜期一般为100~160天，多年平均日照时数为

2259～3016小时。年平均降水量为400～600毫米，其中80%的降水集中在夏季，东部降雨量最为丰沛。吉林省的气候环境有利于森林植被的生长，也为碳汇经济的发展提供了有利的自然条件。吉林省是我国重要的林业省份之一，截至2023年，森林覆盖率高达45.2%，森林资源丰富，生态环境良好。同时，吉林省的农业资源也非常丰富，可以开展大规模的农业碳汇项目，促进碳汇经济的发展。总之，吉林省的气候环境为生态环境和经济发展提供了很好的自然条件，未来可以通过积极开展碳汇项目，实现生态效益和经济效益双赢。在这种气候环境下，风电产业得以发展，白城市、松原市成为吉林省风电产业的典型代表，吉林省发挥通榆县东北三省第一个大规模风电场的重要作用，加速全省清洁能源的推广和使用，降低高耗能、高碳排放的电力产业对生态环境的污染与破坏；而且这种气候环境也有助于实现生物多样性，具体表现在野生植物3890种，其中地衣类270余种、真菌类900余种、蕨类140余种、裸子植物30种、被子植物2200余种。因此，这种极具特色的气候环境为吉林省率先采取因地制宜的碳汇方案、积极发展绿色经济提供了有力支撑。

其四是吉林省土壤肥沃，为植被持续生长提供了巨大能量。吉林省地处世界闻名的黑土带，主要包括黑钙土、草甸土、白浆土、黑土、暗棕壤等，总体来看，其土壤表层有机质含量为3%～6%，高者达15%以上。具体而言，暗棕壤主要分布在东部山区、半山区的针阔混交林地区（白山市、通化市、延边州、吉林市和辽源市）；黑钙土主要分布在白城市、松原市、四平市和长春市；白浆土主要分布在白山市、吉林市、延边州和通化市，辽源市、长春市、四平市也有少量分布；作为非地带性土壤，草甸土集中于低平地形、地下水位较高、土壤水分较多的草甸植被下，主要分布在白城市、松原市、四平市和长春市；黑土是森林草甸草原植被下具有深厚腐殖质层的土壤，主要分布在长春市、四平市、松原市三个地区，吉林市、辽源市、延边州也有少量部分。各个城市土壤肥沃程度不同，其植被类型和种植技术也存在一定差异，这造就了吉林省独具特色的林草碳汇发展方式。吉林省研究开发了自愿减排林草碳汇方法学，包括天然林经营碳汇项目类、中西部防护林碳汇项目类、人工造林项目类、公众自愿减排项目类、草原经营项目类以及湿地经营项目类等系列方法学，根据土壤类型因地制宜发展林草碳汇。其工作成绩体现在：2018—2022年累计完成生态修复1069.7万亩，森林覆盖率由44.3%提高到45.2%，森林蓄积量由10.27亿立方米提高到10.86亿立方米，在全国排位分别达到第10位、第6位；全省经济林及林下经济总规模达到1725万亩，林草产业总产值突破千亿，推动林草碳汇经济的高质量发展。

（二）人文地理因素为实现绿色转型提供先天优势

人口数量和分布、素质提升等人文地理因素也是吉林省绿色转型的先天优势。

其一是从人口数量和分布上看，吉林省的9个市（州）中，人口超过500万人的地区有1个，在200万人至500万人之间的地区有2个，在100万人至200万人之间的地区有4个，少于100万人的地区有2个。其中，人口居前3位的地区合计人口占全省人口比重为62.08%。东部地区人口为4766826人，占全省总人口的19.80%；中部地区人口为13687522人，占全省总人口的56.86%；西部地区人口为5619105人，占全省总人口的23.34%。与2010年第六次全国人口普查相比，吉林省的9个市（州）中，仅长春市常住人口有所增加，10年间净增加299531人，其他地区常住人口均有不同程度减少。东部地区常住人口所占比重减少1.66个百分点，中部地区常住人口所占比重增加4.56个百分点，西部地区常住人口所占比重减少2.90个百分点。吉林省人口的聚集与跨地区流动，使东西部地区凸显了地广人稀的特征，因此，借助中部地区人口相对集中，长春等城市的发展对附近地区产生的经济辐射和带动作用，东西部地区能够积极推行和实施大型机械化的农业运作模式和林草种植技术，有利于节约种植成本，快速推进绿色化进程。

其二是人口素质的不断提升成为推动吉林省绿色转型的重要机遇。人口要素作为经济社会发展的底层逻辑，能够通过持续影响其他经济要素，改变宏观经济增长的路径、驱动力以及韧性。作为经济社会发展的重要基础和主要服务对象，人口要素变化对经济社会发展的影响较为复杂，既会带来正面的增长效应，也会带来负面的替代效应。此外，由于其长期性特点，还具有累加效应和不可逆的特点。

根据国家统计局第七次全国人口普查公报，吉林省每10万人口中拥有大学文化程度（指大专及以上）的人口为16738人，每10万人口中拥有高中（含中专）文化程度的人口为17080人，每10万人口中拥有初中文化程度的人口为38234人，每10万人口中拥有小学文化程度的人口为22318人。此外，2020年15岁及以上吉林人平均受教育年限10.17年，相较于2010年的9.49年上涨了7.17%。吉林省人口素质的提升有助于推动经济绿色发展，具体体现在对绿色政策的理解和实施、推行和采用绿色技术的积极性、绿色技术创新投入以及绿色创新意识等方面，由此可见，提升人口素质也是未来加速实现吉林省绿色转型的重要途径。

七、高校产学研合作为绿色技术创新奠定基础

人才是创新发展的核心要素和重要资源，谁拥有一流的创新人才，谁就拥有了跨越发展的优势和主导权。产学研合作是系统实施"科技引领"工程的重要组成部分，是强化区域战略科技力量支撑、打造高水平科技创新平台的重要载体，是加快培养和引进创新型人才，打通技术创新、育成、孵化和产业化的重要通道，也是发挥人才集聚效应的"新高地"。推进产学研在绿色技术创新领域的合作，是高等院校服务国家经济社会发展的迫切需要。这种合作模式已经成为现代科技创新的主要形式，具有重要的战略意义和实践价值。高等院校是推动科技进步和创新的重要力量，同时也是国家战略性新兴产业发展的重要源头。因此，加强产学研合作对于高等院校而言，是一项迫切需要。纵观世界现代化进程，发达国家的重大科学发现和技术突破大都源于高校和科研院所。因此，加强产学研合

作，将有助于高等院校更好地发挥自身作用，推动科技进步和经济社会可持续发展。推进产学研合作也是高等院校服务社会的重要途径。科技进步和创新成果最终要服务于社会的发展进步、人民的幸福安康。因此，高等院校需要勇于担当社会责任，在产学研合作中不断探索创新，将科研成果转化为现实生产力，为富国强民提供技术支撑，同时也为惠及民生的实际应用做出贡献。在产学研合作过程中，高等院校需要不断加强自身建设，提升教育教学水平和科研能力。这种合作将催生高等院校加强自身建设的动力，促进人才培养、科学研究、社会服务、文化传承创新等各项事业的良性循环，促进高校办学理念、办学体制和机制的改革与创新，进而实现高等教育的科学发展。总之，推进产学研在绿色技术创新领域的合作，对于高等院校、企业和科研机构，以及整个社会的可持续发展都具有重要意义。这需要各方积极参与，不断探索创新，共同推动产学研合作走向更高水平和更广领域。

吉林省共有64所高等院校，其中本科院校37所，专科院校27所。吉林大学、东北师范大学等院校一直致力开展产学研合作，这有助于吉林省解决"卡脖子"的关键问题，为绿色技术创新奠定基础。截至2021年底，在吉林省全职工作的中国科学院院士和中国工程院院士有22人。已建成国家重点实验室11个，省重点实验室148个，省级科技创新中心（工程技术研究中心）223个；吉林省国内专利授权量29879件，其中发明专利授权量5730件，有效期内高新技术企业2903户。2021年，吉林省科技创新取得了显著成果，共登记了657项省级科技成果。其中，25项获得省科技进步奖一等奖，74项获得二等奖，99项获得三等奖；5项获得省科学技术发明一等奖，2项获得二等奖，3项获得三等奖；6项获得省自然科学一等奖，34项获得二等奖，28项获得三等奖。这些成果反映出吉林省在科技领域取得了显著的进步和成就。此外，吉林省在技术转化方面也取得了较好的成绩。全年共签订技术合同3777份，实现合同成交额108.15亿元。这表明吉林省在将科技成果转化为实际生产力方面取得了积极进展，有助于推动地方经济的发展。这些科技成果的取得得益于吉林省各级政府和科研机构在科技创新方面的投入和支持，同时也离不开广大科技工作者的努力和创新精神。吉林省将继续加大对科技创新的投入和支持，推动科技成果向现实生产力转化，为地方经济的发展和社会进步做出更大的贡献。在强有力的政策支持和推动下，吉林省大力弘扬科学家精神，对重点人才的培育和扶持力度不断增强，鼓励中青年教师和大学生积极投身绿色事业，为开展绿色技术创新打下坚实的人才基础，完善了人才教育体系，提高绿色创新意识和能力的同时，把产学研创新平台建设变为科技人才培养的沃土，培养造就了一批具有国际水平的战略科技人才、科技领军人才和创新团队，不断解放和激发科技作为"第一生产力"的巨大潜能。

八、区域协调联动产业优化布局绿色低碳高质量发展

高质量发展是全面建设社会主义现代化国家的首要任务。习近平总书记指出："高质量发展，就是能够很好满足人民日益增长的美好生活需要的发展，是体现新发展理念的发展，是创新成为第一动力、协调成为内生特点、绿色成为普遍形态、开放成为必由之路、共享成为根本目的的发展。"促进实现高质量的区域协调发展，必须完整、准确、全面贯彻新发展理念，以新发展理念贯穿区域协调发展的实践，加速区域经济一体化，推动产业链供应链优化升级。

（一）区域协调联动助力绿色低碳高质量发展

省内区域合作是推进区域协调发展的重要举措，也是实现区域一体化发展的关键环节。要取得实质性成果，必须采取综合系统工程的方式进行推进，同时各地方需要发挥主体作用，密切沟通配合，完善合作机制，建立工作专班，强化日常对接，确保各项合作事宜有力、有序、有效推进。根据省内行政区划，吉林省设有长春市、吉林市、四平市、辽源市、通化市、白山市、松原市、白城市等8个地级市，以及延边朝鲜族自治州1个

地级州和长白山管理委员会1个地级区域，另直管梅河口、公主岭2个县级市，省会设在长春市。吉林省应通过牢固树立"全省一盘棋"的思想，意识到区域合作是实现区域协同发展的重要途径。为此，吉林省积极开展全面统筹谋划和协作发展工作，加速形成优势互补、各具特色的协同发展新格局。这一举措将为推动新时代吉林的全面振兴和全方位振兴拓展新空间、激发新活力和积蓄新动能，发挥重要作用。在实践中，吉林省各地区需发挥主体作用，全面加强统筹谋划和协作发展。在加强合作机制建设的同时，建立工作专班，密切沟通配合，强化日常对接，确保各项合作事宜有力、有序、有效地推进。这些措施将有助于促进各地区之间的合作，形成互利共赢、互相促进的协同发展新格局，推动吉林省的全面振兴和全方位振兴。吉林省区域协调联动主要体现在以下四个方面：

其一是在科技创新上注重协同提升，牢固树立了"人才为第一发展资源、创新为第一发展动力、市场为第一发展要素"意识，构建创新发展生态体系，为全省经济社会发展注入强大科技动力。吉林省正在不断完善科技人才绩效分配、职称评审、科研立项等激励制度，强化以使命和贡献为导向的激励政策。以行政决策人员容错机制、创新试验人员容错机制、投资管理人员容错机制等多层次容错机制为重点，制定人才政策升级版。不断完善人才子女入学、配偶就业安置、安家补贴等配套细则，推动人才政策有效落实，提高"政策留人"能力。开展柔性引才激励计划，建立以信任为基础的人才使用机制，鼓励创造、追求卓越、宽容失败。继续完善高端人才专家库，畅通育才引才绿色通道，围绕全省重大发展需求，引进和大力培养战略科学家，按照一事一议原则，探索更灵活的薪酬制度，不断为人才减负。

此外，吉林省还打造了国家人才发展战略布局重要枢纽，支持长春建设"长春人才创新港"，全力提高"平台留人"能力。支持长春国家自主创新示范区、吉林长春国家农业高新技术产业示范区及省内国家级高新区等区域平台建设，同步建设科技人才发展平台，形成科技人才"蓄水池"。打造高层次外国人才集聚平台,发挥国家引才引智示范基地等平台示范作用,推动重点领域项目、基地、人才、资金一体化配置,构建了碳达峰碳中和、生物多样性等关键技术领域新型人才平台,不断加大对绿色转型人才的扶持力度。

其二是在产业发展上注重协作共兴,长春作为吉林省的重要城市,在产业发展方面发挥了重要作用。长春以协作共兴为理念,在产业上发挥了辐射带动作用,积极引导和推动周边地区产业的升级和发展。长春还在项目上发挥了示范引领作用,以高质量的项目建设和运营成果,带动周边地区的产业升级和发展。同时,长春在招商方面也积极与各地开展分工合作,推动全省产业转型升级,助力吉林省经济的发展。其他地区也要紧紧抓住产业转移的机遇,积极承接产业转移,完善产业协作配套,延伸产业链条,加快形成产业集群,促进地区经济发展。各地区应该以协同合作为核心,形成合力,实现优势互补、协同发展的良好局面。具体而言,吉林省不断深入推进"一主六双"高质量发展战略,瞄准"六新产业"主攻方向、"四新设施"建设重点,以绿色低碳、智能网联、自主创新、开放合作为转型升级方向,全面实施汽车产业集群"上台阶"工程,发挥一汽集团龙头企业带动作用,全力推动配套、产能、排产、结算、人才、创新"六个回归",强化奥迪一汽新能源汽车等重大标志性项目支撑,加快构建集新能源、智能网联汽车整车及关键零部件制造于一体的汽车产业新生态,推动整车、零部件、后市场"三位一体"发展,充分发挥长春市汽车集群核心辐射带动作用,促进区域协调联动,努力建成产业组织关联度高、科技创新体系完善、各项要素服务齐备、辐射带动作用显著的世界级汽车先进制造业集群。

其三是推进城市化进程,成为吉林省加快推进经济社会发展的重要战略举措。基础设施建设是城市化进程中不可或缺的一部分,只有实现互联互通,才能促进城市间的经济协同发展。为此,吉林省大力推进长春现代化都市圈建设,着力打造以长春为核心的区域性城市群,整合各城市优势资源，优化布局结构，提升产业配套能力，实现资源共享，促进产业链、创新链和人才链的有机结合，从而实现区域经济的互补发展。此外，吉林省加快推进长吉图、长吉和长平一体化协同发展，统筹推进基础路网、公交线路、数字信息、水电气热、农田水利等方面协调发展，加快城市化进程，这也有助于发挥城市的人口集聚效应，促进吉林省绿色发展。通过城市化进程的推进，吉林省将进一步优化城市环境，提升城市生态，促进城市经济绿色低碳转型，推动经济社会可持续发展。从世界各国的城市发展经验来看，中国未来的城市化将步入整体水平缓慢变动、城乡结构缓慢发展的新阶段。面对城市化发展新特征，吉林省在推进绿色发展方面采取了多种措施。一方面，吉林省重点加强各城市的基础设施建设，提高城市绿化设施和公共服务设施的质量和水平，提高城市的包容性，确保城市的基础设施和服务能够被更多人共享，从而提高吉林省的人均资源利用率，推动绿色发展进程。另一方面，吉林省重视城市群的作用和规模效应，根据不同规模类型城市的特点和发展需求，制定了不同的发展战略，提高了重点城市的资源利用效率，倡导绿色低碳发展，构建文明城市，进一步提高了绿色发展水平。同时，吉林省促进城市功能互补、产业错位布局，推动城市发展成果外溢，实现公共服务共建共享和政策协同，加强城市群之间的产业分工合作，从而协调各城市之间的发展，推动全省城市群的绿色发展进程。这些措施都有助于实现吉林省绿色发展目标，提高吉林省的整体发展水平。

其四是吉林省高度重视生态保护工作，实行联防联治，坚持生态保护与生态旅游发展相结合的发展道路，共同构建生态安全格局。吉林省深入实施蓝天、碧水、青山、黑土地、草原湿地"五大保护战"，全面推进山水林田湖草沙一体化保护和修复。同时，吉林省全面启动实施"双碳"行动，积极应对气候变化，建设碳中和示范园区，促进低碳经济发展，建设清洁能源经济示范区。在生态环境保护工作中，吉林省持续开展"绿美吉林"行动，启动吉林万里绿水长廊建设，林草长制等一系列生态环境工作扎实推进，取得了显著成效。在密集出台《关于推进绿色金融发展的若干意见》《吉林省"无废城市"建设指导意见》《提高自然保护区生态功能的意见》和《区域空间生态环境评价工作实施方案》等一系列政策措施后，吉林省目前已形成了由长白山和松花江、图们江、鸭绿江组成的"一山三江"基本框架，由东部长白山原始森林、中东部低山丘陵次生植被、中部松辽平原和西部草原湿地4个生态区组成的生态格局，绿水青山成为以生态环境高水平保护推动经济社会高质量发展的宝贵资源。此外，在吉林省旅游业发展方面，吉林省出台了《吉林省旅游业发展"十四五"规划》和《吉林省生态旅游发展规划（2020—2025年）》，为全省生态旅游发展提供了有力保障。为了推动冰雪经济和避暑休闲产业的发展，吉林省提出了双业并举的发展战略。同时，"温暖相约·冬季到吉林来玩雪"和"清爽吉林·22℃的夏天"这两个旅游品牌深入人心，为吉林旅游的推广和宣传起到了重要的作用。在旅游线路和产品方面，吉林省做精了两个大环线：长通白延吉长避暑休闲冰雪旅游大环线和长松大白通长河湖草原湿地旅游大环线。前者以长春为中心，一环向东将通化、白山、延边、吉林市、长白山这些山地、森林和冰雪旅游产业基础最突出的地区串成环线；一环向西将河湖、草原、湿地优质资源串成环线。后者则以长春为中心，将河湖、草原、湿地等资源整合，明确了产品开发方向，推出了多个精品旅游线路和产品集束，实现了两个环线资源的整合和产品开发。这些旅游规划和旅游线路的推出，将进一步推动吉林省旅游业的繁荣发展，提升吉林省的知名度和美誉度，同时也能够带动当地的经济发展和就业机会的增加。

（二）产业优化布局推动绿色低碳高质量发展

优化产业布局是吉林省推动绿色低碳高质量发展的重要手段，一方面要加快传统产业转型升级，另一方面要重点支持绿色环保战略性新兴产业，实现产业联动。

吉林省不断加快传统产业转型升级，提升传统产业在全球产业分工中的地位和竞争力，积极探索高端化、智能化、绿色化发展新路径向高端跃进，夯实现代化产业体系基底。

随着消费日益升级，满足高标准的新需求成为引领产业变革的重要动力，这就要求吉林省在传统产业推行质量革命，从需求端引导绿色消费观念，从供给端严控产品质量标准，实施精准投入，避免资源错配和使用低效率等问题，切实提高消费品对绿色需求的满足程度。采用信息化、数字化、智能化手段，推动传统产业积极利用数据分析、云计算等方式部署实时精准的生产策略，在生产环节减少碳排放，采用各种技术手段从根源上实现产业绿色转型。例如，通过把工业流水线转变为定制化生产、个性化生产、分布式生产，将生产性单元转变为学习型工厂、数字化工厂、网络化工厂，实现重点制造业企业提质降本增效，有效推动吉林省绿色发展。此外，吉林省引导传统产业建立绿色价值导向，借助自动控制、人机交互、循环发展手段，基本实现了从源头设计到生产制造再到销售使用的全生命周期绿色化，通过改变意识引导实践发展，以最低资源消耗创造最大化社会财富，不断在全球产业竞争中脱颖而出。

吉林省还培育壮大战略性新兴产业，加快新能源、人工智能、生物制造、绿色低碳、量子计算等前沿技术研发和应用推广，在稳步推进传统产业绿色低碳发展的同时，加快产业结构高端化转型，聚焦新能源、新材料、新能源汽车、绿色环保、高端装备、能源电子等重点领域，壮大绿色环保战略性新兴产业，带动吉林省经济社会的绿色低碳发展。具体表现在吉林省提出的"一主六双"高质量发展战略上，这一战略的核心是通过新能源的开发利用，为吉林经济社会发展提供持久动力。其中，打造西部国家级清洁能源基地是该战略的重要举措。该基地主要包括白城、松原两市及四平双辽市，涵盖3个市、11个县（市、区），总面积约5.1万平方千米。这个区域人口稀少，每平方千米只有80人左右，地势平坦，主要分布着草原、湿地、盐碱地等。这些特点使得该区域非常适合建设大型"风""光"基地。西部国家级清洁能源基地拥有丰富的"风""光"资源，可用于发展新能源。据统计，该区域可用于开发"风""光"发电的土地面积达到9230平方千米，可容纳大型"风""光"基地。在这些土地上，新能源可装机容量高达9080万千瓦，占全省可装机总量的79%。风电平均利用小时数在3500小时，属于三类地区，可装机容量约为5360万千瓦；太阳能年均日照时数在2600~3000小时，属于二类地区，可装机容量约为3720万千瓦。这些数字表明，该区域的新能源资源非常丰富，可以为吉林省提供大量的清洁能源。通过建设西部国家级清洁能源基地，吉林省可以牢牢把握能源安全主动权，为经济社会发展提供持久动力。该举措不仅有助于减少对传统能源的依赖，减少对环境的污染，还可以推动当地经济的发展，提高就业率，促进社会和谐稳定。同时，该举措还有望为其他地区提供借鉴和参考，推动全国新能源产业的发展。

此外，吉林省作为中国汽车工业的摇篮，有着丰富的资源优势和悠久的汽车工业历史，为中国汽车产业的发展做出了重要贡献。作为吉林省汽车产业的重要支柱，以一汽集团公司为核心的汽车工业体系不仅在汽车工业方面拥有种类齐全的产品线，而且还形成了中国实力较为强大的汽车产业发展基地。这个基地为中国汽车产业的健康发展提供了重要保障，促进了中国汽车产业的快速增长和国际竞争力的提升。在吉林省的汽车工业体系中，以一汽集团公司为核心，创造了包括一汽轿车、一汽解放、一汽红旗、一汽欧朗在内等一系列品牌，这些品牌涵盖了乘用车、商用车、重型卡车等多个领域，满足了不同消费者群体的需求。这个汽车工业体系还包括了整车研发、生产、销售、售后服务等完整的产业链，形成了完善的汽车产业体系。在中国汽车产业快速发展的过程中，吉林省汽车产业发挥了重要的作用。一汽集团公司是我国最早的汽车制造企业之一，自1953年创立以来，一直致力汽车制造技术的研发和生产。在其发展历程中，一汽集团公司不仅积极引进和消化吸收国际先进技术，还注重自主创新，取得了一系列重大的科技成果。这些科技成果不仅为中国汽车产业发展提供了强有力的支撑，也提高了中国汽车产业在国际市场的竞争力。吉林省汽车产业的发展还受益于区位优势。吉林省地处东北地区，地广人稀，资源丰富，交通便利。同时，吉林省还与俄罗斯、朝鲜等国家接壤，具有得天独厚的区位优势和国际交流合作的机遇。这些优势为吉林省汽车产业的发展提供了有利条件。吉林省作为中国汽车工业的摇篮，在汽车产业方面具有得天独厚的资源和区位优势，形成了以一汽集团公司为核心的汽车工业体系。吉林省也在大力推动新能源汽车的研发与投入，致力技术创新和能源环保。目前，一汽集团公司已经具备了混合动力汽车开发和纯电动汽车开发的全部能力，这些能力包括混合动力系统构型分析技术、仿真计算、整车及动力系统匹配集成技术、整车控制策略开发技术、整车网络通信系统开发、整车故障诊断和安全系统设计开发等。这些能力构成了一套比较完整的开发、测试、评价体系。自2008年起，一汽集团公司已经开始小批量投入试运行HEV客车和轿车。同时，吉林大学的汽车研究技术也是全国领先的，为一汽集团公司提供了重要的技术支持，为吉林省新能源汽车产业的发展提供了较为全面的技术保障。吉林省作为一汽集团公司所在地，一直以来就非常注重新能源汽车的发展。早在与日本丰田公司合作引进全套混合动力轿车生产线时，吉林省就开始探索新能源汽车的发展。通过吸收消化和引进的先进技术，吉林省为新能源汽车产业发展奠定了技术基础。同时，吉林省也聚集了全国汽车行业的科技精英，拥有丰富的人力资源，包括大量的汽车制造人才和电动汽车研究人员。吉林省的汽车与零部件产业基地能够满足电动汽车制造的需要，降低了制造成本，形成了以一汽集团公司为核心的汽车产业集群，发挥了区位优势的显著作用。此外，吉林省的区位优势和新能源汽车产业联盟的成立，也使吉林省在国际合作方面具有一定的优势。总之，吉林省在新能源汽车产业发展方面拥有得天独厚的优势和条件，为我国新能源汽车产业的崛起和发展做出了巨大的贡献。

第二节　面临挑战

目前，全球大变局加速，全球产业链供应链面临冲击，世界经济低迷，东北老工业基地发展环境一直处于变革之中。在20世纪这100年中，东北老工业基地经历了计划经济到市场经济的转变，经济体制转轨较为频繁。"东北现象"与"新东北现象"的出现也使东北老工业基地经济发展遇到了前所未有的困难。吉林省绿色发展在这一过程中面临着一定的挑战。

一、全球经济动荡影响绿色发展

随着气候问题日益严峻，全球越来越多的国家将应对气候变化危机转变为国家战略，各个国家正逐渐将绿色发展作为应对气候危机的重要方式。推动全球各国绿色转型发展是全球社会正面临的难题，各国应加强国际合作，共同推进全球绿色发展，共建地球生命共同体。绿色发展是一次经济社会彻底的改革，世界各国只能相互协作，加强绿色国际合作，建立全球绿色循环低碳经济体系，将生态优势转变为绿色发展优势，才能将生态环境转变为巨大的经济效益，转变为发展的动力源泉，共同建设清洁美好的世界。世界各国要以一种公平平等的态度去贯彻绿色发展理念，时刻坚持共同且有区别的责任原则，坚持以人民为中心、以生态环境为核心的发展思想，在全球共同发力的框架下有效应对气候变化问题。发达国家更要秉承全球命运共同体意识，积极履行节能减排责任，按照承诺向发展中国家提供资金和技术支持，帮助发展中国家有效应对气候变化，发展中国家也要勇于面对节能减排对经济发展所带来的巨大影响，不断减少高污染、高排放的化石燃料等的使用，更加积极地去适应气候变化所带来的影响。吉林省作为绿色农产品的主要生产地，近期日韩对中国出口的绿色农产品设置了绿色壁垒，影响了吉林省绿色产品出口，加之供应链受到的影响，让绿色发展所需的绿色生产技术发展受挫。如，吉林省新能源汽车生产所需的芯片一度短缺，导致一汽新能源汽车生产和销售均受到了制约。

二、国际资金回流美国影响绿色发展投资

目前，我国绿色发展仍旧面临较大的资金缺口，根据《2020年中国绿色金融发展研究报告》显示，2019年我国新增的绿色资金需求为2.048万亿元，但是新增的绿色资金供给仅为1.43万亿元，缺口为0.618万亿元。2021—2060年，我国每年绿色投资的缺口约为3.84万亿元，按照时间段分析来看，2021—2030年平均缺口为2.7万亿元，2031—2060年平均缺口为4.1万亿元，实现"双碳"目标后资金缺口将会进一步扩大。世界资源研究所的研究显示，中国气候韧性基建面临严重的资金供需不匹配问题，为提高中国基础设施的气候适应能力，未来五年内需要弥补近5000亿元的年均资金缺口，亟须通过大量资金投入和有效的融资手段来缓解气候韧性基建遇到的资金难题。近年来，我国积极以政府补贴的方式和财政优惠措施来引导更多的社会资本进入到可再生能源领域，进而为绿色发展带来资金上的支持。但是从长远来看，这一举措仍无法满足绿色产业或项目长期有效运营对资金的巨大需求。绿色产业的技术研发和模式创新需要大量的资金，但绿色新技术成熟度不足、市场前景不明朗等因素，导致绿色发展面临投资周期长、回报较慢、风险较高、占用资金较多等挑战，同时绿色产业发展不仅以经济效益为重点，也对生态环境保护和社会效益提出了较高的要求，这些因素都导致绿色产业在向传统金融产业融资时缺乏一定的竞争力。毫无疑问的是，中国经济向净零排放转型将需要大量投资，扩大来自私营部门的可用资金规模至关重要。然而，随着美国货币政策收紧以及俄乌冲突的持续，国际金融市场波动大幅加剧，避险情绪急剧升温，全球的美元资本正快速回流到美国，影响了投资者对我国新兴低碳技术的投资。吉林省的绿色低碳技术开发也将受到影响。

三、经济发展结构问题导致资源环境要素投入过高

我国经济增长过度依赖高耗能、高排放产业,资源消耗总量大,整体利用效率水平不高。我国单位国内生产总值能耗自2012年以来累计降低24.6%,相当于减少能源消费12.7亿吨标准煤。但从2020年总体能源效率来看,我国单位GDP能耗仍然是世界平均水平的1.5倍、发达国家的3倍,能效提升仍存在较大空间。2021年,全国万元GDP能耗较2020年下降2.7%,但仍远高于世界平均水平。吉林省作为东北老工业基地,一方面,高耗能、高污染的粗放型经济增长方式尚未得到根本性转变。受"三期叠加"经济新常态因素影响,吉林省近年来经济下行压力较大,转型发展任务紧迫。经济的结构性问题突出,工业一柱擎天、结构单一,GDP增长还主要依靠要素投入推动,科技创新驱动尚未成为主要推动力,经济增长的质量和效益不佳。随着经济规模向集约化、工业化的转化,自然资源的消耗逐渐加快,污染越来越严重。由于环境承载容量有限,逐步累积的环境污染问题对经济发展形成阻碍。长期存在着轻重工业发展不平衡的现象,虽然随着国家对绿色发展的要求,吉林省生产模式有了一定程度的改善,但已经导致吉林省能源的巨大消耗,高耗能、高排放和产能过剩行业盲目过快增长,钢铁、造纸、化纤、石化、煤炭开采及洗选和农副产品加工行业等高污染排放行业增加过快,单位GDP能耗较高,节能减排面临更大压力。另一方面,偏重型结构导致工业污染比较严重。由于受到自身经济基础和地域条件的限制,吉林省的结构性污染问题比较突出。吉林省作为我国重要的老工业基地,工业不仅在三次产业中占据主导地位,而且结构重型化特征明显,重工业比重偏大。2016年,吉林省规模以上工业中,重工业实现增加值4167.36亿元,占工业总量比重的67.9%,2017年至2021年重工业增加值同比分别增长了5.1%、6.1%、4.6%、9.2%和2.2%。重工业比重长期居高不下,汽车、化工等原料型、高耗能的产业发展特点突出,造成污染物排放集中,加之多年形成的国有经济管理模式和能源约束,使吉林省工业产业结构优化的进程变得缓慢而艰难。此外,吉林省能源消费结构不

合理进一步加大了节能减排难度。由于特殊的区位限制、独特的能源储备状况以及区域经济发展的特点，煤炭一直是吉林省的主耗能源，在一次能源消费中所占比重在70%以上，石油、天然气等清洁能源比重低于全国平均水平，新能源和可再生能源所占比重较小。由于燃煤比重高且煤质差，产生了大量的二氧化硫、氮氧化物和尘类颗粒。特别是冬季采暖期，吉林省燃煤消耗量更大，污染物排放量更多。工业能源消费一直是吉林省能源消费主力，规模工业综合能源消费在吉林省综合能源消费量中的占比居高不下，其消耗总量在产业能源终端消费中所占比重始终较高。

四、推动绿色发展的体制机制亟需完善

实现绿色发展目标需要进行广泛而深刻的经济社会系统性变革。这种变革需要政府具备强劲的推动力和完善的监督体系来促进执行，以确保绿色发展战略能够从中央到地方再到企业逐级落实。为此，需要建立适应绿色发展目标的制度体系和监督体系，并进一步完善适应绿色发展的市场体系。在制度体系方面，吉林省已经出台了生态补偿、环境治理、国土空间开发等制度，但距离构建由自然资源资产产权制度、国土空间开发保护制度、空间规划体系、资源总量管理和全面节约制度、资源有偿使用和生态补偿制度、环境治理体系、环境治理和生态保护市场体系、生态文明绩效评价考核和责任追究制度等八项制度构成的产权清晰、多元参与、激励约束并重、系统完整的生态文明制度体系还有一定差距。因此，需要进一步完善制度体系以适应绿色发展的要求。在市场体系方面，尽管绿色市场交易政策已经出台，但还未完全形成市场化定价机制。在吉林省，可再生能源直购电仍面临政策障碍，并且大部分地区的可再生能源仍未获准参与电力直接交易。同时，绿色电力证书在政策设计上存在一定缺陷，绿证与绿电并未实行捆绑交易，存在重复计算的问题。因此，需要进一步完善市场体系以促进绿色发展。在绿色生产领域，国家已经采取了不少措施，包括合理产业布局、调整产业结构、技术创新、培育战略性新兴产业、加严

资源能源消耗和污染排放标准等方面，这些措施有助于推动绿色生产，但还需要进一步完善。相比较而言，推进绿色消费的政策严重滞后。在吉林省，消费已成为拉动经济增长的主要动力，推动形成绿色消费模式迎来机遇期。但吉林省消费领域的资源环境负荷明显增大，在垃圾、污水、细颗粒物污染等环境问题中，消费领域已成为主要的污染负荷来源，部分抵消了生产领域资源环境绩效的提升，拖慢了整个经济系统的绿色转型进程。因此，吉林省加快建立引导绿色消费的政策紧迫而重要。此外，吉林省农村生态环境保护工作亟待形成符合农村实际的治理模式和管理制度，需要加大改革的力度、加快改革的进程。

五、绿色发展技术创新和转化渠道不畅

一是支撑绿色产业发展的关键技术缺失。促进绿色产业发展需要绿色技术在节能减排、提质增效、数字控制体系等层面的支撑，促进绿色产业高质量发展，扶持其成为发挥绿色转型引领带动作用的主导产业和吉林省新的经济增长点。就化石能源等不可再生能源与清洁能源或可再生能源在工业中的投入量而言，化石能源对经济增长的贡献率仍然占绝对的主导地位，究其原因，主要有两个：利用清洁能源或可再生能源需要工业企业进行绿色转型，需要进行生产流程重新规划、供应商重新对接等软环境的调整，以及与新型能源相匹配的基础设施建设等硬环境打造，需要大量的资金投入；清洁能源或可再生能源的成本较高，配套设施不完善，且供应和使用的不稳定性较高，这是清洁能源或可再生能源的技术研发远落后于市场需求导致的。在实现绿色发展的过程中，新能源的高效开发具有重要意义。其中，大型海上风电装备、低成本陆上风电和光伏发电利用技术、低成本大容量储能技术、源网荷储一体化分布式城市零碳综合能源工程技术以及风光火储一体化大型多能互补综合能源工程技术等技术需要持续发力。这些技术能够帮助我们更好地利用可再生能源资源，从而降低对传统能源的依赖，减少能源消耗和碳排放。从电力系统建设的角度来看，传统

电力系统是以省和区域为主体的超特高压电力系统，它呈现出中大机组、特超高压、大型系统的典型特征。然而，未来以新能源为主体的新型电力系统将转向分布式、高比例新能源接入和高比例电力电子设备大量应用。这种转变对消纳新能源，确保系统安全，应对随机性、波动性和间歇性问题提出了新的要求。为了应对这些挑战，我们需要足够的电力系统调节灵活性，以便更好地管理电力供应和需求，使电力系统更加高效、稳定和可靠。在新型电力系统建设过程中，需要充分利用现代信息技术、通信技术和控制技术，构建智能化的电力系统。这种电力系统能够实现对能源的高效管理和控制，从而提高电力系统的安全性、可靠性和经济性。同时，新型电力系统还需要在区域间建立良好的电力交易机制，以促进能源的高效利用和共享，推动电力市场化进程。实现绿色发展目标需要通过技术进步和系统性变革来推动。只有在政府的强劲推动和完善的监督体系的支持下，我们才能够建立起由多项制度构成的生态文明制度体系和完善的绿色市场体系，实现新型电力系统的高效建设和运营，从而推动绿色经济的健康发展。

二是绿色技术的公共投入规模相对有限，以财税、投融资为代表的经济手段激励效果不佳。我国现阶段设立的绿色发展相关课题的资金来源主要为政府，投入规模不足，且缺乏长效机制，直接结果是对环境保护总成本的制约。2021年，吉林省的中央大气污染防治资金仅有1.34亿元，占GDP比重0.01%。事实上，早在2010年，国家为推动绿色产业发展和制造业绿色转型升级，就设立了清洁发展机制基金、清洁生产专项资金及节能减排专项资金。吉林省东辽县日月星有机肥有限公司曾于2017年向国家清洁发展机制基金申请过日处理200吨污泥改扩建项目，但是由于专项资金监管力度不足、管理不完善，并且区域污染的溢出效应导致治理指标难以准确测度，使得社会资本参与度不高、积极性不强。我国绿色信贷、绿色债券、绿色保险及股权投资等绿色金融仍处于探索阶段，运行机制尚不完善，专业化程度仍有较大提升空间，尚未完全发挥促进作用。另外，绿色产业技术研发和创新成果在落地阶段、推向市场阶段的体制机制也存在制约社会资本进入的现象，如税收减免较少、环境税收不合理、转移支付效率低等。

三是绿色技术转化保障机制仍有待完善。环保技术标准落后，影响了绿色技术创新。如，绿色专利快速审查机制不成熟，存在审批程序未做配套、各地审查标准差异大、忽视中小企业诉求、绿色技术判定标准不清晰及缺乏第三方论证等问题，大大影响了我国绿色专利加速审查制度的实施效果。又如，尽管新环保法明确了"国家支持环保研发和应用、鼓励环保产业发展和信息化建设"的原则，但一些产业环保技术标准与国际接轨程度弱、标准修订滞后、惩罚力度小，相配套的部门、地方性法规仍有缺失。这也严重制约了法规和政策环境对企业大规模采用绿色技术、实现绿色改造的倒逼作用。

四是绿色科技成果转化服务支撑体系不健全。吉林省缺乏对绿色科技成果转化提供全过程服务的服务支撑体系，比如，科技成果评估、科技中介、科技金融服务等。由于缺乏服务支撑体系，科技成果产出方只能通过绿色发展技术研究者自身进行科技成果转化。研究人员对科技成果转化知识、配套政策、金融支持等了解不足，也影响着科技成果转化的效果，致使研究人员主动推动科技成果转化积极性不高，从而更偏向于理论研究。

六、绿色发展高端人才缺乏

提升绿色技术人才储备、增强绿色发展领域高端研发能力，是促进吉林省绿色发展的重要因素。绿色发展催生了大量的高端专业人才的需求，尤其是复合型交叉创新的专业技术人才。我国现有的专业人才储备明显无法满足未来推动绿色经济发展的需求。近年来，以"风水光"为代表的可再生能源行业，化石、制造等传统行业都在积极开展低碳转型，对具有相关绿色技术的人才有大量需求，但是满足绿色岗位要求的人才却十分有限。目前我国正加速完善实现绿色发展相关的规划和政策等顶层设计，但是对绿色发展理论和实践探索还处于起步阶段，现有的专业人才不足以支持绿色发展新要求的实现，不同产业在不同区域尚未形成明确的细分目标，没有充分激发对绿色发展人才的外部需求，降低了对专业人才培养的内在动力支持。虽然国外发达国家率先在绿色发展专业人才方面开展了一系列早期的探索，形成了以绿色技术为目标、以学科交叉为手段、以技能实践为导向的绿色发展专业人才的培养模式和体系，但绿色技术人才仍供不应求。相关数据显示，全球范围内对绿色技术专业人才的需求正在快速增加，绿色技术专业人才供不应求。2016—2021年，全球企业对绿色技术人才需求是以每年8%的速度增长的，但是每年同一时期绿色人才的供应增速为6%，人才缺口比例较大。部分发达国家对本国18—35岁人群进行问卷调查时发现，约有74%的被调查者表示对促进绿色发展的相关工作有一定的意向和兴趣，但仅有3%的被调查者目前正在从事该类工作。一方面原因是从事绿色发展相关职业的薪资福利仍处于较低水平，美国马萨诸塞大学政治经济研究所的调查数据显示，2021年，美国加州清洁能源领域的从业人员平均工资约为8.6万美元，而从事化石能源领域的从业人员平均工资为13万美元，清洁能源领域的从业人员在失业救济、医疗保险、养老金等待遇方面也相对较低；另一方面原因是教育培训仍存在滞后性，缺乏合理的绿色人才规划，绿色发展相关的人才教育和培养始终无法满足市场需求。可以说，人才的短缺极大地阻碍了低碳节约型产业建设的脚步。英国国家统计局公布的数据显示，2015—2020年，英国低碳产业的从业人员没有明显的变化，持续低于2014年的23.59万人的历史最高水平。2020年，与低碳和可再生能源相关的17个行业累计提供了20.78万个工作岗位，比2019年略有增加，但是从绿色转型整体人才需求来看，尚有较大空间。苏格兰绿色工作岗位数量已经连续四年负增长，其中节能产品生产企业的工作岗位减少超过了25%，陆上风电减少33%左右，太阳能减少超过40%。德国部分公司由于找不到拥有熟练技术的从事低碳转型相关行业的工人，仍有许多技术工作岗位大量空缺。

造成这一局面的主要原因有：其一是人口老龄化程度加剧，人才流失现象严重。人口老龄化是指一个国家或地区老年人口数量增长的趋势。按照国际通行的标准界定，一个地区或国家65岁及以上老年人口比例在7%以上或60岁及以上老年人口比例在10%以上，则称其为老龄化社会或老年型人口国家。吉林省老龄人口占比约为23.06%，老龄化现象已相当严峻，这可能导致潜在经济增长率逐步降低，带来劳动力短缺等问题。从人口结构上看，老龄化不利于吉林省的绿色经济发展。具体而言，由于老年人的收入水平有限，作为低消费群体，消费水平并不高，对市场经济流通难以发挥促进作用，使经济增长率呈现逐步降低的情况；人口老龄化势必会造成适龄劳动人口数量减少、劳动力市场规模紧缩，对社会经济稳定产生严重影响，也使"人口红利"难以继续。而且，根据吉林省2021年统计年鉴，2010—2020年吉林省人口出生率处于震荡起伏的状态，2020年出生率为近11年里最低，为4.84‰，首次低于5‰；而人口自然增长率在2018年转负，2019年和2020年则进一步下降，分别为-1.16‰和-2.97‰。由此可见，低出生率和自然增长率进一步加剧了人口老龄化，在一定程度上阻碍了吉林省绿色转型的进程。此外，根据第七次全国人口普查各省的基本数据，吉林省是第二人口流失大省，10年减少了339万人。人口流失，尤其是劳动力的流失也成为吉林省发展绿色经济道路上的重要阻碍。其二是绿色发展研发基础薄弱。《中国科技统计年鉴2021》显示，2020年，吉林省具有R&D活动的法人单位共392家，在全国31个省（自治区、直辖市）中位列第27位；科技活动R&D经费内部支出81.63亿元，在全国31个省（自治区、直辖市）中位列第24位；R&D活动人员总量为4.45万人，在全国31个省（自治区、直辖市）中位列第22位；具有科技动员潜力的高层次研发人才数量（高等学校R&D人员数量）为44308人，在全国31个省（自治区、直辖市）中位列第13位；发表科技论文17924篇，在全国31个省（自治区、直辖市）中位列第16位；当年有效专利70382件，在全国31个省（自治区、直辖市）中位列第24位；国外技术引进金额达到2.92亿元，在全国31个省（自治区、直辖市）中位列第15位。可以看出，相较于发达地区，吉林省的科技发展基础薄弱，R&D投入较低，有R&D活动的企业数较少，R&D活动人员总量偏低，绿色发展人才同样欠缺。其三是政府机关部门的高端人才缺乏。目前，吉林省环保厅及相关执法部门的环境保护执法人员的素质水平有待进一步加强，吉林省生态环境保护的相关知识有待于进一步提高，同时相关从业人员的操作能力也需要进一步提高。在向下执法的过程中，需要有良好的沟通能力。此外，绿色发展专业引才机构缺乏。吉林省专业市场的人力资源服务机构数量、营业收入明显低于上海、江苏、广东，人才服务专业化程度偏低。这也从侧面反映出企业对高端绿色人才吸纳不足，不利于引才机构市场化培育。

七、环境治理体系建设仍需加强

生态环境治理体系是国家治理体系和治理能力现代化建设的重要内容，也是实现美丽中国目标的重要制度保障。2020年，国务院出台《关于构建现代环境治理体系的指导意见》，深入贯彻习近平生态文明思想，高度围绕统筹推进"五位一体"总体布局和协调推进"四个全面"战略布局，牢固树立绿色发展理念，从健全环境治理领导责任体系、企业责任体系、全民行动体系、监管体系、市场体系、信用体系、法律法规政策体系等方面加强顶层设计，实现政府主导、企业自治、机制体制不断完善、强化源头治理，大力动员社会群体组织和公众积极参与，加强生态环境治理保护，为建设美丽和生态文明中国提供有效支撑。目前我国对主要的污染物，如污水中的有机物、重金属，废气中的二氧化硫和氮氧化物等治理工作已经取得了一定的成效，但是对于造成长期影响的污染物的重视程度仍不够，例如，温室气体、挥发性有机物、土壤污染等问题尚未被纳入环境治理的范畴。农村地区的环境问题也日趋严重，农村地区的污水和固体废物排放量占全国较高的比例，但是得到及时有效处理的污水和固体废物排放量较少，环保基础设施落后、相关人员缺乏且专业水平较低等问题仍亟待解决。我国污染排放总量较大，如何降低污染排放总量是改善环境质量的核心所在。我国在污染总量的控制上取得了阶段性的成功，但是仍存在排放目标与地方实际情况不符合、排放数据不够全面和准确、总量控制和其他环境政策缺乏政策制度合力等问题。长期以来，我国环境基础设施建设尚未完善，难以满足生态环境质量有效解决的需求，还存在污水管网建设滞后、污水处理厂超负荷运行、污泥无害化处置能力不足、黑臭水体排查整治不到位、生活垃圾焚烧设施建设滞后、垃圾渗滤液积存、工业园区环保水平较低、农村生活污水处理设施闲置、危险废弃物处置利用问题多发以及垃圾分类推进工作力度不足等问题。部分环境监管部门职责存在交叉等问题，导致环保部门的监管职能无形之中被削弱。资源开发管理部门与环保部门之间存在执法职责重复现象，加大了相关执法人员的执法难度。一旦涉及跨区域和流域环境等问题，就会有多个相关跨区域的行政辖区职能部门进行交叉管理，不仅缺乏有效统筹解决跨区域问题的办法，而且地方分割管理、部门职能交叉、政策没有衔接也给执法带来了一定的难度。

当前的俄乌冲突致使世界正经历百年未有之大变局，世界经济重心、世界政治格局、全球化进程、全球治理、世界秩序等面临前所未有之大变革。新冠肺炎在全球蔓延，也将对全球政治经济版图、国际力量格局、世界产业布局产生深远影响。和平与发展仍是时代的主题，人类命运共同体理念深入人心，新一轮科技革命和产业变革正在深入发展，全球经济正在经历动荡和曲折的发展过程。这种变化促使全球环境治理体系也面临新的挑战和机遇。一方面，环境治理机制碎片化，国际合作与协作不足，缺乏有效的合规措施与执法能力，执行效率低下，主权国家和其他治理主体之间的权力关系发生变化，环境承诺的履行受到国内政治影响等，各种新的挑战不断涌现。另一方面，清洁技术的创新和应用，全球层面的污染控制，大数据时代环境管理信息化、智能化、精细化，绿色城镇化和智慧交通，土地可持续利用，国别环境与发展战略以及可持续发展目标对接等环境和发展新兴议题显示出不断上升的重要性，要求全球环境治理体系重新审视并确定优先政策领域。因此，建立一个全面有效的全球环境治理体系变得至关重要，需要国际社会共同努力。

八、碳排放核算体系仍需健全

在应对气候变化和推进生态文明建设的背景下，我国积极推动碳排放统计核算工作，并建立了相应的工作组来负责组织、协调各地区、各行业的碳排放统计核算等工作。核算工作是指对排放企业进行数据收集、统计、记录，并进行计算、累加的一系列活动，以便准确掌握碳排放的变化趋势，有效开展各项碳减排工作，促进经济绿色转型。我国在碳排放核算方面已经取得了初步进展，但在实践中仍然面临着一些困难和挑战。首先，当前碳排放核算工作机制不够完善，需要进一步健全。其次，我国的方法体系相对落后，需要加强方法研究和技术创新。此外，能源消费及部分化石能源碳排放因子统计基础偏差大，需要进一步完善统计数据和相关技术手段。最后，碳排放核算结果缺乏年度连续性，需要进一步加强数据监测和信息管理。这些问题的存在影响了国家发布的温室气体排放清单核算数据的权威性，因此需要在"十四五"时期加快建立健全碳排放核算工作体系，推动脱碳进程，以应对新时代的挑战。未来，随着新一轮科技革命和产业变革的深入发展，碳排放核算工作需要进一步完善和提高准确性。一方面，清洁能源技术的快速发展和广泛应用，使碳排放核算中的数据来源更加多元化和复杂化，需要采用更加精细化和智能化的数据收集和统计方法。另一方面，随着碳市场的逐步建立和完善，碳排放核算结果将直接关系到企业的脱碳成本和效益，需要更加严谨、公正的核算方法和体系来保证碳交易的公平性和透明度。因此，未来吉林省碳排放核算工作将面临更大的挑战和机遇，需要继续加强方法研究和工作机制建设，提高核算数据的准确性和权威性，促进全省经济的绿色转型和可持续发展。

2021年，我国成立了碳排放统计核算工作组，负责组织协调全国各地区、各行业碳排放统计核算等工作。当前，核算工作还需要进一步完善，以通过市场的力量推动脱碳进程。国务院发展研究中心研究员李继峰等人在2020年6月发表的《国家碳排放核算工作的现状、问题及挑战》一文中表示，国家碳排放核算是准确掌握我国碳排放变化趋势、有效开展各项碳减排工作、促进经济绿色转型的基本前提，是积极参与应对气候变化国际谈判的重要支撑。我国虽已初步建立了碳排放核算方法，并开展了5个年份的清单核算工作，但仍存在工作机制不完善、方法体系相对落后、能源消费及部分化石能源碳排放因子统计基础偏差大、碳排放核算结果缺乏年度连续性等现实问题，影响了国家发布的温室气体排放清单核算数据的权威性。

目前，我国碳排放核算标准和方法已经基本与世界接轨同步，但由于缺乏对历史数据收集、核算等原因，所以从统计分析的角度很难对我国碳排放未来的趋势和拐点做出精准的研判，对我国历史累计碳排放量、人均累计碳排放量也无法做出精准的计算，这增加了我国在国际气候谈判中的难度和挑战。由于碳排放核算体系存在一定疏漏，未用于年度核算，故缺乏一定的权威性。我国各省也陆续建立了符合各自省情的碳排放核算方法体系，但是绝大部分省份仅停留在对碳强度目标进行初步修订的阶段，没有建立完善的制度和合理有效的运行机制，相关数据无法与国家数据检验实现对接，与国家的碳核算结果存在一定的出入。企业是碳排放核算一手数据最可靠的来源渠道之一，为我国对碳排放核算重要参数的统计、测算和分析提供不可缺少的参考依据。但是，目前我国企业碳排放核算仍处于起步阶段，相关工作也没有有效开展，使碳排放实施检测的技术研发和基础设施建设进展缓慢。碳排放核算的基础数据主要来自对能源消费水平和主要化石能源的碳排放因子，但是，目前我国对这两项指标的搜集、统计和核算方法尚未完善，一方面是由于国家层面和省级层面在对能源历史统计数据上存在一定差距，另一方面是由于国内不同的相关科研机构在煤炭排放因子的计算方面均有各自的算法体系，在样本选取、权重分配、SWOT分析、特性动态分析等方面均存在较大差异。

碳排放核算体系的构建为金融机构、碳排放总量、碳税以及碳市场等政策性工具提供了基础数据支撑，同时也是金融机构对碳排放实施监管的重要手段。2022年6月，我国银保监会公布了《银行业保险业绿色金融指引》，对银行保险机构的主要职责进行了明确，即有序降低投融资碳强度，目标是实现资产组合的碳中和。可以说碳排放核算体系是在高质量绿色发展背景下，金融机构监管和企业内控的必要工具。一方面，金融机构构建碳核算体系有助于公开透明化碳排放相关信息。目前国内外对碳信息披露的要求日渐完善和严格，披露范围不断拓宽，对特定行业的企业实施强制措施。另一方面，构建碳排放核算体系有助于金融机构有效地避免气候变化带来的投资、经营和合规风险。当前我国金融机构构建碳排放核算体系仍处于起步阶段，针对不同的适用范围，部分金融机构根据实际情况和相关政策要求已经逐步实施检测和核算工作。但是由于金融机构碳排放核算的数据主要来自投融资主体，已经纳入碳市场的控排企业所提供的数据准确度较高，数据信息较为完善，而非控排企业对碳排放监管经验较少，可采集的数据有限且准确度较低，所以金融机构获取碳排放相关数据的路径较为单一。国内大部分金融机构尚未建立完善的投融资业务碳排放核算管理机制，对相关数据的采集、存储、计算和分析等工作缺乏系统化的流程和制度。如果没有清晰明确的管理制度，所收集的碳排放数据不具备可比性和进一步核算的价值，金融机构就无法根据这样的数据核算出的结果制定相应的投融资管理制度，投融资业务对碳排放核算的应用就失去了实际应用价值。金融机构缺乏大量的碳核算及数据分析的人才，同时金融机构所涉及的各行业的污染物等排放源存在较大差异，所需人才还要对该产业具有一定的了解。可以说，所需要的人才在金融、碳排放管理等方面都需要具有一定的知识储备，急需复合型人才。面临新时代挑战，亟须加快建立健全碳排放核算工作体系，这将成为"十四五"时期吉林省在推进生态文明制度建设、确保2030年左右实现碳排放达标的重要基础工作。

第四章

国内外绿色发展经验总结与借鉴

第一节　国内绿色发展经验

一、浙江省绿色发展经验

浙江是习近平生态文明思想的重要萌发地，也是践行绿色发展的先行者和示范者。多年来，浙江以"绿水青山就是金山银山"的理念为指引，推进浙江生态文明建设不断迈上新台阶。

（一）构建绿色低碳循环发展的产业体系

浙江省提出"以工业转型升级为重点，构建绿色低碳循环发展的产业体系"。一是高碳低效产业加速出清。为促进产业结构调整优化，浙江省加速推动针对钢铁、石化、建材、造纸、化工、化纤、纺织等高碳、高耗能的产业进行产业节能改造，对于高碳高效产业，支持其低碳绿色转型发展；对于高碳低效产业，严格控制信贷投放，限制新上高耗能、高排放项目融资，严格执行产能置换办法，坚决遏制"两高"项目盲目发展，倒逼企业改造提升或退出，逐步淘汰落后产能和过剩产能，推动低效用能向优质项目转移。二是加快发展低碳新兴产业。引导保险资金等加大对绿色低碳项目的投资力度，培育和促进智能制造、数字经济、生命健康、新材料等一系列战略性新兴产业的发展与壮大，注重相关产业绿色供应链的建设，培育壮大一批低碳高效的新兴产业集群。三是大力发展绿色环保产业。以打造绿色工厂、绿色园区为抓手，深化低碳绿色发展探索实践，倾力打造海宁市黄湾镇"绿色低碳工业园"示范项目，推进吴兴经济开发区、遂昌工业园区等国家绿色产业示范基地建设。拓宽绿色企业融资通道，支持绿色企业上市融资，培育低碳领域专精特新"小巨人"企业，大力发展固废收集处置、医废处理、生态修复、环境治理、垃圾焚烧发电供热、灰渣制砖、集中式中水回用等环保产业和循环经济投资项目。四是促进农业绿色健康发展。瞄准绿色风向标，加强土壤污染防治，促进农药化肥减量增效，建设现代生态农业试点，从源头减量、循环利用、末端治理三方面着手，全链式推进农业面源污染治理和秸秆全量化利用。完善农业绿色发展负面清单制度，构建绿色生态导向的扶持政策体系，从农产品生产、流通等关键环节加强数字化赋能促进现代农业发展，做好农产品地理标志的保护和登记，加强农产品公共品牌建设。五是提升服务业绿色发展水平。加快发展信息服务、研发服务、物流与供应链服务、节能环保服务等生产性服务业，促进浙江产业结构调整升级，向专业化和价值链高端延伸。培育绿色流通主体，建设统一的现代物流发展数字化监管服务平台，积极推广绿色物流技术应用，促进物流业降本增效。

（二）构建清洁低碳安全高效的能源体系

针对浙江当前产业结构偏重，能源结构偏煤，能源效率偏低，工业化、新型城镇化建设还在持续推进，能源消费刚性需求量仍然很大等问题，提出以清洁能源示范省建设为统领，构建清洁低碳安全高效的能源体系，统筹推进高碳低效行业治理、低碳新兴产业发展、能源结构调整优化等任务，为实现高质量发展注入绿色低碳的新动能。一是积极发展低碳能源。实施浙江省建设国家清洁能源示范省行动计划，大力发展太阳能、风能、光伏发电等清洁能源，实施"风光倍增"工程，推广"光伏+农渔林业"开发模式，积极引导用能企业实施清洁能源替代，控制煤炭消费总量，扩大天然气利用规模，提高非化石能源消费比重，开展海洋能、地热能、生物质能等可再生资源的开发与利用。实行能源消费总量和能源消费强度双控，加大节能技术及产品的开发和应用推广力度，提高能源利用效率。二是深化能源治理改革创新。浙江积极探索新型电力系统调度体系建设，主动支撑国家电网新型电力系统省级示范区建设。在电源侧，积极服务供给侧结构优化，优化新能源等机组并网投运流程，切实做到"应并尽并"，提升清洁电源和零碳电能占比。在电网侧，通过虚拟电厂聚合、柔性潮流控制、主配网无功协同、最优潮流优化等手段，进一步提升电网运行效能。在负荷侧，试点通过可中断负荷、负荷聚合商等提供辅助服务，积极参与电网调节互动，促进电力系统整体碳效水平提升。在储能侧，积极推动电源、电网、用户三侧储能，开展储能参与电力辅助服务市场工作。作为践行绿色发展理念的用电大省，浙江积极探索绿色电力市场化交易，独创的绿色电力交易凭证模式，使市场主体签约方式更为灵活，对市场主体履约行为进行信用监管，开启了绿色电力市场化交易的"浙江模式"。

（三）提高全社会的资源利用体系

一是全面推行循环经济发展模式。打造循环经济"991"行动升级版，重点聚焦现代化循环型产业体系构建、完善废旧物资循环利用、推进资源节约集约利用、做大做强优势绿色产业、打造低碳能源体系、基础设施绿色升级、构建绿色创新体系、健全循环经济发展机制等方面，推进园区绿色低碳循环升级，加强废旧物资循环利用体系建设，提高大宗固废综合利用率，推进建筑垃圾资源化利用，实施污水资源化、沿海产业园海水淡化等示范工程，促进经济与社会发展的全面绿色低碳转型。二是加强再生资源回收利用。依托科学布局、收购有序的回收网络，加强垃圾分类规范管理，有效解决传统回收"散、乱、差"问题，提高再生资源回收集约化、规模化水平。探索"政府+企业"模式，政企联合，深化垃圾分类收运与再生资源回收利用两个网络高效衔接、融合发展。探索智能回收，研究开发智能回收设备、搭建"智慧化管理平台"、建设综合分拣中心，以精准实时分类数据为基础，实现回收物治理全过程"数智化、透明化"，将其精细分类后作为再生原料运输至下游企业进行资源利用。三是倡导绿色低碳生活方式。深入机关、企业、学校、社区、农村等开展健康知识普及活动，强化公众节能降碳理念，深入开展绿色生活行动，倡导垃圾分类新时尚，引导和鼓励公众绿色出行，推广绿色居住，实施塑料污染全链条治理，完善政府绿色采购制度，开展全民碳普惠行动。

（四）推进绿色现代化基础设施建设

一是推进绿色数字化基础设施建设。迭代升级浙江省生态环境保护综合协同平台，推进5G、AI、大数据、虚拟化等新一代信息技术在生态环境监测、执法领域的创新应用，为污染源在线监控数据智能分析、人为造假行为监管（视频）、数据安全等方面提供技术支撑，推进交通、市政以及建筑等多领域的智能化基础设施建设，夯实绿色发展的数字化底座。二是推动绿色低碳交通基础设施建设。浙江省提出要将绿色低碳理念贯穿到交通基础设施规划、设计、建设、运营和养护全过程，加快美丽公路、美丽航道、城乡绿道网建设。推进公路和水上服务区、公交换乘中心、港口等低碳交通枢纽建设。加快充（换）电、港口岸电等基础设施建设，搭建充电基础设施信息智能服务平台，推进以电力、氢能等新能源为动力的运输装备应用，推进综合供能服务站和加氢站建设。三是打造城乡人居绿色环境。通过节能改造和材料更新，推动既有建筑节能低碳改造，全面推广绿色低碳建材，提升新建建筑绿色化水平。推进污水、垃圾、危险废物、医疗废物、涉疫生活垃圾规范性处置。结合国家卫生城市（县城）、卫生镇村创建巩固，组织环境卫生综合整治活动，整体提升城乡风貌，打造绿色人居环境。例如，杭州市将4月21日至27日定为全市统一环境卫生整治周，发动机关和各部门采取军民共建、志愿者行动、党团员义务劳动等形式，积极开展城乡环境卫生治理。温州市实施以"环境卫生大提升、重点场所大防御、健康行为大倡导、健康知识大普及"为重点的爱国卫生"4+14"行动。湖州市多部门开展以扫除卫生死角、乱堆乱贴、脏乱水体、虫害病害和提升垃圾分类水平、提升小区居住环境、提升城乡基础设施、提升户外广告质量"四扫除四提升"百日行动。嘉兴市结合国家卫生城镇巩固、省生态文明建设示范区创建等，深化环境整治爱国卫生运动。衢州市各级各部门结合"周二无会日"组团联村（社）服务的有效制度，推广落实每周二爱国卫生日志愿服务活动。

（五）推进绿色技术创新体系建设

强化清洁能源、储能领域绿色技术研发，超前部署碳捕集利用与封存等负碳技术，探索将重点行业领域碳排放评价纳入环境影响评价体系，发挥环评对"高能耗、高排放"项目源头控制作用，推动碳排放末端治理与利用技术的应用。集聚政府、高校、产业各方力量，建设高能级技术创新平台，培养绿色创新技术人才。2022年2月，启动建设绿色智能汽车及零部件技术创新中心，面向汽车行业共性、关键、前瞻性技术需求，聚焦智能驾驶、绿色能源、先进部件3大领域，车规芯片、车载操作系统、智能算法、绿色甲醇、固态电池、高效驱动系统、智能充换电、智能硬件等8大方向开展关键技术攻关，打造世界一流的绿色智能汽车及零部件研发创新和技术服务平台，引领绿色智能汽车技术发展，构建以1小时物流距离为半径的绿色智能汽车产业生态圈。建设首个国家绿色技术交易中心，解决绿色发展过程中的技术流动问题，促进生产要素的流通。

（六）通过绿色发展财政奖补机制、绿色金融助力绿色发展

浙江省进行制度性创新，于2005年率先建立生态环保财力转移支付制度，此后又陆续出台一系列政策，系统化构建了绿色发展财政奖补机制。省财政将财政收费返还比例与各市、县环境质量分值挂钩，按照污染物年排放总量，完善氨氮、二氧化硫、氮氧化物等主要污染物排放财政收费制度。对各市、县实施单位生产总值能耗财政奖惩制度、出境水水质财政奖惩制度，实现正向激励和反向倒逼相结合。依据增减情况，对森林覆盖率、林木蓄积量实行分类奖惩制度，提高生态公益林分类补偿标准。将反映生态环境质量的"绿色指数"与生态环保财力转移支付资金挂钩，以促进各市、县保护生态环境，发展绿色产业。通过竞争性分配方式确定扶持范围，对实施"两山"（一类）、（二类）财政专项激励政策的县、市，分别给予每年15亿元和1亿元的资金激励。探索实施省内流域上下游自主协商的横向生态保护补偿机制，补偿标准在500万—1000万元范围内协商确定。浙江将绿色金融作为推进全省经济社会绿色发展的重要力量，聚焦"山青、水绿、农新、居美"，大力发展绿色金融，其绿色金融改革创新走在全国前列。浙江农信围绕"五水共治"，加大对农村污水治理、工业重污染行业废水处理等领域的信贷投入，拓宽了企业融资渠道，创新地将排污权、水利项目周边土地开发收益权、水利工程资产及经营性项目未来资产等作为担保物，作为发放贷款的重要依据，支持企业提升污水处理能力，大幅减少对自然水域的污染排放。绍兴瑞丰农商银行积极支持当地印染企业开展排污权抵押融资业务，助力辖内印染企业改造升级。经过多年探索和实践，在绿色发展财政奖惩机制作用和绿色金融的助力下，浙江省生态环境质量明显提升，生态环境状况综合指数连续多年位居全国前列。

二、四川省绿色发展经验

四川是长江、黄河上游重要生态屏障，近年来四川省以实现碳达峰、碳中和目标为引领，积极践行绿色发展战略，充分发挥其清洁能源资源富

集优势和产业发展基础优势，着力培育绿色低碳新动能，推动绿色成为支撑高质量发展的鲜明底色。

（一）深入推进产业结构优化升级

四川研究制定钢铁、有色金属、化工、建材等重点领域碳达峰实施方案，以节能降碳为导向，加快推进工业领域低碳工艺革新和数字化转型。大力发展清洁能源、动力电池、晶硅光伏、钒钛、存储等绿色低碳优势产业，关停、淘汰落后产能。全面梳理排查，形成全省在建、拟建、存量"两高"项目清单，研究制定坚决遏制"两高"项目盲目发展三年行动实施方案。大力发展循环经济，推动园区实施循环化改造，稳步推进4个国家级和5个省级资源循环利用基地、2个国家"城市矿产"示范基地建设。

（二）加快构建清洁能源体系

四川立足本省清洁能源的资源优势，深化国家清洁能源示范省建设，本着做强做优清洁能源产业的发展目标，统筹推进水风光多能互补一体化发展，加快构建清洁低碳安全高效的能源体系。一是巩固水电第一大省地位，稳步推进水电基地开发和大中型水电项目建设。2021年四川省水电装机容量超过8900万千瓦，居全国第一位；白鹤滩水电站首批机组和乌东德、杨房沟等重点水电站顺利投产发电。二是加快风光能源开发，大力发展风能、太阳能，加快发展风光发电，积极拓展光伏在生产和生活多领域的应用场景。2021年，四川省风电装机容量超过490万千瓦，光伏发电装机容量超过194万千瓦。三是充分发掘天然气资源富集优势，加大对天然气资源的勘探开发力度，利用设备和技术优势，推动省内重点气田建设，规模化开发和利用天然气，促进天然气资源的综合利用，加快建设国家天然气（页岩气）千亿立方米级产能基地。2021年，四川省天然气（页岩气）产量达480亿立方米，同比增长11.05%。四是有序开发多类型清洁能源，积极发展氢能产业并积极推进生物质能、地热资源等其他多种类型清洁能源的开发利用。四川在氢能全产业链发展上同样具有优势，现已掌握氢燃料电池、氢源制备、加氢储氢装备等核心技术，聚集氢能产业链企业及科研院所100余户，覆盖氢气制备、储运、加注、检测、燃料电池、整车制造及加氢站建设等主要环节。同时，四川的氢能利用已初具规模，成都客车、南充吉利等多款氢燃料客车进入国家目录公告，成都大运、新筑通工等也在加快氢燃料客车、氢燃料物流车研发。四川致力推动氢能生产、储存、运输、应用的全链条发展，支持成都打造"绿氢之都"、攀枝花打造氢能产业示范城市。此外，四川优化能源消费结构，持续推动锅炉窑炉电能替代工作，2021年累计完成替代电量151.3亿千瓦时，可减排二氧化碳1298万吨。

（三）发展壮大清洁能源支撑产业和应用产业

发展清洁能源相关产业，大力推动节能减排，全面推进清洁生产，不断提升绿色低碳发展水平。一是发展清洁能源支撑产业。加大对晶硅光伏产业的支持力度，积极引导相关省级基金投资晶硅光伏产业项目，推动基金深度参与产业发展，解决晶硅光伏产业资金缺口，持续推进四川省晶硅光伏产业高质量发展。重点发展清洁能源装备产业，实施重点领域节能降碳改造工程，持续做强能源装备产业。发挥各类储能技术经济优势，持续优化天然气管网和智能电网建设，促进清洁能源科学调配和智能化运用，完善清洁能源输配体系。二是加快发展清洁能源应用产业。加快锂电材料全产业链协同发展，稳步发展氢燃料电池产业，前瞻谋划新型电池产业发展，促进动力电池产业发展壮大。提升新能源汽车整车制造水平，培育引进新能源汽车头部企业，加强与重庆联动协同，布局完善充换电基础设施及服务网络系统，发展氢燃料汽车，构建成渝"电走廊"、成渝"氢走廊"，推动新能源汽车产业提档升级。推进国家"东数西算"工程实施，促进大数据产业创新发展。深化钒钛资源综合开发利用，开展氢冶金先行先试，推进稀土、石墨、玄武岩等资源开发利用。

（四）不断提升城乡建设绿色低碳水平

四川大力发展装配式建筑并加大力度推广装配式建筑应用，推动装配式建筑扩面增量，促进建筑业结构调整和转型升级。2022年，四川全省将新开工装配式建筑5800万平方米，其中，新开工钢结构装配式住宅50万平方米。根据2021年4月四川省住建厅印发的《提升装配式建筑发展质量五年行动方案》，到2025年，全省新开工装配式建筑占新建建筑的40%，装配式建筑单体建筑装配率不低于50%；完成全省城乡建设领域碳排放数据摸底；加快提升建筑能效水平，全省新建居住建筑全面执行节能65%的设计标准；深入实施绿色建筑创建行动，城镇新建民用建筑全面执行绿色建筑标准。加快优化建筑用能结构，因地制宜地推动可再生能源建筑应用和新建建筑电能替代工作，在阿坝州、甘孜州、凉山州和攀枝花市等太阳能资源丰富地区大力推进太阳能建筑应用。

（五）积极构建绿色低碳交通运输体系

践行公交优先、绿色出行，加快交通运输结构转变优化，构建节能环保、生态集约的绿色交通运输体系。四川实施运输结构调整三年行动计划，大力发展多式联运，实施多式联运示范工程3个，铁水联运班列累计达11条；推广节能低碳交通工具，积极引导绿色低碳出行，全省道路运输领域新能源、清洁能源车辆达8.32万辆，占全部营运车辆的17%，新增和更新城市公交车辆中新能源车辆占比超过50%；泸州港、宜宾港等港口泊位建成岸电设施98套，长江干线五大类港口岸电配备率达100%；加快建设绿色交通基础设施，全省高速公路、国省干线公路路面旧料回收率分别达100%、98%以上，循环利用率分别达95%以上、80%以上。

（六）扎实推动农业农村绿色低碳转型

四川修订地方性法规《四川省农药管理条例》，建设化肥减量增效示范区40万亩、绿色种养循环示范区240万亩；实施畜禽粪污资源化利用整县推进项目，项目县养殖量占全省养殖量近80%；合理发展农村沼气等生物质能，因地制宜实施新村集中供气工程、沼气工程种养循环利用项目；大力推动秸秆资源化利用和废旧农膜回收利用，在全省布局建设62个秸秆综合利用重点县，在16个县（市、区）实施地膜回收行动。

三、贵州省绿色发展经验

贵州省优良的生态环境使其具备有力的发展优势和竞争优势。作为首批国家生态文明试验区，近年来，贵州以"绿"为底，坚持生态优先、绿色发展，全力加强环境保护和生态建设，大力实施生态战略行动，深入打好污染防治攻坚战，积极探索并不断完善的生态文明绿色发展制度，竭尽全力守护好贵州优良生态环境，奋力在生态文明建设上出新绩。

（一）发展绿色经济

贵州省深入推进绿色经济倍增计划和绿色制造三年行动（2018—2020年），加快发展有机农业和现代高效林业，推进生态产业化、产业生态化；加快能源工业和传统产业绿色转型升级；聚焦生态利用型、循环高效型、低碳清洁型、环境治理型"四型产业"，培育经济增长绿色新动能，推动工业量效齐升。贵州省深入开展能效"领跑者"行动，通过政策激励、提升标准、鼓励先进等手段，引导和推动重点行业企业进一步探索深度减污降碳路径，加快绿色化改造，提高清洁生产水平，着力打造"双近零"排放标杆企业，坚持示范带动，加快构建绿色制造体系。2021年，贵州省创建国家级绿色工业园区3个、绿色工厂17家、绿色设计产品13种型号、工业产品绿色设计示范企业2家，打造省级绿色工厂37个、绿色设计产品7种型号、绿色供应链1家。实施大数据战略行动和大健康战略行动，2021年贵州数字经济增速达20.6%，连续七年位居全国第一。大力推动企业和园区循环式发展，按照《贵州省"十四五"大宗工业固体废物综合利用规划》有关要求，进一步明确了工业副产石膏（磷石膏、脱硫石膏）、粉煤灰、煤矸石、冶炼废渣、尾矿、酒糟、赤泥、电解锰渣和其他固体废弃物的综合利用方向和利用途径，不断提高大宗固废资源综合利用率。加快推进全省园区循环化改造工作，促进园区资源能源高效循环利用，推动产业园区绿色低碳循环发展，助力实现碳达峰碳中和目标。贵州省发布2022年大生态工程包项目128个，总投资655亿元，项目建成后预计年减排二氧化碳约314万吨。新增国家级循环经济示范试点4个，循环经济示范试点达24个。推进新能源建设，2020年可再生能源年利用量占比较2015年增长4.1个百分点。强化生态产品价值转化，国家全域旅游示范省建设取得积极进展。

（二）推动减污降碳协同增效

一是加强顶层设计。印发了《贵州省碳达峰碳中和"1+N"政策体系编制工作清单》，有序推进《贵州省减污降碳协同增效实施方案》编制工作，完善贵州省"减污降碳"协同体系，统筹碳达峰碳中和与生态环境保护相关工作，将二氧化碳纳入现有环境管理制度体系，一体推进减污降碳，以碳达峰行动进一步深化环境治理，以环境治理助推高质量达峰。从加强源头防控协同、突出重点领域协同、加强环境治理协同和管理模式协同等方面提出重点任务措施，建立重点行业"减污降碳"动态评估长效机制。二是严把产能关。严格执行等量或减量产能置换政策，严格控制钢铁、电解铝、水泥、平板玻璃等严重过剩产能。依法依规依据综合标准推动落后产能退出，关停一批能耗、环保、安全、技术、质量达不到标准的产能，退出一批不符合产业政策要求的产能，持续推进产业结构优化调整。三是严把准入关。要求新建、改建、扩建"两高"项目必须符合生态环境保护法律法规和相关法定规划，满足重点污染物排放总量控制、碳排放达峰目标、生态环境准入清单、相关规划环评和相应行业建设项目环境准入条件、环评文件审批原则要求，并依据区域环境质量改善目标，制定配套区域污染物削减方案，采取有效的污染物区域削减措施，腾出足够的环境容量，科学稳妥推进拟建"两高"项目。推进"减污降碳"协同控制，牢牢守好发展和生态两条底线。

（三）优化能源结构

一是推动煤炭绿色清洁利用。煤炭在贵州能源消费结构中长期居主导地位，实现煤炭的清洁、高效利用是能源转型升级发展的关键。近年来，贵州不断加快煤炭工业改造升级，推动煤炭清洁生产与智能高效开采，通过烟气脱硫脱硝、干熄焦余热回收、中水回用等措施，促进煤炭资源科学合理、规范有序开发利用，着力完善绿色清洁能源供给体系。二是积极开发利用可再生能源。可再生能源的开发利用对增加能源供应、优化能源结构、促进环境保护具有重要作用，是解决能源供需矛盾、推进能源产业转型的战略选择。贵州结合其产业情况，制定和修订产业发展路线，加快风电、太阳能、生物质能等新能源的研究开发，以重点突破带动整体提升，提高可再生能源在能源生产中的比例，带动全省能源结构绿色化转型。2022年以来，贵州省新能源新建成项目12个，新增装机114.7万千瓦，其中建成光伏发电项目7个。"十四五"期间，贵州还将推进毕节、六盘水、安顺、黔西南、黔南等5个百万千瓦级光伏基地建设，依托乌江、南盘江、北盘江、清水江四条流域大型水电站富余通道容量，建设"水风光"一体化可再生能源基地。三是推进能源科技创新。通过与大数据、人工智能等技术深度融合，形成煤炭智能绿色开发利用体系。开展页岩气的勘探开发理论与工艺技术攻关，支撑油气安全保障供应。推进新能源科技创新发展，探索中深层地热能多元梯级综合开发利用关键技术。

（四）建造绿色家园

围绕水、气、声、渣等突出生态环境问题，统筹山水林田湖草系统治理，相继制定了一系列法规。率先划定生态保护红线，四大类区域占全省总面积超31%；25个县（市）纳入国家重点生态功能区，占县域数量的

28%；城市生活垃圾无害化处理率、城市污水处理率、中心城市空气质量优良天数比率均达90%以上。针对贵州省污染防治的重点领域和关键环节，全省上下齐心协力，攻克短板和难点，深入打好污染防治攻坚战。在工业源治理方面，重点推进磷化工、煤矿、电解锰等行业污染治理；生活源治理方面，重点推进城市黑臭水体治理，解决部分县（市、区）生活污水溢流问题，实施污水收集处理"厂网""泥水""城乡"一体化工程；在农业面源治理方面，持续推进农村生活污水和畜禽养殖污染治理；在排污口整治方面，按照"查、测、溯、治、管"的要求，推进排污口"依法取缔一批、清理合并一批、规范整治一批"。强化生态环境问题排查整改，加强生态环境执法监督，聚焦重点行业、重点区域、重点问题，深化从严排查整治专项行动，全面推行"三三制"现场检查工作法，重点推进贵州省长江流域工业污染、生活污染、面源污染、水域生态破坏等问题排查，主动发现和整治一批突出问题。贵州牢牢守好发展和生态两条底线，敢闯敢拼，走别人没走过的路，收获的是一份绿意满满的"生态答卷"：环境质量实现历史性提升，生态环境质量持续向好，全省森林覆盖率达62.12%，全省9个中心城市环境空气质量平均优良天数比率为99.3%，主要河流出境断面水质优良率100%。

（五）完善绿色制度

近年来，贵州先行先试，不断增强守护绿水青山的制度力量，先后实施了100多项生态文明制度改革，在绿色屏障建设、生态评价考核、生态产业发展、司法保障、生态扶贫等领域实现多个全国"率先"，13个方面30项改革举措和经验做法列入国家推广清单，为美丽中国贡献了"贵州智慧"。2021年7月1日，我国首个地方流域共同立法在云贵川三省共同实施，实现了赤水河从"分河而治"到"共同治理"。贵州围绕水、气、声、渣等突出生态环境问题，统筹山水林田湖草系统治理，相继制定了一系列法规，多部法规的制定走在了其他省之前。贵州省纪委监委印发生态环境保护责任清单，以清单方式压实各级党委、政府承担的生态环保责任，聚焦中央、省委生态环境保护督察及巡视巡察、日常监督等发现的问题，开展专项监督检查，建立监督任务台账和问题台账，督促各方如期完成整改。

（六）培育绿色文化

贵州省注重生态文化在生态文明建设中的引领和支撑作用，积极构建有贵州特色的绿色生态文化体系。贵州全面推行河湖长制，除了每年统筹安排全年工作任务，对一些重点难点工作也创造性地开展相关工作。比如，每年6月18日"贵州生态日"举办的"保护母亲河 河长大巡河"活动，发挥了很强的示范引领作用，有效地推动了"生态优先、绿色发展""关爱河湖健康生命"等理念深入人心。每年春节后上班的第一天，省市县乡村五级干部上山植树，坚持以厚植绿色生态的方式开启新一年的工作。贵州开展生态文明教育进教材进课堂工作，将生态文明建设内容纳入国民教育体系。发起成立了贵州省生态文化协会，致力宣传习近平生态文明思想，开展生态文化研究和交流。贵州省妇联、省生态环境厅发布最美绿色生态家庭海报、开通贵阳地铁1号线绿色生态专列、设置26个生态地标打卡点，率先启动"落实'双碳'行动，共建美丽家园""共建清洁美丽世界，同心走向绿色未来"等系列主题宣传教育活动，引导广大家庭积极践行简约适度、绿色低碳的生活方式，助力实现碳达峰、碳中和。贵州省注重乡村绿化，打造绿色村庄，依托良好生态发展乡村民宿和旅游，目前贵州已有44个"全国生态文化村"，名列全国前茅。

四、云南省绿色发展经验

云南省是我国重要的生物多样性宝库和西南生态安全屏障。多年来云南省坚持以习近平生态文明思想为指导，坚持以经济社会发展全面绿色转型为引领，坚持精准科学依法治污，以实现减污降碳协同增效为总抓手，统筹污染治理、生态保护、应对气候变化，积极探索绿色发展之路，生态文明建设实现历史性突破，探索积累了许多成功做法和宝贵经验，在全国一盘棋实现碳达峰碳中和目标中做出云南贡献。

（一）构建碳达峰碳中和"1+N"政策体系，强化应对气候变化能力建设

云南省碳达峰碳中和领导小组办公室正在加快构建云南省碳达峰碳中和"1+N"政策体系，其中"1"即《云南省完整准确全面贯彻新发展理念做好碳达峰碳中和工作的实施意见》，下一步云南省将加快部署制定能源、工业、城乡建设、交通运输、农业农村等领域的碳达峰实施方案，以及科技支撑、碳汇能力、统计核算、督察考核等支撑措施和财政、金融、价格等保障政策。云南省生态环境厅充分发挥中国科学院西双版纳热带植物园的优势，开展气候变化对生物多样性影响的观测研究。举办全省生态环境系统210人和碳排放重点企业265人参加应对气候变化能力建设培训班。邀请生态环境部和省内外专家，帮助全省16个州（市）掌握电力、钢铁、水泥、石化、煤化工、电解铝等6个重点行业实施低碳化改造关键措施，以及碳捕集利用和封存技术要点。组织全省16个州（市）编制"十四五"低碳发展规划，编制了《云南省应对气候变化规划（2021—2025年）》。省发展改革委编制了《云南省"十四五"节能减排综合工作实施方案》。

（二）建立统一规范的碳排放核算体系，积极参与全国碳排放权交易市场建设

国家发展改革委与国家统计局牵头成立了碳排放统计核算工作小组，研究制定碳排放统计核算方法。参照国家统计核算工作组小组办公室构成，云南省统计局与云南省发展改革委共同组建了云南省碳排放统计核算工作领导小组办公室，并配合国家统计局完成地区碳排放摸底试算工作。云南省统计局能源处负责碳排放统计核算的日常工作，向各部门提供数据基础资料，为云南省碳达峰行动提供有力的数据支撑。云南省生态环境厅

组织发电、石化、化工、建材、钢铁、有色、造纸、航空等8个重点行业221家碳排放企业开展碳排放数据报送及第三方核查，按照国家碳排放权交易配额设定与分配方案要求，协助发电行业19家碳排放重点企业开展开户及配额分配和清缴履约工作，2021年底发电行业顺利完成第一个履约周期。督促昆明、红河、德宏3州（市）完成中国（云南）自贸区"推动碳排放权交易资源储备"试点，印发了《中国（云南）自由贸易试验区"推动碳排放权交易资源储备"实施方案》等文件。下一步云南将积极参与全国碳排放权交易市场建设，助力实现"双碳"目标。

（三）加快建立绿色低碳循环发展的经济体系，打造绿色"三张牌"引领产业变革

云南省委、省政府做出《关于加快构建现代化产业体系的决定》，大力发展绿色产业，重点培育绿色能源、生物医药、环保、烟草等绿色产业，加快建立绿色低碳循环发展的经济体系，着力打造云南"绿色"。"绿色"成为云南省经济发展的鲜明底色，几乎覆盖了未来十几年云南发展的全部重点产业。在新时代下，新业态、新基建的开展带来新的发展机遇和挑战，云南明确产业绿色发展定位，2018年提出"全力打造世界一流的'绿色能源''绿色食品''健康生活目的地'三张牌，形成几个新的千亿元产业"。目前，云南绿色产业发展势头良好。在"绿色能源"牌方面，绿色铝材、绿色硅材等产业快速发展，2019年，能源产业增加值首次超过烟草产业，跃升为云南省第一大支柱产业。云南省大力发展水电、风电、光伏等清洁可再生能源，为全国贡献了约14%的绿色能源。全省绿色能源装机占比超过85%，绿色发电量占比约90%，清洁能源交易电量占比97%，非化石能源占一次能源消费比重42%以上，4项指标全国领先，为打赢污染防治攻坚战、蓝天保卫战以及推动生态文明建设排头兵展现新面貌做出了突出贡献。在"绿色食品"牌方面，战略部署成效凸显，世界顶级认证机构法国爱科赛尔已在普洱市设立分中心，欧希蒂、五州恒通、南

京国环、中绿华夏等国内外知名认证机构将云南作为重点业务省份。云南省出台政策措施支持鼓励高原特色农产品出口，农药、化肥使用量连续实现负增长，绿色成为农业的鲜明底色。从2012年到2021年，云南农产品出口额十年间增长了111.7%，多年来出口总额稳居西部第一、全国前列。在"健康生活目的地"牌方面，云南省支持企业开展低碳、零碳旅游产品和模式创新，打造云南绿色旅游名片，推动旅游产业转型升级，带动经济快速增长。

（四）积极开展绿色低碳全民行动，引导全民形成绿色低碳生活方式

云南省各级有关部门通过组织开展年度世界环境日、全国节能宣传周、全国低碳日等主题宣传活动，特别是COP15第一阶段会议成功举办，发布《昆明宣言》，碳达峰碳中和基础知识更加普及，绿色低碳理念深入人心。云南积极开展绿色低碳全民行动，以多种活动和方式宣传推广绿色低碳发展新理念，呼吁社会各界和每一位公民要牢固树立绿色发展理念和低碳意识，大力弘扬绿色低碳文化，积极倡导、深入践行绿色低碳生产生活方式，以实际行动切实保护好云南的绿水青山，为实现碳达峰碳中和做出积极贡献。

五、海南省绿色发展经验

海南省生态环境得天独厚，近年来海南坚持生态立省不动摇，坚持生态优先、绿色发展，建设高水平国家生态文明试验区，拓展"绿水青山就是金山银山"的实现路径，形成生态文明建设海南样板。

（一）坚定不移实施生态立省战略

海南生态环境非常好，有着独特的生态系统与自然资源，从热带雨林到滨海湿地，从红树林到海草床、珊瑚礁，从秀美山川到茫茫湖海，无论

是出于海南自身发展定位的考虑，还是站在国家全局的角度，都必须保护好生态环境，守护好这片热土上的绿水青山。海南的绿色发展体现在生产生活各个方面，无论是产业规划还是区域布局、政策倾斜等，都体现了绿色发展的导向。近年来，海南省从宏观层面到微观层面，从顶层设计到系统举措，持续加大决心和力度推进全省生态环境保护和生态文明建设工作，牢固树立和全面践行"绿水青山就是金山银山"的理念，为绿色发展描绘好生态底色。2017年4月，海南省第七次党代会报告明确提出"加快建设经济繁荣、社会文明、生态宜居、人民幸福的美好新海南"，坚定不移实施生态立省战略。2017年9月，海南省委审议通过《中共海南省委关于进一步加强生态文明建设 谱写美丽中国海南篇章的决定》，提出加强生态文明建设的30条具体措施。2018年4月，《中共中央 国务院关于支持海南全面深化改革开放的指导意见》明确提出加快生态文明体制改革，海南迎来生态文明建设新机遇，为推进全国生态文明建设探索新经验。2021年7月，《海南省"十四五"生态环境保护规划》出台，作为全省生态文明建设和生态环境保护的路线图，锚定"两个领先"目标，着力打造生态文明建设样板区、绿色低碳循环发展先行区、生态环境质量标杆区、陆海统筹保护发展实践区、"两山"转化实践试验区、生态环境治理能力现代化示范区，打造人与自然和谐共生的美丽中国海南样板。

（二）守牢生态环境质量底线

近年来，海南坚持以改善生态环境质量为核心，系统谋划实施热带雨林国家公园建设、禁塑、新能源汽车推广、装配式建筑应用和推广、"六水共治"攻坚战等标志性工程，坚持陆海统筹，推进大气污染防治联防联控、山水林田湖草沙一体化保护修复，解决生态环境突出问题，深入打好污染防治攻坚战，彰显海南特色与优势，确保生态一流并稳步提升。以"禁塑"为例，自2020年8月1日起，海南在全省党政机关、事业单位、国企、学校、旅游景区、大型商超、医院等重点行业场所率先开展"禁塑"

试点，并于2020年12月1日起正式实施全国首部"禁塑"地方性法规，正式全面禁止一次性不可降解塑料制品。海南全方位开展"禁塑"系列宣传教育活动，严厉打击非法使用超薄塑料袋和农用地膜的违法行为，加大对废塑料加工利用"散乱污"整治力度，推进材料产业研发创新，开展降解塑料前瞻性技术研究。同时，充分发挥自贸港政策优势，通过招商引资吸引上游原材料项目落地，推进海南省全生物降解塑料产业发展，培育发展替代品全产业链。海南全面推行河长制、湖长制，不断完善相关考核制度和配套机制，夯实和筑牢河湖长工作基础，推动河长制、湖长制由"建立"向"见效"转变。高质量高标准落实中央生态环境保护督察整改措施，从严推进整改落实，围填海、破坏红树林等生态环保问题整改取得明显成效。

（三）加快构建绿色产业体系

生态环境在海南自由贸易港建设中具有基础性地位。当前，海南省正在加快构建以旅游业、现代服务业、低碳高新技术产业、热带特色高效农业为主导产业的绿色产业体系。海南省实施产业准入负面清单制度，坚决遏制高能耗、高污染、高排放产业和低端制造业盲目发展，推进传统工业绿色低碳转型，大力推行清洁生产，提高产业整体能源利用效率。严格禁止污染严重、破坏性强、超出工程区承载能力的围填海造地项目建设，防止对近岸海域生态环境的破坏。禁止在沿海陆域内新建不具备有效治理措施的化学制浆造纸、化工、印染、制革、电镀、酿造、炼油、岸边冲滩拆船以及其他严重污染海洋环境的工业生产项目。另外，海南将对超标或超总量的排污企业限制生产或进行停产专项整治，对通过整治仍不能达标且情节严重的企业，一律停业关闭。在清洁能源方面，海南将加快构建安全、绿色、集约、高效的清洁能源生产流通消费体系，大力推行"削煤减油"，禁止新增煤电，分阶段逐步淘汰现有燃煤机组。着力优化能源结构，大力发展风、光、生物质等可再生能源，高效安全、积极有序发展核电，不断提高非化石能源在能源消费中的比重。力争到2030年，非化石能源资源充分开发利用，发电装机比重达75%，低碳能源生态系统初具规模。提升产业园区和产业集群生态化水平，围绕资源输入、利用、输出三个环节，紧抓园区循环经济产业链构建，推进减污降碳协同增效。大力推进农业绿色低碳发展，发展生态循环农业，实施化肥农药减量增效行动，加强生态循环农业重点环节和关键技术攻关，抓好绿色农产品的品牌建设。创新旅游低碳发展新模式，创建零碳、低碳旅游景区试点，发展低碳旅游酒店，配置低碳旅游设施，促进旅游交通低碳发展，开发多样性低碳旅游项目。提升现代服务业绿色发展水平，以现代物流、医疗健康、现代金融、商务服务为发展重点，对标国际先进水平，推动服务业绿色化、低碳化发展，构建海南自由贸易港现代服务业体系。

（四）积极推进绿色宜居型城乡建设

海南省优化城乡空间布局和城市空间形态，提升城市绿色化水平，加快农房和村庄现代化建设，推进城乡布局绿色低碳化。深入推进"无废城市"建设，减少工业、农业、生活等领域固体废物产生，降低温室气体排放，建设和谐发展生态型城镇。完善制定既有建筑绿色改造相关技术标准，加大既有建筑绿色改造关键技术研究推广力度，全面推广绿色建筑和装配式建筑，发展具有海南热带岛屿特色的绿色建筑，推动既有居住建筑绿色节能改造。提升城市管理信息化水平，推动城市运行绿色化转型。深入推行农村清洁化用能，持续推进农村电网改造升级，鼓励农房节能改造，推广使用绿色建材，加快生物质能、太阳能等可再生能源在农业生产和农村生活中的应用。

第二节　国外绿色发展经验

一、美国的绿色发展经验

作为世界第一大经济体和工业化强国，美国在发展过程中产生大量的碳排放，累计碳排放居全球之冠。在2007年其能源消耗产生的二氧化碳排放实现阶段性达峰之后，美国二氧化碳排放量开始逐渐下降，碳减排工作取得了一定的成果。总结和梳理美国绿色发展和碳减排经验，对我国低碳绿色转型、实现"双碳"目标具有重要启示。

（一）健全碳减排政策体系

美国早期发展以重工业为主，也曾产生环境污染等问题，并且伴随着对化石资源的依赖一度面临着能源危机。从20世纪70年代起，美国相继出台一系列防治污染、节约能源与减排相关法案，逐渐形成了较为完整的碳减排政策体系。奥巴马政府期间，美国高度重视低碳发展，发布了一份应对气候变化的国家行动计划，包括减少发电厂的碳排放、发展新能源、呼吁美国到2020年将可再生能源产量翻一番，并向可再生能源发展开放公共土地、加快清洁能源许可证的发放、激励对清洁能源的长期投资、提高能源效率、确定四年一次的能源评估制度等。2009年6月，美国政府通过了一项综合性能源立法《美国清洁能源与安全法案》，试图减少温室气体排放、降低对国外石油资源的依赖，以减缓全球气候变暖并确保美国国家能源安全。该法案对美国发电厂、制造业设施和炼油厂等大型温室气体排放源设置了具有法律约束力且逐年下降的总量限额，要求这些排放源到2020年减少相当于2005年排放水平17%的温室气体排放，到2050年减少相当于

2005年排放水平83％的温室气体排放。该法案要求排放源要对其排放的每1吨温室气体都要持有相应单位的排放配额，同时，每年发放的配额数量在2012—2050年间将会显著地减少。2015年，美国颁布了《清洁电力计划》，要求每个州制订减少矿物燃料电厂碳排放的计划，这是美国首次针对电厂碳排放出台国家标准，以实现能源行业的绿色转型。2021年12月，美国总统拜登签署行政令，通过改变联邦政府建设、购买和管理其资产和运营的方式，支持美国清洁能源和清洁技术行业的发展，要求联邦政府推广使用低排放产品，努力扩大可持续和低碳产品在美国的市场；要求联邦政府到2050年实现碳中和，在2030年前将温室气体排放量减少65％。一系列碳减排的顶层设计，引领了美国碳达峰后的快速去峰过程。

（二）积极发展新能源调节能源结构

美国的有害气体排放量仅次于中国和印度，居世界第三位。美国是世界上第一个制定能源安全战略的国家，其主要内容就包括最大限度地利用可再生能源。美国通过政策法案引导，充分利用税收、补贴、碳交易、绿色金融等手段与市场机制相结合，促进风电、水电、光伏等清洁、可再生能源的发展，推动企业和个人的碳减排和能源结构的不断调整优化。2005—2017年，煤炭、石油在美国化石能源消耗中所占的比例持续下降，2006—2020年，美国在一次能源消费结构中，煤炭、石油所占比例持续下降，其中煤炭占比从 22.61％下降至 9.89％，作为清洁能源的天然气消耗比例持续上升，占比从 22.40％上升至 33.99％，促进了美国清洁能源转型，减少温室气体的排放。可再生能源占比的不断提高，使美国能源结构进一步优化。美国政府采取税收、补贴等政策推广清洁能源的利用与普及，支持、促进可再生能源发展。据美国能源信息署（EIA）发布的能源报告显示，2016年，风能和太阳能占美国发电总量的7％，随着清洁能源市场的不断增长，2017年，美国风力发电和太阳能发电量超过美国总发电量的10％。2020年，美国可再生能源消费量连续第五年增长，达到创纪录的

1160亿英热单位（Btu），而化石燃料和核能消耗量下降，其中风能约占美国可再生能源消费量的26%，水电约占22%，木材和废弃物能源约占22%，生物燃料约占17%，太阳能约占11%。由于美国发电中风能、太阳能的使用增加，而煤炭的使用量显著减少，2020年，美国可再生能源发电量约占其总发电量的21%，仅次于天然气发电量，首次超过核电和煤电。根据美国能源信息署发布的《发电设备初步月度库存报告》，美国计划在2022年新增的公共事业规模电力容量中，接近一半将来自太阳能发电，规模预计为21.5GW。

（三）优化产业结构降低重点行业能耗

美国在经济结构调整过程中，依靠市场机制，并以结构性减税为主的财政政策减轻企业负担，引导物质资本向新兴产业转移，提高制造业附加值，积极扶持高端制造业发展并鼓励其相关产品出口。为提高国内环保水平，确保能源安全，美国以大力发展节能和清洁能源技术为重点，加大科研创新投入，采取税收优惠等各种激励措施，不断降低钢铁、冶金、炼焦等重点行业能耗和污染物排放。与此同时，将制造业中低附加值和高污染、高能耗的生产环节转移到海外，促进产业结构不断优化调整，并为美国的节能产业长远发展积极开拓国际市场，促使其产业成果不断地向汽车制造、家庭能源消费等生产生活诸多领域拓展延伸，使得美国经济在保持较快速度持续增长的同时，温室气体排放实现了大幅降低，环境条件得到了改善。经过数十年的努力，美国在加大生产扩张和降低能耗比例方面取得了显著成果，美国的经济总量与20世纪80年代初期相比已经翻了一番，但是其原油消耗量却仍维持在40年前的水平上。以1990年到2013年为例，美国GDP增长75%，人口增长26%，能源消费增长15%，而碳排放量只增长了6%。

（四）推动低碳技术创新

为应对全球气候变化和确保能源安全，美国围绕新兴绿色产业积极寻求向低碳发展模式转变，可再生能源和清洁能源技术被其确立为主要的发展方向和攻坚对象，除了积极部署氢能、核能等技术外，对节能、储能相关技术也倍加重视与关注。美国重点聚焦清洁低碳能源技术，以推进国家电力和能源系统的清洁低碳转型，助力政府实现2035年的100%清洁电力目标和2050年的净零排放愿景。2021年6月，美国能源部宣布为68个项目提供超过3000万美元的联邦资金和超过3500万美元的私营部门资金，这些项目将加速清洁能源、先进制造技术、建筑节能、新一代材料等有前途的能源技术的商业化。当前美国最新能源技术创新主要包含以下四方面：一是氢能技术攻关。美国能源部宣布投入5250万美元资助31个氢能项目；美国参议院通过了总规模1万亿美元的基础设施投资和就业法案，其中的数十亿美元将用于开发、补贴和加强氢相关技术和产业；美国能源部推出"能源攻关计划"加速低成本清洁氢能发展，目标是在未来十年使清洁氢成本降低80%至1美元每千克，以加速氢能技术创新并刺激清洁氢能需求。二是先进核能技术攻关。美国能源部资助6100万美元支持先进核能技术研发，旨在整合高校、企业和国家实验室的研究力量联合开发先进的核能技术。三是生物燃料技术与地热技术攻关。交通运输领域约占美国能源消耗总量的30%，在温室气体排放量中占最大份额。应用生物燃料有助于航空等难以电气化的运输部门实现脱碳，对于美国2050年净零排放目标的实现将发挥重要作用。2021年以来，美国多次提出对生物燃料进行资金支持，美国能源部先进能源研究计划署斥资3500万美元支持先进生物燃料技术研发，旨在整合高校、企业和国家实验室的研究力量联合开发先进的生物质转化燃料技术；为11个生物能源项目的研究和开发提供近3400万美元的资金，这些项目主要是利用城市固体废物和藻类生产生物燃料、生物能源和生物产品。此外，美国能源部还宣布在"地热能研究前沿观测研究"计划框架下投入4600万美元，支持17个增强型地热系统前沿技术开发项目。四是储能技术攻关。美国采取行动重塑电池关键供应链体系。其中，针对大容量电池，美国能源部的目标是实施为期10年的发展计划，旨在打造能够支撑电动汽车发展需求的本土化电池供应链。美国能源部投入7500万美元成立"电力储能工作站"国家级电力储能研发中心，中心将设立30个独立研究实验室，其中一些实验室专门负责测试工作，即在现实的电网条件下对新开发的电力储能设施原型和电网储能技术的性能与经济性开展测试评估。电力储能工作站还将设立相应的孵化器，加速新开发技术或者设备商业化应用进程。

纵观美国历届政府的减碳政策，可以发现美国减碳政策呈现周期性与易变性的特点。克林顿政府以能源政策为核心，推进企业的节能减排，并首次提出明确的减排目标；小布什时期在国际上积极应对气候变化，在国内积极推动发展低碳经济；奥巴马政府重视气候治理的多边协调，在国际上积极推进《联合国气候变化框架公约》谈判，在国内更加重视能源独立与能源安全，提出了能源新政，将新能源技术作为创新能源战略实施的突破口，推动国会立法，加大碳减排力度；特朗普执政时期，加强能源独立并鼓励能源出口，发布"美国优先能源计划"，鼓励化石能源生产，大规模勘探开发国内油气资源，建立国际"能源主导地位"，摆脱从石油输出国组织或敌对国家进口能源，宣布退出《巴黎协定》，取消了奥巴马时代的排放规定，在气候政策上表现出明显的单边主义和逆全球化倾向。虽然因特朗普政府的消极应对和美国的气候政策"开倒车"，致使美国的碳排量出现波动，减排效果不理想，但是低碳发展的理念和根本方向没有受到影响，美国能源部仍然对新能源技术和碳减排技术研发进行资助；拜登政府的能源气候政策延续了民主党一贯的立场和主张，制订了"清洁能源革命计划"来对抗国际气候变化，取消化石燃料补贴，支持清洁能源技术创新，重新加入《巴黎协定》，宣布美国2050年实现碳中和。当前，应对气候变化碳中和竞赛空前高涨，全球技术创新进程持续加快，美国更加注重清洁能源技术创新的核心作用，希望借助掌握源头创新优势和科技领导地位，在新形势下的国际气候合作和能源治理体系中能够继续把控规则话语权并保持国际主导地位以获取最大经济利益和政治利益。随着应对气候变化逐渐成为国际地缘政治博弈与竞争的一个新的重要领域，美国利用其科技领先的竞争优势打压主要对手的力度可能会进一步加强。

二、德国的绿色发展经验

德国作为世界主要制造业大国和欧盟经济实力最强成员国，在应对气候变化的长期实践中，积极实施能源转型，制定减排目标，以行动计划、具体措施、法律体系为核心内容，并成立气候内阁以加强统一领导，不断探索形成了一套有效促进经济绿色低碳转型的战略，在应对气候变化和发展可再生能源领域表现突出，并早在1990年就实现了碳达峰。德国联邦环境署数据显示，在1990—2020年，德国温室气体排放总量从12.49亿吨下降到7.39亿吨，减少了5.1亿吨，降幅达40.83%。其中，二氧化碳减排61.2%，甲烷减排52.5%，一氧化二氮减排41.0%。德国联邦议院于2019年11月通过《德国联邦气候保护法》，计划到2030年温室气体排放总量较1990年减少55%，到2050年实现碳中和。2021年5月，德国修订了《德国联邦气候保护法》，其核心内容一是将温室气体净零排放计划提前了5年，计划在2045年实现碳中和；二是调高了到2030年减少温室气体排放总量的目标，设定了温室气体排放较1990年减少65%的约束目标。德国将气候保护和绿色发展作为复苏计划的重点议题，积极推动能源、工业、建筑、运输、农林等各领域的减排措施，提出了更高的气候保护目标。德国在气候治理和绿色低碳转型实践过程中的几点经验值得中国借鉴。

（一）合理对接经济政策与气候政策以促进全面的绿色复苏

德国政府在致力经济复苏的同时仍然没有忽视应对气候变化这一长期重要任务，认为合理的经济增长与实现气候保护目标二者之间并不矛盾，将"绿色"融入疫情后的经济复苏计划中，使德国中长期刺激方案与气候目标相呼应，协同推进气候保护与经济复苏。为应对气候变化和数字化带来的挑战，2020年6月3日，德国政府经过两天的审议最终通过了总金额达1300亿欧元、覆盖2020年和2021年的一揽子经济复苏计划，规模占其GDP的3.8%，涉及居民补贴、5G建设、扶持企业、降税等救助措施。其中，1200亿欧元由联邦层面承担，措施包括在2020年7月1日至12月31日期间将德国增值税19%的普通税率降至16%，部分商品（食品、出版物等）7%的优惠税率降至5%，受疫情冲击严重的行业可申请"过渡援助"，拨款500亿欧元用于推动电动汽车发展以及设立更多充电桩，德国铁路和公共交通企业均将得到联邦的资金支持，等等。在这一经济刺激方案中，有500亿欧元被命名为"未来方案"，聚焦考虑"气候转型"和"数字化转型"的影响，涉及应对气候变化的多项举措，包括电动汽车、氢能、铁路交通、建筑等多个领域。为促进电动交通的发展，德国政府采取提高电动车购置补贴的方式，以扶持低排放和零排放车辆；此外，提供20亿欧元奖励计划，鼓励汽车生产商和供应商加大对技术创新的研发投入。德国政府通过加强绿色投资，资金转向支持电动车和充电设施的发展，不再向燃油汽车追加支持，以达到加快实现零排放交通的目标，德国的汽车产业也将在这一过程中加速转型，并在未来迈向脱碳的全球市场中仍然保持强劲的竞争能力。在这一提振经济复苏计划中，德国政府将投入70亿欧元用于氢能基础设施建设，计划投入50亿欧元用于增加德国联邦铁路股本，提供20亿欧元用于建筑节能改造和气候适应措施。

（二）加快能源绿色转型，稳步推进国家氢能战略

德国是全球实施能源转型最为积极的国家之一。2021年5月，德国宣布将实现碳中和的时间从2050年提前到2045年。德国政府将氢能作为国家脱碳工作的中心，2021年以来，德国围绕氢的研发和应用推出了一系列举措，有力支持了德国在整个价值链上实现氢市场的增长。在参与欧盟碳市场的情况下，德国于2021年1月1日启动了全国燃料排放交易体系，以

减少供暖和运输部门的二氧化碳排放。到2022年，汽油、柴油、燃料、液化石油气和天然气将成为该交易体系的一部分，其他燃料将逐渐包含在系统中。德国政府计划为能源转型提供巨大的经济补贴。以钢铁行业为例，2021年5月，德国宣布将筹集至少50亿欧元用于2022年至2024年钢铁行业的转型补贴。为了促进绿氢市场的规模化发展，2020年6月，德国政府通过了国家氢能源战略，该战略涵盖相关生产、储存、基础设施利用、物流、质量保证和消费者保护等整个产业价值链，推出了38项具体措施，大力支持相关科研，旨在支持"绿色氢能"扩大市场。德国国家氢能战略的核心目标是利用氢作为可再生能源存储和运输燃料，并使其成为重要的工业原材料，以期成为绿色氢能技术领域的全球领导者。2021年1月，德国联邦教研部投资7亿欧元启动三个氢先导研究项目：致力水电解槽批量生产技术的"H2Giga"，研究借助风力涡轮机直接在海上生产氢能及其衍生物的"H2Mare"，以及聚焦于研发、评估氢气运输技术的"TransHyDE"。德国联邦教研部于2021年2月和2021年3月分别推出"绿氢国际未来实验室"和"绿氢国际研究合作"框架，推动绿氢研发领域的国际合作。2021年5月，德国宣布将提供80亿欧元资助62个大型氢能项目。这些项目包括并覆盖氢能生产、运输以及工业应用等整个市场价值链。

（三）补贴与税收相结合，引导居民绿色消费

德国政府充分利用税收、补贴对居民消费行为的影响效应，积极引导德国民众进行绿色消费。为有效降低交通出行领域的温室气体排放，德国政府规定从2020年1月1日起，新登记的汽车每公里排放的二氧化碳不得超过95克，否则将面临车税上涨。在气候计划的进行过程中，带有电动或混合动力驱动的公司用车以及用于通勤的自行车将有更多的税务优惠。德国基于公里碳排放征收机动车税，规定自2021年1月起，新注册车辆将按每公里CO_2排放量分级计算税额，纯电动车免税期延至2030年底。提高电动车购置补贴，到2021年12月31日，作为新的"创新补贴"，提高政府承担

补贴额至原来两倍，车企补贴部分保持不变。由此，净标价4万欧元以下电动车所获政府补贴由3000欧元上调至6000欧元，加上企业部分补贴额可达9000欧元。此外，纯电动公务车车税起征额由4万欧元调至6万欧元。加大对德国铁路公司的支持力度，此前德国政府已决定从2020—2030年每年向德国铁路公司增加投入10亿欧元自有资本，以提高铁路网络和铁路系统现代化，提高铁路电气化程度，考虑到新冠肺炎疫情造成的收入损失，联邦政府将额外提供50亿欧元股本。为引导更多的游客及本土居民放弃国内航班或者自驾，选择火车这种公共交通方式作为出行首选，德国政府将铁路旅行的增值税从19%降低到7%，德国铁路将节省下来的费用转为乘客福利。除了该项火车旅行的激励措施外，德国铁路公司还计划在未来几年内投资120亿欧元用于新火车的投放使用。为落实环保措施，德国政府还规定从2020年1月1日至2029年12月31日，自己翻新整修房屋的人，享受税收优惠，20%的费用都可以抵税。

（四）增加气候保护研发投入，鼓励企业节能降耗升级改造

为实现应对气候变化目标，德国从三个方面加强研发：一是加强氢能研究，推出氢能战略；二是加强德国的电池生产与研发，支持德国在整个电池价值链中扩展能力和技术；三是加强二氧化碳的储存和使用研发。德国在产业政策和财政政策层面上均体现出对气候保护相关技术研发的支持，鼓励企业影响政府的碳减排政策与目标，为工业企业开发研究新应用提供帮助，通过应用现代化的技术促进工业企业进一步减少CO_2排放，促进工业企业积极参与到气候保护活动，推动整个经济、能源、科技系统的低碳转型。德国的工业发展蕴藏着节能减碳的巨大潜能，在动力、照明、锅炉设备等许多方面具有提高能效的空间，德国联邦经济部与德国复兴信贷银行建立节能专项基金，用于促进德国中小企业提高能源效率，为企业接受专业节能指导和采取节能措施提供资金支持。德国政府宣布，到2025年将从联邦政府的"未来计划预算"中为氢能源引领项目提供7亿欧元。德国

政府很早就认识到了氢能技术的发展前途，因此在国家创新计划氢能和燃料电池技术（NIP）的框架下，2006年至2016年批准了约7亿欧元的扶持资金，2016年至2026年扶持资金量将高达14亿欧元。此外，在能源和气候基金框架下，2020年至2023年投资3.1亿欧元来继续扩大对"绿氢"的应用型基础研究，并计划从2020年至2023年投资2亿欧元加强氢能技术的应用型能源研究。在国家脱碳化计划的框架下，主要为促进对工业技术和大型技术设备的投资，将氢能用于生产工艺的脱碳化。德国政府设立数十亿欧元的产业基金，通过政企合作的方式，拉动工业部门加强在环境保护方面的技术研发投入。

三、法国的绿色发展经验

法国是发达经济体中人均碳排放量最低的国家，作为最早提出绿色经济理念的国家之一，长期以来法国对生态环境保护、气候治理，以及可持续发展等一直保持着积极态度并给予特殊关注。作为《巴黎协定》的主办国，多年来法国政府不断推动相关改革，在气候、能源、农业、交通等多个领域"多管齐下"，带动全社会积极参与生态环境保护，建设"环保大国"，试图以雄厚的生态文明实力作为法国新的软实力。

（一）推进工业脱碳化进程

法国温室气体排放总量中约有五分之一来自工业部门，目前法国碳排量最高的30个工业场址总排量占全法工业碳排总量的55%。这30个场址从工业部门上看，主要集中在钢铁冶金、石油化工、水泥、造纸等重化工业；从地域上看，主要集中在敦刻尔克工业区、勒阿弗尔塞纳河口地区，以及罗讷河口贝尔湖周边这三个地区。这些工业部门和工业地区对化石燃料的依赖较为严重，在节能减排方面有很大的改进余地和空间。法国政府决定将经济复苏计划的三分之一用于推动生态转型和实现经济去碳化。为实现经济绿色复苏，2021年10月12日，马克龙宣布《法国2030投资计划》

时曾说，法国工业要推进脱碳化进程，以助力实现2025年至2030年减排35%的目标。在此背景下，《法国2030投资计划》中已安排50亿欧元用于帮助工业脱碳性投资，比如，投资碳捕集和存储技术，以及钢铁部门从煤炭过渡到氢气的能源转换投资。除此之外，为激励目前使用化石能源的企业转为使用低碳和零碳能源，经财部表示还将出台一项创新举措，就是固定碳定价工具。随着免费碳配额逐渐减少，碳配额交易增加，碳价起伏对工业企业影响较大，考虑到企业需要透明度和可预见性，该工具相当于通过一个证书确定一定期限内的碳价格，如果市场价低于该标准价，则政府将为企业提供补贴，以弥补成本差价。

（二）注重发展绿色能源

法国化石资源匮乏，石油、天然气资源较少，煤炭资源枯竭，因此一直非常重视可再生资源和绿色资源的开发和利用。法国希望保持氢能源领域的全球竞争优势，2020年9月，法国发布"国家氢计划"，拟在10年内向氢能研发和相关工业投入72亿欧元（约合518.26亿元人民币），将法国打造为全球氢能经济的重要参与者。根据计划，法国将聚焦绿氢，实现氢的生产和消费全程无碳。从而在2030年将其年二氧化碳排放量从当下的8000万吨减至5300万吨。法国在氢气生产、在天然气网络中注入氢气、氢气储运技术、研制氢动力火车等方面积累了丰富的经验，在氢能产业方面具备很好的基础。法国选择了几个优先扶持领域来实现氢能去碳：一是电解制氢去碳技术的规模化，大幅降低成本并为大项目奠定基础，具体目标是到2030年，法国电解槽装机容量达到6.5吉瓦。二是逐步淘汰碳基氢，实现工业去碳，到目前为止，法国的工业部门是氢的主要消费者，但这些氢多来自化石燃料，需要去碳，包括炼油、化工（特别是氨和甲醇生产）等部门。三是加大重型车去碳氢的使用量。将氢存储技术作为电池的补充，以供动力需求强或长途运输车辆配套使用。初期将主要对重型车辆（商用车、重型货车、公共汽车和垃圾处理卡车）和火车进行改造，随后将开展氢动力船的试验项目，最后是实现2035年前氢动力飞机的投用。实际上，空客公司已于2020年9月宣布定制以去碳氢为燃料的飞机，如能实现，到2030年，法国将减少600万吨二氧化碳排放，相当于巴黎市每年的二氧化碳排放量。四是支持科技创新和发展，以及相关技术的培训，以促进未来氢能应用。这个领域将以天然气工业去碳为主，包括重新利用现有天然气基础设施来输送氢气。作为此前宣布的1000亿欧元复苏计划的补充，2021年法国总统马克龙在公布一项培育行业冠军和创新的五年投资计划时表示，法国的目标是到2030年成为绿色氢能领导者，并建造新的小型反应堆。马克龙指出，新冠肺炎疫情的大流行暴露了法国制造的脆弱性，强调必须同时打好创新和工业化之战，并公布了投资300亿欧元（350亿美元）的国家"再工业化"计划，其中很大一部分用于推广绿色能源政策。该计划显示，法国将在10年内建造一架低碳飞机、一座小型模块堆、两个生产绿色氢的大型工厂以及大量电动汽车。马克龙将他的长期路线图称为"法国2030"（France 2030），将使小型、灵活的初创企业在与成熟的巨头一起建设法国的工业未来中发挥重要作用。近年来，法国大力发展可再生能源，以推进能源转型。法国政府推出了提供研发补贴、调整风电价格和税收政策等一系列激励政策。法国今后将着重发展太阳能与风能，计划在2050年建成50个海上风力发电场，总发电能力至少达到40吉瓦。法国本土虽然有2800千米的海岸线，但在海洋风力发电方面却远远落后于英国、德国和斯堪的纳维亚国家。为了实现建设50个海上风力发电场的目标，法国政府在2022年3月宣布，从2024年起将每年授权相关企业建设发电能力2吉瓦的海上风力发电场，未来离岸风力发电场将成为继核电之后法国第二大电力来源，满足法国20%的用电需求。法国计划将太阳能发电能力提高10倍，达到100吉瓦以上。法国超过2/3的电力来自核能，2011年日本福岛发生核泄漏事故后，法国在核电发展上一度较为谨慎，曾公开承诺减少核能在法国能源结构中的比重，然而随着欧盟确立了在2050年之前实现碳中和的目标，马克龙政府开始将核能置于实现碳中和目标的核心。在核能方面，法政府允许重启民用核电站建设，拟在2050年前新建6座第三代压水核反应堆，新的核电站将由法国电力公司（EDF）建造和运营，政府将为这些项目提供数百亿欧元的公共融资，新项目的发电量有望达到25吉瓦。

（三）注重城市绿色基础设施建设，鼓励绿色交通出行

法国积极推动城市绿色基础设施建设，旨在提升居民生活质量，让城市更加美丽、宜居、可持续发展。早在20世纪50年代，法国就已开展装配式建筑的研究，多年来其尺寸模数化、构件标准化等多个指标已成为全球行业标杆，由此形成其在绿色建筑领域的领先优势。对于愈加强调可持续发展的法国而言，其在绿色建筑领域的优势已成为其推进全球该领域合作的重点之一，早在2010年，包括HQE联合会在内的法国10余家绿色建筑组织联合成立法国绿建协会，旨在向全球推广法国的绿建技术。在法国，对未满足确定的绿建标准的建筑，无论新老，每年均加收费用。同时，通过对满足减排要求的楼宇颁发"白色证书"，并以此为据进行各种类型的政策奖励。2015年，法国议会通过的一项法案中规定商业区的新建筑物必须部分覆盖绿色植物或安装太阳能光伏板。建设城市森林是法国城市可持续发展规划的重要组成部分，以充分发挥树木在城市中的"碳汇"作用，通过扩大城市森林规模为城市"降温"并打造更美好宜居的生活环境。2019年12月24日，法国正式颁布《交通未来导向法》，旨在改善法国人民的出行方式，同时接受环保方面的挑战。根据新法律的规定，将于2019—2023年拨款137亿欧元，用于发展基础设施，尤其用于改善民众的"日常出行"，也将优先维修现有的交通网络。其中明确注明法国绿色环保目标，规定2050年以前法国陆地交通达到"碳中立"，为实现这个目标，定下两个阶段：一是2030年以前把法国二氧化碳排放总量减少37.5%；二是"2040年以前终止出售使用化石燃料的车辆"，这包括使用汽油、柴油、天然气的车辆。为确保实现《交通未来导向法》设立的目标，法国采取多项措施，旨在鼓励民众使用自行车和电动车，加速发展创新公交工具，2020年起推出自

动公交车，2022年以前把电动车充电站数目增加五倍等，也将改善对共享型自行车、滑板车以及电动"风火轮"平衡车的管理。为了鼓励企业职工骑自行车或几个人一起共乘一辆汽车上下班，对企业设立"长期出行定额补偿金"措施，雇主可以"环保出行"的名义，仿效餐券补助方式，为这些员工提供补偿，每人一年最多400欧元，雇主的这些花费免税也免缴社保征摊金。允许地方行政机构设立低碳排放地带，限制污染严重的车辆出行。在税收政策方面，公路运输公司可享受碳氢燃料汽油税减免，对航空公司设立前所未有的环保税。法国政府还将投入47亿欧元帮助铁路部门实施数字化、现代化升级改造，使其更加适应货物运输发展需要。

（四）注重发展循环经济

法国作为欧盟创始国之一，在循环经济领域以及标准化工作方面具有较高的国际声誉和国际影响力。2019年2月，法国对外公开发布了国家循环经济路线图，旨在改变法国目前线性经济模式，迈向100%循环经济模式。法国政府设定了循环经济的主要目标，一是减少与法国消费有关的自然资源利用，2010年至2030年，GDP有关资源消耗减少30%；二是到2025年，填埋的无害废弃物总量相比2010年减少50%；三是到2025年实现100%塑料回收；四是通过塑料回收减少温室气体排放，每年避免多排放800万吨二氧化碳；五是增加300000个就业机会，包括新的职业。为了达成以上目标，法国政府在生产、消费、废弃物管理、全员动员四个方面制定各自关键目标，并提出具体实现向循环经济过渡转型的措施建议。

（1）在生产方面，通过提高环保性能，促进产品的升级换代和差异化发展；利用较少的不可再生资源，改进生产；采用更多的再生原料，尤其是塑料；创造就业机会并满足新职业和新技能需求。

（2）在消费方面，为消费者提供更负责任的消费方式；延长产品的使用寿命；在维修行业创造可持续的就业机会；与厨余垃圾做斗争。

（3）在废弃物管理方面，目标100%回收可再循环废弃物；使法国公民更容易进行废弃物分类；将生物废弃物从垃圾箱中分流；加快引入废弃物管理定价激励措施；确保生产大量废弃物的公司和政府机构履行常见的五种废弃物分类义务；促进建筑垃圾分类和再循环。

（4）在全员动员方面，充分调动公民和企业积极性，推出并持续开展关于循环经济的区域行动；以公共采购和"示范管理"为杠杆部署循环经济；建立循环经济专项资金；强化工业共生体；调动科技界的积极性；将国家废弃物理事会发展成国家循环经济理事会；综合考虑海外区域的特殊问题；继续在欧洲和国际上支持循环经济的行动。

四、英国的绿色发展经验

英国作为推动绿色发展的先行者，致力经济发展与环境责任齐头并进，在过去的30年中，英国的GDP增长了75%的同时将温室气体排放量减少了43%。在应对国际气候变化、明确减排目标方面也一直走在世界前列，英国早在2008年就设立了到2050年实现温室气体减排80%的目标，随着绿色科技的不断进步，使得达到这一目标的预计整体经济成本大幅降低。2019年6月，英国政府宣称将扩大其气候目标，即在2050年实现温室气体零排放的终极目标，以改善公共卫生、空气质量和保持生物多样性，成为首个立法承诺2050年实现净零排放的主要经济体。为兑现承诺、实现目标，同时鼓励其他国家也能采取更为积极的气候目标，英国政府积极部署，针对能源转型、低碳技术、绿色复苏，在多个产业和领域制定明确的实施路径，进行专项投资，加快向绿色经济转型和实现零碳目标迈进。

（一）颁布"绿色工业革命"十点计划

英国已正式确立到2050年实现温室气体"净零排放"的目标，将清洁发展置于现代工业战略的核心，希望从工业革命发源地转变为应对气候变化的先驱。英国政府于2020年11月发布《绿色工业革命十点计划：更好地重建、支持绿色就业并加速实现净零排放》，提出了10个计划要点：①推进海上风电。海上风电是可再生能源的重要来源，计划到2030年海上风电翻两番，达到40吉瓦，包括风力最大的1吉瓦创新浮动海上风电。英国是世界上最早的两个海上浮动风电场所在地，到2030年计划将这一规模扩大12倍。英国政府鼓励200亿英镑私人投资进入英国，在未来10年内使该行业的就业人数翻番，设立1.6亿英镑的投资用于现代化港口和制造基础设施，提供沿海地区高质量就业。②推动低碳氢增长。目标是到2030年实现5吉瓦的低碳氢产能目标，并建成首个氢能城镇试点。英国政府将提供2.4亿英镑的净零氢基金，2021年出台氢业务模式和收入机制以吸引私营部门投资。预计到2030年提供多达8000个工作岗位，有可能在2050年提供多达10万个工作岗位，并吸引超过40亿英镑的私人投资，2023—2032年的温室气体减排量将达到$41MtCO_2e$（百万吨二氧化碳当量），约占英国2018年排放量的9%。③提供新的、先进的核电。将核能发展成为英国可靠的低碳电力来源。发展大型核电厂，并投资2.15亿英镑用于研发下一代小型模块化反应堆，可能激活高达3亿英镑的私营部门配套资金，同时投资1.7亿英镑用于研发先进模块化反应堆，补充在碳捕获、利用和储存、氢和海上风能方面的投资，目标到21世纪30年代初证明这项技术的潜力并使英国在国际竞争中处于最前沿地位。④加速向零排放汽车转换。到2030年（比原计划提前10年）实现停止销售新的汽油和柴油汽车、货车，到2035年实现停止销售混合动力汽车的目标。英国政府将确保税收制度鼓励电动汽车的使用，承诺投入高达10亿英镑用于支持英国汽车及其供应链的电气化，包括在英国开发"超级工厂"来大规模生产所需的电池。宣布首次投资5亿英镑，以推动英国汽车行业的电气化，另将投资13亿英镑来加速推出充电基础设施，针对高速公路和主要道路上的快速充电点提供支持，并在住宅附近安装更多的路边充电站，将提供5.82亿英镑来扩展插电式汽车。到2032年实现温室气体减排量达到$5MtCO_2e$，在2050年达到$300MtCO_2e$。⑤绿色公共交通、自行车和步行。英国政府将投资数百亿英镑用于铁路改进和更新网络，42亿英镑用于城市公共交通，50亿英镑用于公共汽车、自行车和步行。2021

年，投资1.2亿英镑开始引进至少4000辆英国制造的零排放公共汽车，推出首个国家公交战略，使公交服务更便捷、运营成本更低。到2025年提供超过1000英里的安全骑行和步行网络。2023—2032年绿色公交、骑行和步行的温室气体减排量可达到2$MtCO_2e$。⑥净零航空和绿色航运。投资1500万英镑研究设计中的战略、技术和商业问题并开发可在2030年投入使用的零排放飞机，举办1500万英镑的竞赛以支持英国可持续航空燃料的生产，投资2000万英镑用于开发清洁海事技术。预计可持续航空燃料制造业将提供多达5200个工作岗位，航空航天业的经济价值将达到120亿英镑，到2032年清洁海洋的温室气体减排量约1$MtCO_2e$，到2050年可持续航空燃料的温室气体减排量将达到15$MtCO_2e$。⑦绿色建筑。政府提供10亿英镑通过公共部门脱碳计划减少学校、医院和公共建筑的排放。到2028年每年安装60万台热泵，按照未来住宅标准建造的房屋将"做好零碳准备"，二氧化碳排放量比现行标准低75%—80%，绿色住宅金融计划有助于约280万户家庭提高能源效率。2023—2032年绿色建筑的温室气体减排量将达到71$MtCO_2e$，相当于2018年英国排放量的16%。⑧投资于碳捕获、使用和储存。目标是到2030年每年捕获10$MtCO_2e$，相当于400万辆汽车的年排放量。将投资10亿英镑用于支持在4个工业领域建立碳捕获、使用和储存集群，增强英国工业在全球净零经济中的竞争力。到2030年，提供约50000个工作岗位，2023—2032年碳捕获、使用与储存的温室气体减排量将达到40$MtCO_2e$，相当于2018年英国排放量的9%。⑨保护自然环境。英国政府将投入约52亿英镑用于防洪和沿海防御资金，通过4000万英镑的第二轮投资创造更多绿色就业机会，2022—2024年启动10个长期景观恢复项目。预计到2027年，通过提高防洪能力将增加约20000个工作岗位，通过长期景观恢复项目来应对气候变化、保护自然环境并遏制生物多样性丧失。⑩绿色金融与创新。加快在电力、建筑和工业领域的低碳技术创新和技术的商业化，将启动净零创新投资组合，专注于对应的十个优先领域：浮动式海上风电、核先进模块化反应堆、能源灵活储存、生物能源、氢能、绿色建筑、直接空气捕获和先进的碳捕获使用和储存、工业燃料转换、应用于能源领域的人工智能等颠覆性技术。预计到2030年，将创造成百上千的就业潜力，实现低碳行业的碳减排。

（二）出台《能源白皮书》为零碳未来设定路线图

继"绿色工业革命"十点计划之后，2020年12月，英国政府正式发布《能源白皮书：推动零碳未来》（简称《能源白皮书》），提出了英国能源转型的规划。在《能源白皮书》中提到关于英国的能源和气候目标主要包括：在碳捕获和储存方面，重申其在2030年之前建立4个碳捕获集群，到2020年中期将在2个集群中部署碳捕获和储存，到2030年将再部署2个，其中包括截至2025年的10亿英镑投资。在生物质能方面，将其描述为"实现净零排放最有价值的工具之一"，到2022年政府将确立具有碳捕获和储存功能的生物能源在减少碳排放方面的作用。在产业方面，力争到2030年实现4个低碳产业集群，到2040年至少形成一个完全零碳产业集群，2021年春季实施产业脱碳战略。在石油和天然气开采方面，将排放量从1900万吨减少到50万吨，使英国大陆架在2050年前成为"净零排放盆地"，并特别关注甲烷排放，"在向净零排放过渡期间保持化石燃料的安全和弹性供应"。《能源白皮书》承诺给储能以法律确认的位置，确保电力系统的灵活性，提出创建世界领先的能源系统数字基础设施，并于2021年春季发布英国首个能源数据战略。《能源白皮书》对建设新核电项目保持开放态度，英国政府将向先进核基金项目提供3.85亿英镑资金，其中2.15亿英镑将用于小型堆设计研发，这将带动约3亿英镑的私营资本投资，剩余的1.7亿英镑将用于先进堆研发项目。为实现先进堆技术市场化，英国政府还将追加4000万英镑投资，用于开发监管框架并为本土供应链提供支持。此外，英国政府还承诺将在2021年开放小型堆通用设计审查，支持英国本土供应链开发，使英国在未来小型堆和先进堆全球市场中占据领先地位。据估计，到2035年，这一市场规模将达到2500亿~4000亿英镑。英国计划在21

世纪30年代早期完成一种小型堆设计研发工作并建设1座先进堆示范堆。英国政府还希望在2040年前建设一座商用核聚变发电厂——"球形托卡马克能源生产",并已向英国聚变计划投入超过4亿英镑(约合5.3亿美元)。此外,《能源白皮书》中确认了英国将拥有本国的排放交易体系,以取代此前的欧盟碳交易市场。

(三)推动私人投资,建立英国碳排放权交易市场

与其他发达经济体相比,英国能够快速地降低温室气体排放并积极向绿色低碳发展转型,其过程中所需资金不仅来自英国政府的投入,很大程度是由于私营部门投资的加入,才推动英国经济结构调整和能源结构调整、减少碳排放并助力净零排放目标的实现。英国在减排政策的设计方面,也强调政府力量和社会资本、绿色金融和减排目标的有机结合。2019年,英国保守党竞选宣言承诺在英国进行"基础设施革命"。2020年11月25日,英国财政大臣里希·苏纳克定发布国家基础设施战略时表示,"基础设施投资将是疫情过后英国实现更加环保、更好发展的推进器"。在声明中宣布将设立国家基础设施银行,助力英国实现零排放目标,在全国范围与私营领域共同投资重要基础设施项目,比如,交通、可再生能源、数字连接领域项目。2021年3月,英国政府公布财政预算案,涉及多项绿色产业领域投资,同年向散户投资者发行主权绿色债券,推出面向机构投资者的绿色金边债券,为碳捕捉或存储、可再生能源、防洪、污染防治、清洁运输等领域的项目提供资金。长期以来,英国一直是国际碳定价发展的倡导者,于2002年建立了欧洲的第一个碳排放交易系统,并将伦敦作为全球碳交易中心。脱欧后的英国于2021年5月正式上线本国的碳排放交易系统,标志着英国彻底离开了欧盟碳排放交易市场,表现出英国在应对气候变化、实现零碳目标方面更大的决心。英国碳市场与欧盟碳市场的关键差异之一是英国设定了价格底线,即启动碳交易底价保证机制,以确保碳市场的平稳运行。

五、日本的绿色发展经验

日本是较早致力环境保护与低碳绿色发展的国家，且日本的低碳绿色发展在发达国家中也是走在前列的，其低碳经济政策和减碳政策的演变与日本自然资源禀赋和经济发展路径息息相关。日本作为岛国，自然资源匮乏，在地理位置上与中东等化石能源储量丰富地区相距较远，使日本经济发展受资源约束较强，对资源能源的依赖较深，对环境气候的变化问题相对于内陆国家也更为敏感。二战后，为快速恢复国民经济，日本确立了以重化工业为主的经济发展路线，在经济获得快速发展的同时，环境污染问题也愈加突出。为治理污染和应对能源危机，日本出台了一系列保护环境、节约能源的政策与法规，推动污染治理，开发利用新能源并提高能源利用效率，促进产业结构调整，使日本经济社会向可持续发展模式转变。随着日本国内环境污染得到有效控制，以及国际社会对气候变化问题的广泛关注，日本开始愈加重视减碳政策以应对气候变化，希望解决气候变化问题、获取国际领先技术优势、促进日本经济发展、提高日本国际地位、摄取政治利益，在政策方面注重能源安全、经济发展、环境保护三方面的协调推进，提出构建低碳社会，以能源结构调整为主要抓手，开发利用新能源，以税收、补贴、绿色金融为推动手段，鼓励创新减排技术，积极发展绿色产业。由于受2011年福岛核电站泄漏事故的影响，日本放弃核电，火力发电增加，碳排放量反弹，日本的碳达峰时间晚于其他发达国家，于2013年实现碳达峰，目前其减碳目标是计划在2050年实现碳中和，并采取多种措施多维度地推进碳减排。日本绿色发展和碳减排可总结以下经验。

（一）调整能源结构，促进能源转型

日本实现净零排放目标的关键在于进一步部署可再生能源和新兴清洁能源发展。2020年12月，日本发布《绿色增长战略》，希望以低碳转型为契机，带动经济持续复苏。该战略着重推动能源、运输及制造业、家庭及办公等14个相关产业领域的绿色发展，在能源领域主要包括发展海上风

电、氨燃料、氢能、核能等。2021年8月，日本经济产业省宣布将其此前发布的《绿色增长战略》更新为《2050碳中和绿色增长战略》，进一步提出要加快能源部门和工业部门的结构转型，提高可再生资源的使用规模。在能源领域，一是大力发展海上风电、太阳能、地热产业等新一代可再生能源。提出到2030年安装10吉瓦海上风电机组，到2040年达到30~45吉瓦，在2030—2035年将海上风电成本削减至8—9日元/千瓦时，到2040年风电设备零部件的国产化率提升到60%的目标；提出推进风电产业人才培养，完善产业监管制度，推进新型浮动式海上风电技术研发，开发下一代太阳能电池技术，扩大太阳能电池在住宅、建筑等领域的市场化应用，大力强化农业太阳能发电的引进政策，促进开发地热资源调查钻井技术，促进地热能多元化利用，开展超高温、高压环境下的钻孔套管材料和涡轮等材料抗腐蚀技术研究等重点任务。二是重点发展氢能、氨燃料产业。提出到2030年将氢能年度供应量增加到300万吨，其中清洁氢供应量力争超过德国2030年可再生氢供应目标（每年约42万吨）水平，到2050年氢能供应量达到2000万吨/年。在混合氨燃料应用方面，2021—2024年在火力发电厂中完成20%掺混氨燃料的示范验证；到2050年在火力发电厂实现使用含有50%氨的混合燃料。在氨燃料生产方面，到2030年推进配套设备的制造，构建稳定的氨燃料供应链体系，到2050年提高在发电领域的氨混烧率和开发燃烧纯氨技术，并应用于船舶和工业领域。到2030年实现氨燃料年产量300万吨，到2050年达到3000万吨。重点发展氢燃料电池动力汽车、船舶和飞机；开展氢燃气轮机发电技术示范；推进氢还原炼铁工艺技术开发；研发废弃塑料制氢技术；研发新型高性能低成本燃料电池技术；开展长距离远洋氢气运输示范，参与制定氢气输运技术国际标准；推进可再生能源制氢技术的规模化应用；开发电解制氢的大型电解槽；开展高温热解制氢技术研发和示范；开展掺混氨燃料或纯氨燃料的发电技术实证研究；围绕掺混氨燃料发电技术，开发东南亚市场，到2030年计划吸引5000亿日元投资；建造氨燃料大型存储罐和输运港口；与氨生产国建立良好合作关系，构建稳定的供应链，增强氨的供给能力和安全，到2050年实现1亿吨的年度供应能力。三是大力发展新一代热能产业。推进掺混甲烷等气体实现气体燃料脱碳化的海外供应链建设，致力构建区域直接氢能供应网络，利用数字技术实现区域能源综合控制，推进氢能直接利用，以及碳捕获与利用等技术的应用，加强大型天然气运营商、业界团体和行政部门之间的相互合作，推进热能供应的脱碳发展。四是鉴于煤炭和天然气价格不断上涨的压力，日本打算重启核能发展，聚焦下一代核能技术研发。

（二）促进关键制造行业节能减排

日本是制造业大国，也是资源能源的消耗大国。在遭遇了20世纪70年代严重的石油危机后，日本企业通过产业转型和大力开发节能技术极大地提高了日本制造业的竞争力。在全球碳中和大背景下，日本希望其制造部门在应对气候变化和资源考验面前再次抢先一步，在竞争中占据优势。在钢铁产业，2018年日本铁钢联盟提出长期愿景，开发实现零碳钢的生产技术，作为控制制造过程中二氧化碳排放的努力的一部分。日本钢铁企业计划通过采用氢炼钢和碳捕获技术，到2050年将二氧化碳排放量减少30%。在汽车产业，日本政府促进纯电动汽车和燃料电池车普及，完善充电基础设施，加快高性能蓄电池的开发和应用。日本环境省和经济产业省在2020年度的第3次补充预算案中加入相关经费并推出新制度，对电动汽车的购买者加大补助力度，补助额度提高到现行政策的2倍，最多可获得80万日元的补助金，以加速电动汽车和可再生能源电力的普及。丰田、本田、日产汽车等企业发布的最新可持续发展报告或环境报告中均提出各自的碳中和目标及达成策略，主打汽车尾气净化产品、拥有脱碳相关技术的日本碍子公司等日本汽车关联企业也纷纷加大投资力度，向碳中和及数字化领域发展。在半导体和通信产业，数字化绿色和绿色数字化是未来碳中和领域发展的两个方向，即通过数字化提高效率、减少能耗，同时加大数字化设备本身的节能。2030年，数字化相关市场将达到24万亿日元、功率半导体市场1.7万亿日元，目标是2040年实现半导体和通信产业的碳中和。

（三）推动交通、建筑、物流、资源循环等行业实现"碳中和"

一是推进交通电气化和自动化发展，鼓励民众绿色出行，提高交通运输效率，减少温室气体排放，推动航空电气化、绿色化发展，开展电动飞机和氢动力飞机研发，开发利用回收二氧化碳与氢气合成航空燃料技术，加强与欧美厂商合作并参与电动航空的国际标准制定；二是针对下一代住宅和商业建筑制定相应的用能、节能规则制度，充分利用建筑用能的智慧化管理，开发利用先进的节能技术、节能建筑材料和太阳能技术，建造零排放住宅和商业建筑，到2050年实现住宅和商业建筑的净零排放；三是在物流行业中引入智能机器人、可再生能源和节能系统，在全日本范围内布局碳中和港口，打造绿色物流系统；四是积极开发关于对各类资源进行回收并再加利用的各类技术，例如，利用废物发电、生物沼气发电以及废热利用等，并且通过立法和制订专门计划等方式，促进资源回收再利用技术、可回收利用的材料和再利用技术的研发及其在社会面的普及应用，促进资源回收技术的不断优化和成本的降低。

（四）加大碳循环技术研发力度

为实现温室气体净零排放的目标，除引进可再生能源以减排温室气体这一核心措施外，日本还格外重视碳循环技术的推进，将垃圾处理设施和工厂废气中的碳作为化工原料进行再利用，积极向"零排放"时代迈进。重点发展将二氧化碳封存进混凝土的技术、二氧化碳氧化还原制燃料技术、二氧化碳还原制备高价值化学品技术，到2030年实现空气碳捕集技术系统的构建，到2040年实现空气碳捕集技术实用化。2021年6月，日本新能源产业技术综合开发机构宣布将在"碳捕集利用与封存研发/示范"框架下启动三个研发主题，支持大规模低成本二氧化碳船运技术的研发和示范，旨在建立全球首个二氧化碳综合运输系统，推进到2030年实现碳捕集利用与封存系统的广泛应用。项目执行期为2021—2026年，总预算为160亿日元。日本新能源产业技术综合开发机构宣布将在"碳回收和下一代火力发电等技术开发"计划框架下新增两个研发主题，支持开发以二氧化碳为原料的液体合成燃料一体化生产技术，以降低汽车及飞机的温室气体排放。

（五）充分调动全社会积极性

日本政府倡导建立低碳社会模式，在绿色转型发展中，注重明确各社会主体职责，广泛调动全社会的积极性与参与热情，依靠社会整体力量和创新来共同应对全球气候变暖，推动温室气体的减排，实现可持续发展社会并力图提升国家软实力。在各级政府层面，提出一系列长远战略规划，从能源清洁、低碳交通、低碳建筑、低碳生活、低碳产业等方面积极推动低碳城市建设，日本政府将低碳理念贯穿于城市建设和发展的各个实践领域。在能源领域，大力开发利用太阳能、生物质能源、风电、水电等绿色低碳能源，优化能源结构并减少碳排放。在科技领域，充分利用低碳信息化技术，积极开拓节能减排的低碳科技新领域。在建筑领域，通过对城市现有建筑的节能翻新以及对"零耗能住宅"的推广来实现建筑节能。同时，日本政府还倡导低碳工商业、低碳交通体系与低碳家庭生活等以推进低碳社会构建和碳减排。在企业层面，通过项目引导、市场搭台，充分利用税收优惠、财政补贴、绿色金融等手段推动企业调整产业结构，进行技术创新，利用清洁能源和可再生资源降低能耗，积极参与碳减排工作。此外，日本政府历来十分重视引导日本民众树立低碳理念，通过传媒宣传、学校教育、智能设施呈现与法律制度规范等方式，全方位向民众灌输低碳理念，经过多年的努力，低碳理念在日本已经深入人心，民众积极参与节能降碳，助力"双碳"目标的实现。通过家庭、企业、城市规划、城市建筑、交通出行等合力构建一个低碳社会体系，日本政府、产业部门、社会公众各司其职，共同参与节能减排行动。

第五章

吉林省加快绿色发展的重点领域

党的十九大报告专门对推进绿色发展做了安排："加快建立绿色生产和消费的法律制度和政策导向，建立健全绿色低碳循环发展的经济体系。构建市场导向的绿色技术创新体系，发展绿色金融，壮大节能环保产业、清洁生产产业、清洁能源产业。推进能源生产和消费革命，构建清洁低碳、安全高效的能源体系。推进资源全面节约和循环利用，实施国家节水行动，降低能耗、物耗，实现生产系统和生活系统循环链接。倡导简约适度、绿色低碳的生活方式，反对奢侈浪费和不合理消费，开展创建节约型机关、绿色家庭、绿色学校、绿色社区和绿色出行等行动。"因此，笔者认为，吉林省绿色发展的重点领域集中在以下三方面：发展模式的绿色转型、发展环境的有效治理、发展要素的生态保护。

第一节　发展模式的绿色转型

一、农业发展模式的绿色转型

目前，吉林省农业生产过程中依赖大量农兽药、化学肥料、饲料等化学投入品，虽然提升水土资源的产出效率，但对水土资源也带来了长期的破坏。近年来，随着工业化、城镇化、农业现代化进程不断加快，我省的水土资源环境面临日益严峻的挑战，对农产品的质量安全造成巨大的影响。在这样的背景下，推动农业绿色转型发展成为吉林省农业高质量发展的必经之路。加大我省水土资源保护力度，建立农产品质量安全保障体系，进一步推进乡村生态文明的建设。遵循党的十九大精神，以绿色发展为导向、乡村振兴战略为手段，有序推进农业的绿色转型，进而推动农业供给侧结构转型，培育乡村农业发展新动能，始终确保和落实粮食及主要农产品的安全问题。深入实施"藏粮于地、藏粮于技"战略，将吉林省打造成国家绿色大粮仓。

（一）增加绿色优质农产品供给

扛稳维护国家粮食安全重任。贯彻落实吉林省"84549"现代农业发展计划，即到"十四五"末期，吉林省实现粮食总产量登上800亿斤新台阶，保护性耕作技术实施面积达到4000万亩，建成高标准农田5000万亩，农产品加工业销售收入达到4000亿元，农作物耕种收综合机械化水平达到90%以上，落实农业农村现代化"十大工程"；落实黑土地保护利用工程、农村三次产业融合发展工程、高标准农田建设工程、优势特色产业壮大工程、数字农业和科技创新工程、农产品品牌建设工程、畜牧业优质安全提升工程、农村人居环境整治工程、新型经营主体培育工程、农村基础设施建设工程的农业农村现代化"十大工程"；落实粮食主产区利益补偿机制。按照"谁受益、谁补偿"原则，以主产区的粮食总产量按照每亩收益为核算基准，确定财政和粮食补偿金支付标准，建立国家粮食安全保障基金。加大高标准农田、农田水利、土地整理和农业综合开发等建设项目的补贴力度，整体规划使用项目资金，避免各行其是的碎片化，确保各类农业基础工程项目高标准高质量实施。

（二）提高绿色生产设施装备水平

加快研制和推广绿色生产农机装备。加快研制耕地保护、农业节水、精准施肥施药、废弃物资源化利用、环境质量快速检测等新型农机装备，突破关键环节机械装备开发技术，加快完善并严格实行更为严格的农机排放标准，不断提升器械的节种、节水、节能、节肥、节药能力。加快高效智能型农机装备研发生产和推广，推进智能农机与智慧农机协同发展，科学引导和促进高端、智能、复式农机推广应用。扩大大数据、云计算、智能远程遥控、卫星实时定位等现代化技术在农机装备和农机作业方面的应用范围，推动植保无人机、无人驾驶机、农业机器人等新装备在农业生产领域的推广应用，加速推进绿色生产全程全面机械化。大力推进绿色环保、可持续发展的机械化耕作模式，重点支持精量播种、精准施肥、高效植保、节水灌溉、秸秆还田离田等重要环节机械化技术推广。统筹推进设施农业、畜牧养殖、农产品加工等全面机械化，大力支持育秧、烘干、标准化猪舍、畜禽粪污资源化利用等方面机械装备技术示范。

（三）实施农业生产"三品一标"提升行动

加快品种培优。集中力量突破"卡脖子"难题，在主要农作物方面，以"高产抗逆、适宜机收"玉米、优质抗逆高产水稻、高产高油高蛋白大豆、高产早熟高油酸花生等突破性新品种为引领，集中培育一批口感好、品质佳、营养丰富、多抗广适、优质高效的"吉系"农作物新品种。推进品质提升。推广优良品种，重点推广优质专用玉米、抗逆高产水稻、高产高油高蛋白大豆、高产早熟高油酸花生等具有自主知识产权的高产高效、优质绿色突破性新品种。做大做强"吉字号"农业绿色品牌。培育知名品牌，在持续打造"吉字号"农产品品牌基础上，按照建基地、抓加工、重质量、建名录、促对接、搞试点、重提升的整体思路，塑造农产品整体品牌形象，重点培育影响力大、辐射带动范围广、市场竞争力强、文化底蕴深厚的"吉字号"农产品品牌，构建以区域公用品牌为核心、企业品牌为支撑、产品品牌为基础的品牌体系。推进农业标准化生产。强化绿色导向及标准引领，健全水稻、玉米、大豆、花生、杂粮、肉牛、人参和其他道地药材及水产品等农产品系列标准规范，完善"吉字号"品牌全链条标准体系。

二、工业发展模式的绿色转型

传统工业的发展呈现出高消耗、高污染、高排放、产出效率低、不具有可持续性等特征，长此以往对生态环境造成严重的、不可逆的破坏和污染。为此，需要有序推动"双碳"目标的实现，针对高消耗、高污染、高排放的传统工业企业，积极实施低碳升级行动，有效控制和降低企业能耗，推进提升工业企业和园区可再生能源的利用率，加快推进工业绿电微电网和工业资源综合利用基地的建设项目。加大钢铁、石油化工、建材、轻工等产业低碳化改造升级力度，加快研发电机、变压器等高用能设备能效提升技术。推动高能耗工业企业在清洁生产、节能节水等技术方面的绿色化升级。针对新兴领域产业，健全绿色低碳循环发展体系，聚焦数字化、智能化、集群化、服务化发展，重点推动新一代信息技术产业融合发展，推动新能源全产业链发展，培育壮大节能环保产业。

（一）传统工业产业绿色转型

1.石化产业绿色转型

巩固提升石油化工的产业核心地位。以"减油增化"为重点突破口，推动石油产业向高端化发展。有序推进"1变3变N"工程，重点建设吉林石化公司炼油化工转型升级系列项目，打造吉林市千亿级化工产业。把握吉林油田转型发展的契机，加快推动风光气发电、地热利用、页岩油等项目开发建设，构建以清洁能源为主要能源支撑的新发展格局；打造中国碳谷。发挥吉林省碳纤维及复合材料领域的领先优势，大力支持碳纤维重点企业加强与国际企业的交流与合作，合理布局碳纤维全产业链，推进吉林省碳纤维及复合材料产业基地的建设；拓展开发天然气化工。发挥资源和市场优势，拓展开发天然气化工和化工新材料产业。利用中俄天然气过境契机，发挥我省天然气储量增量优势，重点谋划PC、POM、PBAT项目。

2. 装备产业绿色转型

以实现碳达峰、碳中和为方向，打造新能源装备研发制造基地。重点发展风电主机、发电机、叶片及光伏电池、组件。围绕"制、储、运、加、用"氢全链条，推动氢能装备、氢燃料电池研制。依托白城的风光资源转化为电能进而制氢，实现"绿氢消纳绿电、化工消纳绿氢"，构建能源内循环、低碳的绿色生态体系，打造吉林西部千万千瓦清洁能源基地和长春氢能应用及装备制造研发基地。加快智能换热机组、新型高效节能换热器等新型基础设施研发。推动大气、水、固体废物污染治理等核心技术和设备的应用。依托清洁能源的优势，发挥装备制造业产业集聚的产业优势，打造吉林省新能源装备研发制造基地。围绕冰雪资源优势，加快发展冰雪装备制造业。合理布局冰雪装备产业新发展格局，引进国内外知名冰雪装备制造企业和相关技术，推动长春、吉林、辽源等冰雪装备产业集聚。聚焦造雪机、压雪机、索道、全地形车等冰雪场地装备，推动冰刀、滑雪板、雪服等个人器材产业化。推动短道速滑轨迹、模拟滑雪等智能训练分析系统研发。

3. 冶金建材产业绿色转型

提升精深发展能力，推动产品结构优化。冶金产业，支持按产业政策要求进行设备改造升级，优化产品结构，建设高强度钢等深加工项目。建材产业，大力发展新型绿色建材和装配式建筑部品部件，发展光伏玻璃等高附加值玻璃产品，支持石材产业发展循环经济，建设绿色矿山。鼓励城市建筑废弃物、工业废料等资源回收再利用；坚持绿色发展路径，构建低碳循环经济。围绕碳达峰、碳中和目标节点，强化碳效率发展理念，全面实施碳减排行动，力争钢铁、水泥等重点行业"十四五"实现碳达峰。推进钢铁、水泥等行业节能低碳改造升级，引导和支持企业提高可再生资源应用比例，全面推进固废综合利用。鼓励发展非金属矿物功能材料产业。硅藻土产业重点开发环保功能材料、功能填料等产品。石墨产业重点开发高纯石墨、石墨密封材料等产品。石材产业重点开发工艺石材、异型石材、石雕石刻工艺制品等产品。鼓励利用非金属矿物、生产废弃物发展循环经济。

4. 能源产业绿色转型

打造国家级新能源生产基地。充分发挥吉林省西部地区丰富的风光资源和充裕的土地优势，利用现有鲁固直流特高压通道和正在推进的"吉电南送"特高压通道等电力外送条件，全力推进"国家级新能源生产基地"建设，形成吉林"陆上风光三峡"；建设电网和油气网。电网方面，着力完善省内电网结构，打造省域500千伏电网"两横三纵"骨干网架，提高省内"东西互济"和"北电南送"能力，强化市域骨干网架，加快配电网升级改造，建成供电保障能力和信息化水平显著提升、智能的一流现代化电网。油气网方面，加快推进油气管网和储备设施建设，逐步形成"两横三纵一中心"的油气管网，天然气长输管道基本覆盖县级以上城市，扫除"用气盲区、供气断点"，构建"多气源供应、全网络覆盖、全领域利用"的产业格局；加快发展新能源关联产业建设。新能源材料方面，支持发展有机太阳能电池材料、锂电池新能源材料，加快推动电池正负极材料产业化；发展高压电解液和电池隔膜材料、实现新型能源材料国产替代；加快氢燃料电池阳极板材料、质子交换膜等先进基础材料开发。新能源装备方面，大力研发风电整机制造、关键部件制造技术，提高风电技术装备及太阳能光伏装备水平，重点发展风速电机管理系统及设备；开发太阳能光伏电池的生产制造新工艺和新装备，积极研发生产储能蓄电池，鼓励光伏玻璃行业健康可持续发展。新能源应用方面，立足吉林省富风富光资源优势，推动"中国北方氢谷"建设，构建制、储、运、用氢产业体系；重点攻克电解制氢、储氢罐、空压机等氢燃料电池汽车应用支撑技术，推进氢燃料电池汽车研发及应用示范，加快产业化进程。

（二）推动新兴产业绿色发展

1. 推动新一代信息技术产业融合发展

围绕"数字吉林"建设目标，利用大数据、第五代移动通信（5G）、工业互联网、云计算、人工智能、数字孪生等对工艺流程和设备进行绿色低碳升级改造。深入实施智能制造，加快工业互联网、大数据、人工智能、航天信息、激光技术等新一代信息技术与制造业融合。持续推动工艺革新、装备升级、管理优化和生产过程智能化。在钢铁、建材、石化化工、有色金属等行业加强全流程精细化管理，开展绿色用能监测评价，持续加大能源管控中心建设力度。在汽车、机械、电子、船舶、轨道交通、航空航天等行业打造数字化协同绿色供应链。在家电、纺织、食品等行业发挥信息技术在个性化定制、柔性生产、产品溯源等方面优势，推行全生命周期管理。推进绿色低碳技术软件化封装。推进产业数字化和数字产业化，打造数字产业集中区。

2. 推动新能源汽车产业规模化发展

加快新能源汽车规模化发展、智能网联汽车市场化应用，做好全产业链协同、车—路—网—云协同，建设智能网联及新能源汽车供应链产业园、辽源新能源汽车产业配套基地，加强生产准入管理，提高产业集中度，打造技术创新、产业生态、基础设施、法规标准、产品监管和网络安全体系。推动零部件核心技术自主可控，推进新能源汽车电池、电机、电控及燃料电池、智能网联等系统配套能力本地化。建设四平专用车、辽源移动检测车、吉林防爆车、通化消防车、白城氢燃料电池车等生产基地。培育汽车后服务市场，发展智慧出行服务、"绿电国的"等新业态新模式。

3. 大力发展清洁能源产业

整合东部抽水蓄能和西部新能源资源，发展风电及装备、智能控制系统产业，壮大一批骨干太阳能光伏发电和光伏产品制造企业。加快发展农林生物质成型燃料，延伸构建集智能制造、氢能储制、智慧能源于一体的全新产业链，推进氢能、油页岩和新型能源装备研发与示范应用，重点开展区域能源互联网优化控制与智慧服务关键技术研究及规模化应用、储能技术、智能管理控制技术开发及应用，加速光伏制氢产业化、规模化应用，稳妥实施核能供热示范工程，打造国家新能源生产基地和绿色能源示范区。

4. 培育壮大节能环保产业

建设一批国家绿色产业示范基地，推动形成开放、协同、高效的创新生态系统。加快培育市场主体，鼓励设立混合所有制公司，打造一批大型绿色产业集团；引导中小企业聚焦主业增强核心竞争力，培育"专精特新"中小企业。推行合同能源管理、合同节水管理、环境污染第三方治理等模式和以环境治理效果为导向的环境托管服务。进一步放开石油、化工、电力、天然气等领域节能环保竞争性业务，鼓励公共机构推行能源托管服务。适时修订绿色产业指导目录，引导产业发展方向。鼓励发展绿色产业咨询、清洁生产审核、节能评估、能源在线监测、绿色产品认证，推广环境医院、环保管家和环境顾问等第三方生态环境治理服务。

三、服务业发展模式的绿色转型

大力发展现代服务业，既是促进吉林省经济绿色发展的有效举措，也是加快绿色发展的内在要求，对推进产业结构调整和发展方式转变，实现经济社会可持续发展具有重要意义。特别是在经济发展新常态下，要在保持工业强劲增长的同时，大力发展现代服务业，打造经济增长新引擎。为此，应大力培育发展绿色金融、绿色物流、节能环保服务业、绿色旅游、大数据产业等绿色发展新动能，助力新旧动能转换。

（一）培育发展绿色金融

推进绿色金融组织体系建设。扩大绿色金融市场参与主体，调动农业类保险公司（如安华农业保险股份有限公司吉林分公司）开展绿色保险的积极性，吸引全国性金融机构在吉林省设立区域性、功能性绿色金融总部和事业部；设立绿色发展银行，组建专业化的绿色发展银行，由财政资金、排污收费、社会资本等构成初始资本，重点支持绿色能源、绿色消费和绿色投资；培育绿色金融中介机构，加快培育和发展绿色信用评级机构、绿色金融产品认证机构、绿色资产评估机构、绿色金融信息咨询服务机构以及环境风险评估机构；大力加强绿色金融人才队伍建设，加快绿色金融人才队伍培养，通过培训、考核等举措，培养一支了解碳市场相关政策、熟悉碳核算方法学、熟练使用碳资产管理相关工具的专业队伍，为绿色金融标准实施奠定人才基础。注重人才长远的发展潜力，适当放宽相关研究领域的评价周期，建立合理的绿色金融人才评价体系。

抓好绿色金融产品创新，推动绿色信贷创新。创新抵押担保方式，发展排污权抵押贷款、合同能源管理融资等创新方式；发展绿色资本市场，鼓励绿色企业利用新三板进行直接融资和转板试点，支持有条件的金融机构、企业发行绿色债券、中小企业绿色集合债、绿色项目收益债等债种，设立绿色政府引导基金、绿色产业投资基金，吸引社会资本进行绿色投资；推广绿色保险业务，推广强制性环境污染责任保险制度，同时发展其他绿色保险创新险种，如绿色车险、绿色建筑险等；大力发展碳金融，构建吉林省碳金融产品体系，发展森林碳资产抵押贷款、碳基金、碳债券、碳保险、碳指标交易等碳金融基础产品。

加强绿色金融制度设计，创新地方性绿色金融制度。制定省级绿色金融统计制度、绿色银行评级体系，设计绿色信贷风险补偿机制和保费补贴机制，探索绿色金融标准化试点示范；健全财税扶持体系，通过"补贴改股权投资、补贴改融资担保、补贴改风险补偿、补贴改专项奖励、税费减免"等方式创新，使财政资金由直接用于绿色金融供给转向市场化绿色金融供给激励；强化监管考核制度，要求监管部门制定统一的绿色评估框架，根据评估结果实行差别化的存款准备金率、贷款风险权重以及再贷款、再贴现政策。

制定绿色金融发展"三张清单"。发改部门清单，定期开展绿色项目遴选、认定和推荐，加强对环保、节能、循环经济、清洁能源、绿色交通、绿色制造等领域及绿色发展新模式、新业态项目的倾斜，形成绿色发展"万亿项目库"。财政部门清单，明确对绿色产业投资基金、绿色信贷、绿色保险和绿色担保的财政支持措施，对出成果、出模式的地区予以政策倾斜。金融部门清单，梳理银行、保险、基金、融资担保、融资租赁等方面的绿色产品和服务项目，加强绿色产业、绿色项目与绿色金融的精准对接。

（二）培育发展绿色物流

完善绿色物流基础设施建设。绿色物流的发展离不开硬件基础设施的支撑，要科学整合物流基础设施的规模、布局和功能，通过更新和改造发挥效能。此外，政府要继续扩大物流基础设施投资规模，加速现代物流基础设施网络化、体系化建设。新建基础设施必须在现有基础设施布局基础上进行科学规划，防止盲目重复建设和土地资源浪费。

创新绿色物流运作模式。打造物流运作模式，可以通过物流活动的减量化、循环化和绿色化三种模式来实现。物流活动减量化模式，通过减少物流活动来减少物流废弃物和污染，具体可以通过产业集群、企业联盟运作模式、共同配送、多式联运、甩挂运输等模式来实现。打造物流活动循环化模式，基于可回收资源的再利用，提升绿色物流资源利用效率，降低成本和节能减排，主要可以通过逆向物流、生态园区等模式来实现。打造绿色化物流模式，在整个物流活动中建立绿色指标和绿色标准，从供应链全局实现所有物流环节的绿色化，政府作为监督者负责制定和统一绿色标准，企业遵从绿色标准建立绿色评价指标体系，消费者提倡绿色消费。

运用科技创新支撑物流产业绿色转型。加快绿色科技在运输、仓储、流通加工、包装等主要物流环节的应用。首先，要通过绿色能源技术逐步优化能源结构，为物流行业走低碳、绿色发展之路打下坚实基础。具体可以借助改良技术增加能效来提高能源利用率，或者提升新型清洁能源在能源消耗中的比例，例如运输环节增加新能源汽车。其次，加速"互联网+"、物联网技术、大数据、云计算、无人配送服务等科技与物流业的融合，有效减少冗余物流活动，提升绿色物流效率。再次，进一步鼓励新材料技术、生物技术、垃圾处理及废物利用技术等在物流领域的应用，更好地促进循环经济和可持续发展。

加强绿色物流专业人才的引进和培养。一方面，可从国外引进一批从事绿色物流研究的高级研究型人才、管理人才和技术人才，完善和优化绿色物流人才层次结构；另一方面，要重点实施绿色物流人才培养工程，注重产学研相结合，培养涵盖理论研究、技术开发、技能操作等不同类型的绿色物流专业人才。

（三）培育发展节能环保服务业

1.培育节能环保服务龙头企业

加快发展节能减排投融资、能源审计、节能环保产品认证、节能评估等中介服务，培育发展节能环保专业服务机构。鼓励大型重点用能单位依托自身技术优势和管理经验，开展专业化节能环保服务。鼓励节能环保服务公司联合重组，做大品牌，拓展服务。积极发展提供系统设计、成套设备、工程施工、调试运行、维护管理等一条龙服务的节能环保服务总承包公司。扶优扶强有自主知识产权和品牌、主业突出、成长潜力大、核心竞争力强的节能环保服务公司。

2.形成节能环保服务产业链

鼓励企业与大专院校、科研单位和国外公司合作，将节能环保服务业务范围拓展至节能环保技术与产品开发、节能环保工程设计与施工、环境友好产品开发、能源管理与环境检测、节能环保技术咨询、设施运行服务、排污权交易和金融服务等多个领域，逐步形成集节能环保工程设计、技术开发、技术咨询、技术服务、技术转让、环保建设工程专业施工、运营总承包等于一体的服务产业链。

3. 建立节能环保服务市场

严格按照相关法律规定和行政审批制度的规范要求，不断完善节能环保设施运行服务许可的检查工作，致力打造公平竞争、规范有序的节能环保服务市场环境。积极探索以行业组织和企业自律、强化事后监督等方式作为服务市场日常秩序监管的方式，逐渐弱化对市场主体的行政管制和干预力度。取消对节能环保设施运行服务企业的规模歧视和业务范围限制。提高环境污染治理设施运行人员的技能水平，加大培训规模，确保培训人员素质和技术应用熟练度。鼓励由企业自行负责环境污染治理设施运行的相关工作人员参加技能培训。在环境执法监管工作中，平等对待采用委托运行方式和自行运行方式的排污单位。

（四）培育发展绿色旅游业

1. 培育壮大生态旅游产业

突出发展冰雪旅游。实施冰雪旅游壮大行动，打响"温暖约·冬季到吉林来玩雪"冰雪旅游品牌，把吉林省建设成为冰雪旅游强省、世界级冰雪旅游目的地。推进冰雪景区提档升级，推动北大湖体育旅游度假区、万达长白山国际度假区、万科松花湖度假区、天定山旅游度假区、龙堡森林度假村、世茂滑雪场、万峰滑雪场、长白山仙峰滑雪场等冰雪主题度假区和景区建设，积极创建中国（长白山脉—阿尔泰山脉）冰雪经济高质量发展试验区。打造冰雪运动、冰雪观光、温泉养生、冬捕渔猎、地域特色文化等独具"吉林符号"的特色旅游产品，探索开发雪域森林观光小火车、林海雪原穿越旅游廊道、冬捕冰钓等高端冰雪体验度假产品，拓展长春"净月雪世界"、延边图们江千里冰雪走廊等冰雪观光产品，开发和培育环长白山、长（春）吉（林）延（边）冰雪观光产品，开发和培育环长白山、长（春）吉（林）延（边）冰雪温泉度假目的地，建设松花湖周边、松花江沿岸雾凇观光走廊。积极承办国内外大型冰雪赛事活动，办好长春瓦萨国际越野滑雪等冰雪赛事，举办"冰雪丝路"国际论坛等品牌盛会，组织策划冰雪嘉年华、"来吉林过大年"等特色冰雪节庆活动，打响吉林冰雪旅游品牌。

大力发展康养旅游。发挥长白山立体资源库基础优势，全面推进中药现代化，全力推动生物医药、小分子化学药等创新发展，积极构建特殊医学用途配方食品研发生产体系和细胞工程服务体系。建设高端绿色制药研发平台，打造辽源、通化、白山、梅河口、敦化等医药特色产业园区。大力发展寒地冰雪经济，优化旅游"双线"空间布局，建设冰雪、避暑双产业，构建"长春—长白山"双门户，支持长白山、查干湖、北大湖、万科松花湖等标志性冰雪景区、度假区率先打造形成世界级生态旅游景区和滑雪度假区，以文化丰富旅游内涵，以旅游兑现文化价值，创建长春、吉林、延边等文化特色鲜明的国家级旅游休闲城市和街区。

大力发展避暑旅游。实施"避暑＋"拓展行动，打响"清爽吉林·22℃的夏天"避暑旅游品牌，打造国内休闲避暑名省。利用全域温润清爽气候资源优势，优化提升山地避暑、滨水避暑、森林避暑、田园避暑四大传统业态，突出发展避暑康养、避暑研学、避暑旅居三大新兴业态，建设环长白山、长春—吉林—松原两大避暑康养集聚区。

2. 以减少开发和加大保护原则拓展旅游资源

首先，在旅游资源开发总体规划上，要尽可能减少对现有格局的过度改造，严格控制超过基本设施需要以外的投入，力戒"千景一面"。把可旅游资源开发充分融入城镇生态保护和乡村生态振兴，加大吉林省生态示范村镇评选建设及宣传力度，从完善全域生态旅游格局出发，注重展现村镇原有的生态特色风貌。其次，在旅游带动经济发展方面，将生态环境保护修复与生态产品经营开发权益挂钩，对开展荒山荒地、河湖水体等综合整治的社会主体，在充分保障生态效益前提下，依法依规利用一定比例土地发展生态农业、生态旅游以获取收益。再次，对于旅游资源拓展和旅游基础设施建设，严格从保护治理角度着手，符合环境监测条件的区域要定期向社会公开土壤、水质等改善状况数据，对地质敏感及较大污染可能性区域要建立健全环境保护预案，做到不因旅游开发而过度干预自然环境，在保护生态中构筑旅游环境。

3. 努力培育绿色生态旅游文化

构建普遍的绿色生态旅游模式需要社会各方长期共同努力。在政府主导下，旅游相关行业要对照吉林省加快建设文化强省和全域生态旅游省要求，进一步算好生态账，自觉形成生态优先意识，广泛宣传生态保护理念。对旅游从业人员要进一步加强培训，提高旅游从业人员专业化水平，使其成为生态环保理念传播的坚实力量。对旅游者要进行必要的生态保护意识提醒，比如，在门票设计和路线导览中，通过智慧旅游系统呈现生态成本并明确游览过程中的生态保护责任，让旅游者在旅游过程中感受生态道德教育。要鼓励各地区根据本地的文化特色，挖掘当地民俗文化和风土人情中的生态环保元素，注重生态文化创意产品开发，创建绿色生态旅游文化品牌，塑造浓郁的绿色生态旅游氛围。通过持续加强绿色生态旅游文化建设，精心打造富有吉林特色的生态文化内涵和人文精神的旅游产品。

4. 积极构建旅游多业态融合发展模式

吉林省可充分利用生态资源优势，发挥现有设施功能，适当填平补齐，推进文旅康养多业态融合，打造具有地方特色的康养旅游品牌。通过不断完善省级康养基地建设标准，加快省级康养基地培育，在生态保护优先原则下，构建"政府引导、市场驱动、社会参与、协同推进、科学规范"的工作格局。比如，在与特色农业相结合方面，可建立生态观光和实践体验型农业产品体系，形成作物种植、科普教育、参与体验一体化模式，深化旅游与新型农业融合，让部分现代化农田由单纯的作物种植进入旅游服务行业范畴。在与体育运动项目的结合上，可依托山地、峡谷、水体等地形地貌及资源，发展山地运动、水上运动、户外拓展、传统体育、徒步旅行等户外康体养生运动，按照绿色生态标准举行有针对性的赛事项目，增加对游客的吸引力。在与特色医疗结合方面，重点围绕弘扬中医治疗理念，在吉林、通化等地打造医疗康养旅游小镇，推出一批以中医文化传播为主题，集中医药康复理疗、养生保健于一体的中医药健康旅游示范产品，帮助游客在中医文化体验中促进健康生活习惯的培养。

5.加快绿色生态旅游服务体系建设

绿色生态旅游服务体系建设是绿色生态旅游模式广泛形成的基础，要充分运用最新科技成果，有效提升绿色生态旅游服务质量水平。在景区推介方面，借助产业数字化战略的实施，以数字化手段进行旅游资源整理整合，开展绿色生态旅游资源环境监测统计，包括准确呈现旅游目的地周边各类配套服务设施具体情况，让游客在电脑和手机终端更加直观全面地掌握出行过程及目的地环境相关信息，了解具体的生态环保要求，更便捷地进行旅游线路规划和出行安排；在交通服务方面，以对游客流量的精准化掌握为基础，以运力配置最优化原则提供公共交通和共享交通服务，引导游客尽可能选择公共交通，实现绿色低碳出行；在景区服务方面，搭建智慧旅游平台，探索建立游客旅游体验反馈机制，根据游客不同的旅游需要，提供多样化景区路线指南和导览系统，在确保安全和生态环保的基础上，兼顾游客的个性化需求，增加游客的深层次生态体验。同时，根据旅游淡旺季、节假日和不同天气环境情况提早研判景区客流量动态变化，在餐饮、住宿以及纪念品销售等方面加快构建完善绿色低碳的行业标准，有计划地减少资源能源消耗，增加劳动服务供给，以产品绿色化比例的提高推动生态旅游服务体系建设。

第二节　发展环境的有效治理

一、农业面源污染的防治

农业面源污染的防治是实现农业绿色转型发展的重要内容，关系到乡村生态文明建设、粮食安全和农业绿色发展等问题。全面有序开展农业面源污染防治工作是实现绿色可持续发展、助力乡村产业振兴的必要途径。具体而言，加强农业面源污染防治应围绕如何在农业生产过程中有效地控制化肥、农药等化学投入品的使用，降低农田地膜使用不当所导致的白色污染、畜禽养殖产生的废弃物，有效提升农作物秸秆的利用率等问题展开。

（一）加强农业投入品管控

推进肥料科学施用。推进测土配方施肥技术推广应用。围绕测、配、产、供、施五个关键环节，结合土壤测试结果，在肥料田间试验基础上，进一步完善测土配方施肥专家咨询系统和触摸屏系统；加强技术培训，提高农民科学施肥水平；积极引导肥料生产企业参与测土配方施肥技术推广工作，提供科学合理配方肥料；加大"土肥管家"手机App推广力度，提升科学施肥技术普及工作。提高科学安全用药水平。以农药安全使用、精准使用、合理使用为原则，聚焦"控、替、精、统"，持续推进防治效果向高效安全转变、防治方法向精准用药转变，切实提高科学用药水平。规范饲料添加剂和兽药使用。强化饲料添加剂和兽药监管，严格执行饲料添加剂安全使用规范，依法加强饲料中超剂量使用铜、锌等问题的监管；鼓励和支持兽用生物制品企业开展新兽药、兽药新制剂研发，严格执行兽用处方药制度和休药期制度，坚决杜绝使用违禁药物；以蛋鸡、肉鸡、生猪、奶牛、肉牛、肉羊等为重点，实施动物源细菌耐药性监测、药物饲料添加剂退出和兽用抗菌药使用减量化行动。

（二）加强农膜和包装物回收利用

推进农膜回收利用。落实属地管理责任，推广使用国家标准地膜，加强农业执法监管，严格限制使用超薄地膜。在重点地区培育专业化农膜回收主体，促进废旧地膜回收再利用。建立健全农田地膜残留监测点，开展常态化监测；建立农药包装废弃物回收处理体系；合理布设县、乡、村农药包装废弃物回收站（点），鼓励地方有关部门加大资金投入，支持农药包装废弃物回收、贮存、运输、处置和资源化利用活动。

（三）加快畜禽粪污资源化利用

全面推进粪污处理基础设施建设和改造。支持规模养殖场、第三方处理企业、社会化服务组织加强粪污处理设施建设，将畜禽粪污资源化利用机具逐步纳入农机购置补贴范围。以生猪、奶牛等标准化规模养殖场（小区）建设项目和大中型畜禽养殖场粪污处理工程为重点，全面推行粪污处理基础设施标准化改造。依标完善干湿分离、雨污分流设施和畜禽粪便、污水贮存设施，对标改造粪污厌氧消化和堆沤、有机肥加工、制取沼气、沼渣沼液分离和输送、污水处理等养殖场污染物处理设施；推进畜禽粪污肥料化利用。熟化推广"畜禽粪污+玉米秸秆+蚯蚓养殖""畜禽粪污+玉米秸秆+微生物菌剂""畜禽粪污+玉米秸秆+蘑菇种植"等堆积发酵模式，以及"畜禽粪污+秸秆"无臭膜覆盖堆肥、纳米膜无臭发酵、地埋式发酵罐堆沤发酵等畜禽粪污肥料化利用技术模式。支持肥料生产企业使用畜禽粪污生产加工有机肥，实现吉林省畜牧养殖大县（市、区）有机肥企业全覆盖。支持规模养殖场完善适应粪污肥料化利用要求的设施装备，扩大处理规模，提升有机肥品质。支持农民和新型经营主体集中连片实施堆肥还田和商品有机肥还田。鼓励采取政府购买服务等方式，开展有机肥统供统施等社会化服务，打通畜禽粪污肥料化利用堵点。扩大整县推进畜禽养殖粪污肥料化利用试点，加快推进种养循环发展，支持构建种养结合、农牧循环生态经济模式，鼓励根据粪污消纳用地的作物和土壤特性施用有机肥，实现养殖粪污科学还田利用。推进适度规模、符合当地生态条件的标准化饲草基地工程建设，补齐养殖饲料短板，就近消纳养殖废弃物。实施有机肥深加工工程、沼渣沼液还田利用工程等，逐步建立畜禽粪污收集、处理和有机肥（沼液）就地、异地消纳模式。利用动物粪便饲料化利用技术，依托蝇蛆、蚯蚓等生物养殖，将动物粪便转化成动物蛋白和有机肥。

（四）加速推进秸秆资源化利用

建立秸秆离田和收储运体系。以行政村为基本单元，根据秸秆产量和综合利用能力，细化秸秆离田和收储运方案。支持有条件的地方和企业建设秸秆储存基地，培育秸秆收集、运输等专业化合作组织，逐步打造秸秆捡拾、清运和储存的一体化服务体系。建立玉米主产县全覆盖的服务网络，提高秸秆收储运专业化水平。推进秸秆"五化"利用，推进秸秆肥料化利用，突出推广以秸秆还田为重点的秸秆肥料化利用，重点实施秸秆覆盖还田保护性耕作，在产粮大县因地制宜建立"点、片、区"梯次结合的秸秆还田技术示范区；加快推进秸秆饲料化利用，重点支持大型养殖场建设标准化贮窖等基础设施，逐步扩大青贮玉米种植面积；推广秸秆饲料膨化等技术，加快发展牛羊鹿等草食畜牧业，建设以长春、吉林、四平、松原和白城为重点的秸秆饲料产业化基地；稳步推进秸秆能源化利用，积极推动磐石、伊通、扶余等9个续建生物质热电联产项目建设，继续推进生物天然气项目建设；积极推进秸秆原料化利用，积极推广秸秆食用菌基料化应用，积极发展黄瓜、西红柿等秸秆基质栽培。加快发展秸秆基质育苗产业，制作设施农业育苗基质和水稻育秧基质等。

二、工业企业污染的治理

随着工业化、新型城镇化进程不断加快，越来越多的工业企业建厂选址逐渐延伸至乡村，工业企业的污染物排放对广大乡村的影响也越来越大，呈现出空中、地上、地下"立体化污染"态势，对我国农业生产、乡村居民生活和乡村生态环境造成了巨大的影响。近年来，各地积极采取一系列措施加强工业污染治理工作，但实施效果仍存在较大提升空间，所面临的形势依旧十分严峻。按照党的十九大报告中的相关要求，推进能源生产和消费革命，构建清洁低碳、安全高效的能源体系，推动能源产业结构优化、抑制不合理能源消费，推动能源供给革命，推动工业企业加大清洁能源使用，实现工业企业绿色发展。

（一）优化能源产业结构

优化一次性能源结构，控煤增气、择优扶新，大力争取外来电、天然气、新能源等清洁、低碳能源的供应，严格控制煤炭消费增长。

1. 适度有序开发风电

风电行业的发展能够从供给端实现我国的"双碳"目标。加快建设已获得国家认证的大型风电项目，充分发挥分散式风电的独特优势，加快相关开发项目建设步伐。因地制宜考察我省中东部地区的风能资源、接入条件、用电负荷等情况，适当提高分散式风电使用率。有序推进西部地区风电场项目的续建工作，借助洮南和长岭两地500千伏变电站的基础设施优势，进一步扩大两地风电的接入规模。大力支持风电利用技术不断创新，提升电力系统的风电消纳能力，继续扩大风电清洁供暖规模，实施风电制氢示范等风电综合利用工程。

2. 大力开发生物质能源

发挥吉林省生物质资源赋存量的优势，大力发展生物质能源，提高生物质资源的综合化和高值化。构建智能化、规模化农村废弃物综合回收利用系统，实现多种废弃物的协同处置。不断完善秸秆燃烧发电技术，提高秸秆燃烧发电的效率。加快实现秸秆燃料替代煤炭燃料技术，减少商用和工业用户用热费用，逐步向民用供热延伸，不断扩大秸秆成型燃料集中供热示范面积。

3. 推进太阳能多元化利用

推动太阳能多元化利用。统筹规划吉林省光伏发电的布局，实施集中式与分布式并举的光伏发电发展格局，创新应用太阳能热发电技术。在西部白城、松原以及四平双辽地区，将光伏技术赋能农业、牧业、渔业等产业，形成"光伏+"的开发方式，加快建设地面太阳能光伏并网发电项目。

在中东部长春、吉林等大中型城市大力推广光伏建筑一体化等分布式太阳能光伏发电项目。在省内拥有较好太阳能资源的地区建设太阳能热发电示范项目，提高吉林省电力系统应对用电高峰期的能力。

建立光伏领跑技术基地。加快推进省内光伏领跑技术基地建设和推广，选择在自然光照资源充足、具备建设规模和条件、能够有效连接电力外送通道的区域，有序建设光伏先进技术示范基地。在中西部地区，加快打造能够实现本地消纳目标，规模达到百万千瓦级的"光伏领跑者"基地，不断提高创新技术和先进设备在基地建设过程中的占比，推动产业成本进一步下降，进而带动产业转型升级。

实现太阳能热利用。积极推行城镇太阳能热利用与建筑相结合，重点建设医院、学校、旅馆、饭店、游泳池、公共浴室等热水需求量大的公共建筑太阳能热水系统；在农村推广使用太阳能热水系统、太阳房、太阳灶。挖掘水电资源开发潜力，加快推进丰满大坝重建工程、敦化抽水蓄能电站、望江楼水电站、文岳水电站建设，力争按期建成投产，增加省内电力调峰能力，促进新能源的消纳。

大力勘探开发地热能资源。进一步加快地热能资源开发利用项目建设，重点开发伊舒断陷盆地、松辽盆地区和东南部地区等三个重点区域。在伊舒断陷盆地地热田开展长春市国信南山温泉城、安置农场温泉小区、双阳区齐家镇新农村建设和地热温室种植、吉林市岔路河中新食品城等以建筑供暖、地热温室种植和规模化温泉入户住宅小区为主的重点项目。在松辽盆地区利用中深层地热能开展松原长岭凹陷地热田、梨树断陷地热田等以农业规模化种植、城镇住宅供热为主的重点项目。在东南部地区开展长白山地热温泉、抚松仙人桥温泉城、花山镇老三队温泉等以旅游及建筑供暖为主的重点项目。

（二）推动能源消费革命

合理控制能源消费总量和消费强度，以发展清洁低碳能源为主攻方向，推进非化石能源加快发展与化石能源高效清洁利用，实现"两提高、一稳定、一降低"的能源消费结构，促进能源结构与产业结构"双优化"。

1. 提高新能源和可再生能源利用规模

着力推动绿色电力、绿色热力、绿色燃料生产和利用。提高风电、光伏、生物质能发电装机规模，扩大太阳能、生物质能、地热能等可再生能源在公共建筑、工业园区和城市集中供热等领域的应用，重点推进生物质固体燃料、液体燃料的生产和应用，部分替代燃煤、燃油等常规能源。

2. 提高天然气消费比重

继续推进"气化吉林"工程，加快天然气管网和储气设施建设，加大对天然气下游市场的培育力度，有序拓展城乡居民用气、天然气燃料替代以及交通、电力等领域应用规模。

3. 稳定石油消费比重

提高石油清洁高效利用水平，控制高碳能源消费。制定出台能源碳达峰实施方案以及电力、煤炭、石油、天然气、新能源、储能、政策体系等分领域措施，严控煤电项目，严控煤炭消费，加快发展风电、太阳能发电等非化石能源，不断扩大绿色低碳能源供给，大力压减高耗能高碳排放能源消费。

4. 降低煤炭消费比重

加快清洁能源供应，优化煤电发展，控制重点地区、领域煤炭消费总量，实施煤炭减量替代，压减煤炭消费。以长春和吉林为重点，推进用煤领域"煤改气""煤改电""煤改生"替代工程，加强余热余压利用，加快淘汰分散燃煤锅炉等。实施散煤综合治理，减少城乡煤炭分散使用。

（三）做好能源基础设施建设

1. 构建现代坚强电网

构建现代坚强智能电网，为吉林省经济社会发展提供持续稳定的电力保障。加快建设全省"两横两纵双环网"电网结构，为西部地区新能源开发提供保障，推动东西部电网协同发展。加快完善220千伏高压输电线路规划，满足省内重点城市和用电大户的高用电量需求。提前规划和布局66千伏输变电工程，加快建设现代化智能配电网，提高自动化有效覆盖率。结合吉林省"陆上三峡"工程建设，适时启动"吉电南送"特高压电力外送通道工程，打造松辽清洁能源基地。加快建设新能源汽车充电基础设施，着力解决新能源汽车用户充电时间长、可充电地点少等问题，提高新能源汽车消费者充电便利性。

2. 构建输储匹配油气管网

加快油气管网和储气设施建设，建立高效的油气供应体系。持续推进"气化吉林"工程，加快天然气长输管道建设，提高管网互联互通和资源调配能力，扫除"用气盲区、供气断点"，形成"两横三纵一中心"的油气管网，打造"全省一张网"，融入"全国一张网"。谋划推进海外天然气登陆通道建设。加快推进储气设施建设，构建以地下储气库为主、液化天然气储罐为辅、管网互联互通为支撑的多层次储气系统。

3. 完善城乡居民用能基础设施

积极推动城乡居民获得基本能源供应和服务，在全面建设社会主义现代化和乡村振兴中发挥能源供应的基础保障作用。持续推动农村电网巩固提升，提升农村配网建设、运维水平，加快配电自动化、线路调压器等新技术新设备的推广应用，有效提高农村电网供电可靠率。建立完善电力普遍服务监测评价体系，进一步缩小城乡供电服务差距。优化完善吉林省成品油零售布点网络，加大力度推动偏远乡镇加油站的投资建设，不断提升偏远乡镇群众用油的便利性。统筹推进城市供气管网与天然气主干管网接驳，扩大管网覆盖范围，提升居民用气普及率。实施乡村清洁能源建设工程，支持建设安全可靠的乡村储气罐站和微管网供气系统，有序推动供气设施向农村延伸，不断提升农村能源基础设施和公共服务水平。

（四）推动能源技术革命

进一步提高新能源装备的产业集中度，鼓励发展以风电整机制造、光伏组件制造为龙头的产业集群，促进本地配套装备制造业发展，延长产业链条。以白城、吉林、四平为主，建立风机总装及重要零部件产业园区，建成辐射东北地区的新能源装备制造、维修维护、检测认证和技术创新中心。培育壮大一批骨干太阳能光伏发电和光伏产品制造企业，鼓励研发用于太阳能级硅料、电池及组件的生产设备。充分发挥吉林省生物质能源检测研究中心作用，开发适合玉米秸秆成型燃料的锅炉，引进瑞典热、电、颗粒燃料联产技术，提升吉林省生物质成型燃料开发水平。依托吉林省重点院校开办可再生能源专业，培养一批可再生能源产业发展所急需的高级复合型人才、高级技术研发人才。

第三节　生态环境的有效保护

一、水域生态系统保护

水资源短缺、人均水资源量低、水资源空间分布不均匀是我国的基本国情和水情，同时水资源污染、水生态恶化等问题日益严峻。

吉林省是河源省份，位于东北地区主要江河的上、中游地带。吉林省在发展经济的同时，也造成了水环境质量较差、水生态系统受损，导致水资源存在隐患。吉林省要实现经济社会高质量发展，对水资源的要求越来越高，水域生态系统的保护任务更加艰巨，必须加强对水生态系统的保护修复。

吉林省要加强农田灌排工程节水改造和建设。加快灌区续建配套和改造，重点加强全省119个大中型灌区续建配套和节水改造，加大全省粮食主产区、严重缺水区和生态脆弱地区的节水灌溉工程建设力度，分区域规模化推进高效节水灌溉。推进小型农田水利设施建设，结合高标准农田项目，建设一批高效节水灌溉工程；强化高效节水技术应用。健全墒情监测网络体系，加快自动化、信息化、智能化技术应用，扩大墒情监测面积。开展农业用水精细化管理，实施农业灌溉用水总量控制和定额灌溉管理制度，将我省中西部地区纳入定额管理。加快建设田间节水灌溉基础设施，因地制宜推广喷灌、集雨补灌、微灌、浅埋滴灌、测墒节灌、水肥一体化、低压管道输水灌溉等节水技术，提高农业用水效率，加强节水示范，重点推进西部水肥一体化技术应用。大力推广节水养殖，规模化养殖节水模式，对养殖场节水基础设施进行改造和升级，推行先进适用的节水型畜禽养殖方式，推广养殖场内干湿分离、雨污分离以及污水循环再利用等再循环技术，加快建设农业节水示范园区。发展节水渔业、牧业，推广循环化、阶梯化节水养殖技术，大力推进稻渔综合种养，加强牧区草原节水，推广应用淡水工厂化循环水和池塘工程化循环水等养殖技术。改善水产养殖环境，严格执行养殖水域滩涂规划，科学布局养殖生产，推进水产健康养殖。积极推广工厂化循环水产养殖、水质调控技术和环保装备，减少水产养殖污染排放。养护渔业资源，持续开展水生生物增殖放流和自然水域禁渔管理，合理控制捕捞强度，强化水生野生动物保护。

二、耕地生态系统的保护

近年来，随着经济社会的快速发展，耕地的非生产性功能管理引起了国内外的关注，以生态系统理念为准则，积极实施保护耕地政策逐渐成为各国保护耕地的新趋势。吉林省作为国家重要的粮食主产区和商品粮基地，应严守耕地红线不动摇，严格实施"占优补优、占多少补多少"的耕地补偿制度，建设高标准、高质量农田，推进机制创新，建立"用养结合"的核心耕地轮作休耕制度，并以提高农产品质量为目标，加强受污染土壤的生态修复。其中，加强土壤污染治理是确保耕地质量安全的核心内容。可以采取有效措施，加大受污染土壤的修复力度。明确农田灌溉水来源和水质标准，避免工业废水和医疗污水灌溉造成土壤污染。推广新型肥料和高效低污染农药的使用，提高化肥使用率，降低化肥对土壤造成的破坏。通过创新土壤污染治理技术，将植物修复技术、生物修复技术、物理修复技术以及化学修复技术进行集成，根据土壤污染的类型及程度，选择合适的集成技术。

吉林省要进一步拓展保护利用路径。严格执行《吉林省黑土地保护条例》，重点保护东部地区耕地林地中的黑土地、中部地区耕地中的黑土地、西部地区耕地草地湿地中的黑土地和沿江河流域冲积形成的黑土地。围绕"保护、建设、提升、调整、创新"，在黑土范围的冷凉区、农牧交错区退耕还林还草还湿，使农田生态与森林生态和草地生态相协调。在风沙区推广少免耕栽培技术，减少风蚀沙化。在平原旱作区推广深松深耕整地，提高土壤蓄水保肥能力，强化耕地保护措施集成应用。因地制宜加快耕地质量保护技术体系建设，全面提升和改善耕地基础条件、内在质量和生态环境。大力实施农艺调控措施，加快普及测土配方施肥、培肥改土、水肥一体化、深耕深松、合理耕层构建、秸秆还田等农业高效耕作技术，保持和提高土壤肥力，防止水土流失、耕层变薄和土壤质量退化。深入推进保护性耕作技术，积极落实《吉林省保护性耕作推进行动方案（2020—2025年）》，重点推广秸秆覆盖还田免耕和秸秆覆盖还田少耕两种保护性耕作技术。根据各地区土壤、水分、积温、经营规模等实际情况，充分尊重农民意愿，创新完善和推广适宜的技术模式。

三、林业生态系统的保护

保护林业生态环境是我国社会经济发展的重中之重。如何在林业产品供给和林业生态环境保护之间达到平衡的关系，是我国整个资源环境亟待解决的问题。当前，吉林省林业生态系统仍存在着资源总量不足、分布不均、质量不高等问题。近年来，由于森林植被采伐、森林火灾、酸雨等因素对森林造成了巨大的破坏，森林覆盖率呈现出急剧下降的趋势，甚至有些植被处于即将灭绝的状态，对森林生态环境的破坏日益严重。同时，在社会经济快速发展的过程中，森林资源遭受大肆破坏的现象屡见不鲜，严守林业生态保护红线依旧面临十分严峻的挑战。

吉林省积极制定和实施天然林保护的相关措施，加大天然林保护力度，扩大天然林保护范围，重点国有天然林、地方国有天然林、集体和个人所有天然林均被纳入最新修订的保护范围内；按照吉林省2021年《关于落实天然林保护修复制度方案的实施意见》确定了时间跨度为30年的天然林保护修复目标，即到2025年，全省对9382万亩天然乔木林、80万亩天然灌木林地、34万亩天然疏林地等进行有效的天然林保护修复工作，加快完善天然林保护修复制度体系、政策支持体系、工作落实体系和绩效评价体系，争取2035年我省实现天然林面积稳定在9382万亩左右，森林植被生态环境得到改善，逐步恢复天然林生态系统，生物多样性保护取得长足成效，提高生态环境的承载力。加强优质生态产品、优美生态环境和绿色林特产品的有效供给，满足城乡居民对绿色生态环境和绿色产品的需求，为建设幸福美丽吉林，加快新时代吉林全面振兴全方位振兴打下坚实生态基础。到21世纪中叶，全面建成以天然林为主体的健康稳定、布局合理、功能完备的森林生态系统，使天然林成为保障国家粮食安全的生态屏障、国家木材战略储备基地和东北森林带的核心支撑。

四、草原生态系统的保护

长期以来，由于吉林省对草原保护力度不够，加上不合理的利用，草原面积逐年减少，出现草原退化、碱化和沙化、气候恶化及严重的鼠害等一系列问题。加之吉林省在城镇化、工业化进程中对草原的占用问题依然没有从根本上得到解决，导致吉林省草原生态持续恢复的压力仍然较大。

吉林省要进一步加强草原生态保护修复力度，推动全省草原高质量发展，助推吉林生态强省建设。按照吉林省林业和草原局、省自然资源厅等八部门联合提出的《关于加强草原生态保护修复 推动草原高质量发展的实施意见》，到2025年，吉林省平均草原综合植被覆盖度要达到72%以上，加快建立完善草原保护修复制度体系，深入改善高山草原生态状况，争取实现山上有草甸、水边有草滩、林中有草皮、田边有草带、湖边有草丛的生态环境。到2035年，吉林省平均草原综合植被覆盖度要继续增加三个百分点，达到75%以上，有效挖掘草原生态的经济价值，确保草原资源的利用和保护处于一种平衡的状态。进一步结合我省东、中、西部各自草原生态特征实施差异化分区管理，有序推进草地一体化建设，着重解决草原过于分散化、功能弱化等问题，有效统一规划全省林草湿系统，加强生态系统的稳定性、持续性和整体性。其中，东部的重点目标为合理利用草山、草坡和林间林下草地牧草长势较好的优势，科学设计和规划轮牧方案，增加牧民收入来源；中部的重点目标为加快扩大草原资源总量，推动高质量、现代化牧场的建设，合理开发和利用草原资源，研发草原旅游项目，深入挖掘草原的经济价值，在草原基础数据监测、草原生态保护制度、草原法制、草原综合开发利用、草原科技支撑和草原人才队伍管理等方面完善相关体系建设，逐步构建吉林省草原生态保护修复体系；西部的核心目标则聚焦在草原生态保护修复方面，重点开展草原"三化"治理项目，严格实施禁牧、休牧、划区轮牧，引导农牧民科学合理放牧，逐渐恢复草原植被，发挥草原生态屏障作用。

第六章

吉林省加快绿色发展的路径

生态环境问题归根结底是发展问题，应依靠良性发展倒逼生态环境质量改善。当前，既要看到生态环境保护工作的艰巨性、长期性、复杂性，也要树立坚定的信心和坚强的意志。按照党中央的安排部署，吉林省应稳步构建循环经济，推行绿色生产生活方式，提高能源利用率，加快环境基础设施建设，强化生态文明建设，构建现代环境治理体系。

第一节　构建循环发展路径

发展循环经济是生态文明建设的必然要求，是实现人与自然和谐和可持续发展的主要出路，也是走新型工业化道路的具体体现。循环经济是指在生产、流通和消费等过程中进行的减量化、再利用、资源化活动的总称，以低投入、低消耗、低排放、高效率为基本特征，主要包括以下三方面的内容：一是减量化，即减少对资源和能源的消耗；二是再利用，即将废旧物资有效回收并对其进行翻新、修复或再制造后作为产品再次利用；三是资源化，即物品完成使用功能后作为原料进行利用或再生后利用。发展循环经济能够实现材料和产品的循环利用，节约能源，有效减少二氧化碳等温室气体排放，并提升产品的碳封存能力，以最小的发展成本获取最大的经济效益、社会效益和环境效益。据测算，发展循环经济在"十三五"期间对我国碳减排的综合贡献率超过25%。另有研究表明，通过发展循环经济可在2050年前减少全球水泥、钢铁、塑料和铝等材料生产过程中40%的二氧化碳排放量。发展循环经济是我国经济社会发展的一项重大战略，大力发展循环经济，提升资源能源利用效率，降低污染物的产生，减少有害气体排放，对保障国家资源安全，推动实现碳达峰、碳中和目标，促进高水平生态文明建设均具有重大意义。吉林省作为国家重要的老工业基地，长期以来产业结构以资源消耗型的重化工业为主，在对国家经济发展做出重大贡献的同时，也因资源过度开采和环境污染付出了沉重的代价。随着工业化、城镇化进程不断加快和资源环境约束日趋增强，加快转变经济发展方式、全面完成节能减排任务还非常艰巨，循环经济发展面临着难得机遇和重大挑战。在"十四五"以至更长发展时期，把发展循环经济与老工业基地改造、振兴结合起来，将循环经济理念注入经济结构调整和产业转型中，不断地推进生态文明建设，坚持走循环经济的发展道路，这既是建设资源节约型和环境友好型社会的重要途径，也是实现国民经济和社会可持续发展的必然选择。

一、加快发展农业循环经济

合理利用农业废弃物，推动玉米秸秆、畜禽粪污、林业废弃物、农产品加工副产物等农林废弃物利用的专业化和规模化，实现秸秆的肥料化、饲料化、基料化利用和畜禽粪便的能源化、肥料化利用，推动农林废弃物对原生资源的替代，形成资源再利用。加快农业产业化经营，建立循环型农业生产方式，促进企业间循环和产业间循环，推动多功能大循环农业，促进产业融合。加强农业内源性污染和面源污染防治，合理规范使用化肥、农药、地膜，做好农膜、灌溉器材、化肥与农药包装等废旧农用物资回收利用，推进农产品加工企业清洁生产力度，防止各类环境污染。加大科技投入，加强科技支撑作用，逐步淘汰农业领域高耗能落后工艺和技术装备，注重生态技术和新能源的引进应用，加大循环农业技术和装备的研发和转化推广力度，促进农业领域科研成果产业化进程，促进环境修复和农业领域节能降耗。推进循环农业示范区和示范基地建设，加大促进农业循环经济发展的政策扶持力度，健全服务体系，宣传普及推广农业循环经济理念、技术和模式，加快发展农业循环经济，有效转变农业发展方式，走绿色发展之路，推进乡村生态振兴。

二、实施工业生产全过程节约

加强对汽车产业、钢铁产业，以及石油化工、电力、煤炭、有色金属、轻工、建材等行业的资源能源消耗管理，紧紧围绕产品优化、企业整合、布局调整，提高产品技术、工艺设备节能低碳水平，抓好生产、建设、流通、消费各领域资源节约，延伸下游产业链，减少资源消耗及污染物排放，降低生产成本，提高经济效益。同时，严把项目准入关，从源头减少污染和工业固废排放，加大末端治理能力，形成倒逼机制，推进工业领域碳排放达峰。在钢铁行业，实施超低排放改造，优化炉料结构、产业链和能源结构，提高精料水平，降低渣量和焦比，提升绿电使用比例和产品清洁运输比例，推广技术先进、能耗低、耗渣量大、附加值高的产品，降低二氧化碳、二氧化硫、氮氧化物、颗粒物的排放量，持续发展前沿低碳冶金技术，减少能耗和物耗；在石化行业，促进石化化工行业发展和新能源发展与利用深度融合，推广加氢设备的应用，降低生产过程中燃料和动力引起的能源与物料能耗，实现深度脱碳，提高节能减排水平；在建材行业，扩大粉煤灰在建材领域规模化应用比例，加速发展新型干法水泥，开发应用大掺量粉煤灰混凝土技术，鼓励利用尾矿渣、冶炼渣、煤矸石、锅炉渣、电石渣以及其他工业固废资源、矿化垃圾、农业废弃物等生产节能环保建筑材料；在装备制造行业，以绿色工厂、绿色产品、绿色园区、绿色供应链为重点，加速实施清洁原料替代和节能工艺改造，优先采用那些能源资源利用率高、污染物产生量少，并且产品废弃后便于回收利用的各类工艺与技术，尽量选用小型、轻量、可再生的零部件或材料，对汽车以及各种电子电器产品中有害物质加强源头管控，推行制造业领域的绿色设计和绿色产品，加快建设高效、清洁、低碳、循环的绿色制造体系，推动制造领域的生态污染防治。

三、提高大宗固体废弃物综合利用水平

强化工业固体废物综合利用和处理处置，加强综合利用过程监管，加大对工业固废综合利用企业政策和资金的支持力度，拓宽废物综合利用产品的市场。坚持工业固废综合利用和生态保护两大主线相结合，提高工业固体废物无害化、资源化利用水平。不断加大科技投入，紧紧围绕工业固废综合利用技术瓶颈进行科技攻关，加速高新技术产业科技成果转化，实现工业固废的有效开发和利用，使工业固废综合利用技术水平不断提升。规范建筑垃圾处置方式，鼓励工程渣土就地回填、堆土造景，工程垃圾和拆除垃圾生产再生骨料、路基施工，完善建筑垃圾处置利用体系。同时，引导企业加大研发投入力度，积极推进与高等院校、科研院所的合作，提升科技研发创新能力，推动企业自主创新、科技研发和成果转化，促进产学研用融合发展，创新大宗固体废弃物综合利用模式和机制，鼓励多产业协同利用。尽量降低新增工业固废产生量，对现存工业固废加大监管力度，严把项目准入关，从源头减少工业固废排放，加大末端治理能力，形成倒逼机制。

四、扩大再生资源回收利用

积极构建和完善再生资源回收利用网络体系，加快推进废旧金属、纸类、塑料类、纺织类、玻璃类，以及废旧汽车、家电及电子产品、铅酸电池等可再生资源的回收利用。大力推进实施城乡居民生活垃圾分类回收和集中处理，提高资源综合利用水平。以资本、技术和管理为纽带，鼓励企业、社区、个人参与投资资源回收企业，引导并支持回收和利用企业向规模化、集约化、产业化发展，培育再生资源回收利用的龙头企业，鼓励回

收企业创新经营管理模式，加快构建形成由社区回收站点、市级分拣加工中心，以及再生资源利用企业组成的再生资源回收利用网络体系，形成可再生废弃资源收集、分类、拆解、加工、利用的产业链条。规范回收行为，加强回收人员的职业素质教育与培训，提高再生资源回收综合服务能力和行业组织化水平，加强再生资源回收利用的信息管理，不断提升再生资源规模化回收利用水平，推进再生资源产业发展。

第二节　推行绿色生产方式

习近平总书记深刻指出："保护生态环境，要更加注重促进形成绿色生产方式和消费方式。保住绿水青山要抓源头，形成内生动力机制。要坚定不移走绿色低碳循环发展之路，构建绿色产业体系和空间格局，引导形成绿色生产方式和生活方式，促进人与自然和谐共生。"党的十九届五中全会提出，到2035年广泛形成绿色生产生活方式，碳排放达峰后稳中有降，生态环境根本好转，美丽中国建设目标基本实现。吉林省作为老工业基地，其工业产业需要消耗大量能源，长期以来经济发展与保护生态环境之间的矛盾一直比较突出，为加快建设生态强省，奋力实现碳达峰、碳中和目标，需要在转型发展上蹚出一条新路，以更大的力度和更实的举措，推进吉林省产业结构、能源结构绿色低碳转型，实现产业发展和生活方式的绿色化变革。

一、推行农业绿色生产

（一）推行农业绿色生产技术

科学规范使用农业投入品，推进化肥农药减量增效，加强施肥技术培训，改进施肥方式，提高肥料利用率。推进测土配方施肥技术的推广应用，引导肥料生产企业提供配方合理的肥料产品，鼓励农企合作推进测土配方施肥，加快培育一批专业化技术服务组织，实施科技施肥技术普及工程。针对玉米、水稻、大豆、花生等不同种类的农作物，实施分类精准科学施肥技术，推广增施有机肥等施肥技术。有序推进农药、兽用抗菌药使用减量增效。加强农药使用的安全性、精准性和合理性，加大高效低毒低残留农药的普及，提高科学用药水平和利用率。大力扶持专业化病虫防治服务组织，推动建立区域内联防联控、群防群治体系，提高主要农作物统防统治水平。坚定实施兽用处方药使用制度，以生鸡、肉牛、肉羊、生猪等动物为重点，积极实施细菌耐药性监测、兽用抗菌药使用减量化行动，加快推进"无抗"养殖示范基地的创建。实施畜禽粪污综合利用工程，改造升级畜禽粪污处理基础设施，推广沼气提纯、牛粪发酵回用、鸡粪发电并网等技术应用，支持生产企业利用畜禽粪便生产有机肥，推进各县开展畜禽粪污肥料化利用试点工程。推进秸秆综合利用，不断细化秸秆运输、储存等方案，推动秸秆肥料化、饲料化、原料化、基料化利用，推广秸秆还田技术应用，鼓励饲料企业利用秸秆发展优质饲料，建设以长春、四平、吉林、松原等地区为重点的秸秆饲料产业化基地，加快推进秸秆变肉工程，推广秸秆饲料化新技术研发，发展食用菌生产等秸秆基料，推进研发秸秆包装材料、秸秆餐具、新型建材等产品，提高秸秆基料和原料附加值。加强白色污染管理，实施农膜回收利用行动，严格执行农膜管理制度，推广使用国标地膜和全生物降解地膜。促进废旧地膜回收、加工再利用，培育专业化农膜回收主体，建立健全农膜回收利用机制，开展区域农膜回收补贴机制试点。开展农药包装废弃物回收处理行动，合理处置肥料包装废弃物，对有再利用价值的包装废弃物进行再利用处理，在县、乡、村合理布局包装废弃物回收处理试点，鼓励地方有关部门加大资金投入。

（二）实施耕地保护和质量建设

加大推广"梨树模式"力度，采取有效措施切实保护好"耕地中的大熊猫"，加强黑土地保护。深入落实耕地保护制度，推广保护性耕作，严格控制新增建设耕地占用。对受污染程度不同的耕地实施对应的修复措施。提高耕地质量建设，以保证粮食高质高产为首要目标，加快建设高标准农田，打造一批稳产高产、绿色生态农田。积极实施秸秆还田，保证土壤肥力。建立完善耕地质量监测体系，数字化、信息化赋能开展实时监测。加大保护修复农业生态系统力度，对森林草原生态开展保护修复行动，以保护优先、自然恢复为核心，建立完善森林草原生态保护修复体系。继续实施"天保工程"，加强对吉林省国有林区资源保护，加大治理破坏森林草原植被力度，积极推进森林草原生态修复工程。加大针对森林草原保护法律法规宣传力度，完善森林草原生态保护奖励制度，加强对重点区域的监管，深入落实目标管理责任制，积极引导社会公民参与森林草原保护修复。坚决落实国家"碳达峰"和"碳中和"要求，推进农业固碳减排，改进农业种养业技术，普及农业生产节能设施使用，深挖自然风景、人文环境、乡土文化、田园风光等资源，促进农业与休闲旅游、生态康养、文化教育等产业融合发展。

（三）打造吉林农业绿色品牌

加强对农作物种质资源和畜禽种质资源的保护和利用，开展育种技术和关键核心技术攻关。积极打造"吉系"农作物新品种，培育拥有优质、高产、抗逆高蛋白等特点的玉米、水稻、大豆等农作物品种。重点培育拥有品质优、抗病强、繁殖力高等特点的延边黄牛、松辽黑猪、吉神黑猪等畜禽。加快良种繁育基地建设，支持公主岭现代种业产业园和洮南10万亩国家级玉米种子繁育基地建设。加大绿色产品、有机农产品认证、检测和管理力度。推进品质提升，加大优良品种推广力度，重点集中在优质玉米、优质高产水稻、高蛋白大豆等新品种，推广禽类、生猪等畜禽良种。积极推广土壤改良、配方施肥等先进施肥技术及农产品加工实用技术。净化农产品产地环境，制定完善土壤耕地治理方案，进一步提高土壤肥力，实施土壤环境质量和农产品协同监测。加快建设吉林省农产品品质核心指标体系，开展农产品分等分级和包装标识。推进农业品牌建设。培育农业绿色产品品牌生产主体，打造一批突出吉林省地域特色、产品特征鲜明的知名品牌，加大对重点龙头企业扶持力度，建设大中型绿色农产品规模化生产基地。深入挖掘和丰富品牌内涵，营造品牌文化，借助长春农博会等展会、产销对接会、电商等平台，提高品牌宣传力度，加快提升吉林省品牌农产品的市场知名度、影响力和竞争力。做强做优做大吉林省农产品加工业和食品加工业，持续打造"吉林大米""吉林梅花鹿""长白山人参"等"吉字号"农业绿色品牌，以品牌建设推动农产品品质提升，企业快速发展。加快建立以行业龙头企业为支撑、产品品质为基础的品牌体系。加强农产品品牌管理，积极开展吉林省知名农产品品牌评选，完善《吉林省农业品牌名录》，推动品牌保质保量提升。推进标准化生产。以品种培优、品质提升、品牌打造为基础，加快建立吉林省农业标准体系。推动水稻、大豆、玉米、花生、肉牛、人参等农产品生产全程标准化、智能化。

二、推行工业绿色生产

（一）发展绿色制造产业

鼓励汽车、电子、通信等行业重点企业发掘绿色设计，研发绿色产品，建设绿色工厂，创建绿色园区，打造产品全生命周期绿色供应链，建立工业绿色制造体系。以能源消耗最低化、环境污染最小化、可再生利用率最大化为绿色产品设计原则，创建吉林省绿色设计产品示范单位，以点带面，降低原材料生产、销售、使用、回收、处理等过程中对环境造成的影响，加快研发集环保、节能、低耗、无害、使用寿命长等优点于一体的绿色产品。有序推进绿色产品的认证和评价，引导企业绿色生产，促进居民绿色消费。以吉林省重点用能单位以及优势产业为创建主体，加快建设具备用地集约化、原料无害化、生产洁净化、废物资源化、能源低碳化等特点的绿色工厂。鼓励企业使用清洁原料，优先选用绿色生产技术、工艺和设备，建立能源消耗、污染排放、产品质量等综合评价体系。以国家级和省级工业园区为创建主体，以企业集聚化发展、技术服务平台建设为重点，推进绿色工业园区建设。以提升土地节约集约化利用水平为核心，合理规划工业用地布局，加强工业园区循环化建设，提高资源利用效率，加快智能微电网的建设，加强水资源循环利用，提高余热余压废热资源回收利用。促进工业园区内企业废物资源互换利用，推动企业资源和园区基础设施共享，加快园区信息、技术服务平台建设，带动园区内企业研发绿色设计产品，建设绿色生产工厂，提高工业园区整体绿色发展水平。

（二）提高工业绿色智能水平

促进互联网与工业绿色制造融合发展，数字赋能智慧化绿色制造业，建立生产要素信息和资源共享机制，最大化发掘资源和数据潜力。鼓励企业积极采用大数据、云计算、远程控制检测等技术应用，对能源消耗较大的仪器设备实施动态监测和实时控制管理，提升企业能源管理精细化和智能化。推动实体工业制造企业采用线上线下相结合销售方式，满足不同消费群体的绿色消费需求。支持科技创新型装备制造企业积极开展研发设计、生产制造、运营维护等全流程业务，加快推动环保装备制造企业拓宽业务领域，强化服务意识和能力，加速向服务型制造企业转型。

（三）大力发展环保装备制造业

推动环保装备制造业加强上下游产业链协作，提升低碳环保技术装备产品供给能力，促进产业高质量发展，培育壮大产业发展新动能。充分发挥吉林省装备制造业基础，鼓励龙头企业扮演领航角色，带动全产业做大做强，加快省内环保装备、材料制造中小企业集聚发展，提高技术工艺水平，引导环保装备企业在不同细分领域做精，大力培育专注于秸秆综合利用、污水处理等核心技术的装备制造企业发展。推进环保产业集聚区建设。建设一批国家绿色产业示范基地，形成协同开放的创新生态体系。推动吉林伊通经济开发区、抚松工业园区国家绿色产业示范基地建设，打造各具功能的环保产业集聚区。加快环保产业配套基础设施建设，保障环保产业发展空间。着力打造规模较大、综合竞争力较强的环保产业园区。充分发挥产业集聚区带动作用，引导龙头企业、核心产品向集聚区集中，形成产业集聚、企业协调发展的环保产业发展格局。

三、大力优化绿色供给结构

加大绿色有机食品、农产品推广力度。推动生产企业降低有毒、有害、难降解材料的使用，推进销售企业严格实施"限塑令"，积极推广可降解、能再生利用的材料和绿色包装的使用。加快完善粮食、蔬菜、水果等食品加工标准，提高设备加工转化率。引导消费者树立健康文明的绿色食品消费观，鼓励合理、适度进行制作食品、点餐和用餐。加大监管餐饮企业、餐饮外卖平台落实反食品浪费制度，推动餐饮标准化、规范化、绿色健康化发展。鼓励绿色衣着消费，推广生产企业应用绿色纤维制作、废旧纤维循环利用等装备和技术，提高衣着绿色纤维使用比例，生产符合绿色低碳要求的服装。推动机关单位、企事业单位、学校积极采购具有绿色低碳认证的校服和制服。引导消费者根据实际需求适量、合理购买服装。合理布局社区、单位设立旧衣服捐赠点，鼓励居民向有需要的困难群众捐赠旧衣物。积极推广居民绿色居住消费，加快老旧小区节能环保化改造进程，进一步推动绿色、低碳化建筑规模化发展。因地制宜鼓励有条件的地区实施清洁能源取暖设施建设改造。大力推动绿色家装发展，推广节能灯具、节能环保电器、节水马桶等节能节水产品使用。鼓励居民合理控制室内温度、亮度和电器设备使用情况，促进居民绿色用品的消费，引导消费者购买绿色节能家电、环保材质家具等产品。推广智能家电的应用，通过智能化开关调节，降低非必要电量流失。大力开展节能家电、智能家电下乡行动、以旧换新活动。推动商场、超市等企业设立绿色低碳产品销售专柜，积极向消费者推广绿色低碳产品。严格执行生产者过度商品包装治理制度，积极实施商品包装绿色化、简化和可循环利用。大力引导旅游业绿色消费发展。鼓励游客采取步行、骑行、公共交通等方式低碳出行，完善重点景区景点骑行专线、登山专道和步道等建设。加强景区运营中节能管理、绿色服务等理念，实现景区资源的高效利用。

第三节　推行绿色生活方式

一、倡导绿色生活方式

（一）倡导节约适度的生活方式

加大对生活、生产各个环节节约适度方式的倡导。坚持节约优先，在衣、食、住、行、游等方面形成节约的行动自觉性。加大反对浪费、抵制过度包装等行为监管力度，加强树立居民节约资源、保护环境、降低污染等消费理念，加大对生产经营过程中设计、生产、销售等环节出现浪费情况的监管，推进社会资源节约、集约、循环利用。严格执行《限制商品过度包装通则》，推进过度包装治理，推动相关生产企业开展自检自查、确保标准、及时整改等行动，支持产品回归本身的属性。鼓励生产企业大力弘扬工匠精神，注重内在品质，减少包装材料和生产过程中有毒、有害、难降解等物质使用。倡导消费者在消费时树立理性的消费观，鼓励消费者购买具有资源节约、简单适度包装等特点的产品，共同促进形成节约资源、保护环境的生活方式。持续开展创建吉林省节约型机关、绿色学校、绿色社区、绿色家庭、绿色商场等行动，提倡多样化的节约适度的生活方式。

（二）倡导绿色低碳的生活方式

引导居民优先购买节能与新能源汽车、高能效家电、节水型器具。减少购物塑料袋、酒店餐饮塑料制品等一次性物品使用，推动塑料白色污染治理工作。积极倡导居民优先选择步行、自行车和公共交通等绿色出行方式。完善垃圾分类顶层设计，因地制宜制定出台关于垃圾分类的相关实施细则，加强垃圾分类科学管理和推广力度，由点到面、逐步推开，推进生活垃圾分类和减量化、资源化。重点整治老旧小区、城中村等区域环境脏乱差问题，积极开展爱国卫生行动。坚决制止餐饮浪费行为，加强餐饮行业经营行为管理，建立餐饮行业反食品浪费制度，鼓励引导消费者适量点餐。加强公众科学营养知识宣传，倡导健康文明、营养均衡的饮食，减少个人和家庭食品浪费。加强对公务活动用餐管理，深入落实中央八项规定及其具体实施细则。建立学校餐饮节约长效机制，加大对学校食堂检查力度，培养学生节约粮食、杜绝浪费的饮食习惯，开展多样化的节约粮食教育专题活动。加强厨余垃圾资源化利用和无害化处理，加强厨余垃圾分类管理，建立完善厨余垃圾收集、运输、处理体系。

（三）倡导文明健康生活方式

因地制宜出台相关规范性文件和实施细则，督促居民自觉养成文明卫生的生活习惯。鼓励城市、社区组织健康宣传员、文明引导员等志愿者，加强引导居民文明行为，对不文明的行为进行及时的制止和教育，加快形成相互监督的良好社会氛围。积极开展健康生活科普教育走进企事业单位、学校、社区、家庭、村庄等活动，鼓励全社会广泛参与科学健康科普工作，提升线上线下互动、多媒体宣传等推广力度，提高居民自我健康安全防范和治理意识，树立"自己是健康第一责任人"的健康观。加强针对中小学文明健康、绿色环保生活方式的教育工作，引导学生养成良好的生活习惯。加快提升公共场所卫生环境和条件，推动城镇乡村垃圾、污水等处理基础设施建设。推广全民健身行动，增强全民健身意识，倡导进行居家健身，支持建设标准化社区健身场所，鼓励公园、广场为群众提供方便的活动场所。充分发挥吉林省文明卫生城市的带动作用，以点带面，开展文明健康乡镇、文明健康社区等评选活动。开展创建示范引领作用，将文明健康生活方式纳入卫生城镇创建和文明创建的主要内容，推进文明单位、文明家庭、示范村镇等示范创建活动。持续全方位、多角度加强文明健康生活方式的宣传引导，充分利用报纸、电台、网络等多媒体平台，广泛开展生动有效的宣传，通过公益广告、醒目标语、文明实践活动等方式开展宣传，引导居民了解掌握并践行文明健康的生活方式。

二、加大居民绿色消费教育

绿色消费行为是各类消费主体在消费过程中贯彻绿色低碳的消费方式。绿色消费行为的培育要从培养消费者的绿色消费理念入手。家庭、学校和社会是居民绿色消费教育重要的载体。家庭教育是养成绿色消费习惯的首要方式，在日常生活中，家长要教育子女节约用水、旧物利用、电池回收、垃圾分类以及适度消费等绿色消费行为。学校可以设置绿色消费相关的课程，按照不同学习阶段循序渐进地为学生传授绿色消费知识，从不浪费粮食、节约用水、节约纸张，教育学生珍惜资源、保护生态环境，引导学生树立并养成绿色消费和绿色生活的理念；将绿色消费习惯和绿色消费专业知识全面融入大学的思政课程中，激发学生保护环境的责任感。社区要利用社区公示板、宣传条幅、业主微信群等方式向社区居民普及绿色消费等知识，在社区内开展二手商品交易活动，鼓励家里有闲置商品的居民通过物品共享、物品交易、以物易物等方式相互换取商品，让大家积极参与到绿色生活中来，体会到绿色消费不仅可以减少生活成本，同时还可以改善生活环境。言传身教深入开展全民绿色消费理念教育工作。大力弘扬中华民族勤俭节约的传统美德，大力倡导节俭、文明、适度、合理的消费理念，加强家庭教育、学前教育、中小学教育、未成年人思想道德建设中勤俭节约、绿色低碳生活理念的推广，将绿色消费与文明城市、文明村镇、文明单位、文明家庭等示范创建相互融合。扎实推进重点宣传工作，鼓励创建绿色家庭、绿色学校、绿色社区和绿色出行等行动，积极开展绿色节能生活的继续教育和培训活动，举办绿色消费科普活动周、绿色消费环境日等主题宣传活动，加大各新闻媒体和网络平台宣传绿色消费的力度。推进公共机构消费绿色转型，推动国家机关、企事业单位率先使用新能源车辆，在停车场配备新能源汽车充电设施，全面推行绿色办公，提高办公设备使用率，鼓励纸张双面打印和无纸化办公，严格执行党政机关反对铺张浪费的相关条例，提高视频会议召开的比例。消费观念需要深入落实到日常生活的实际行动中，要提高食品的消费绿色化水平，鼓励居民购买应季的新鲜绿色食品，减少反季农作物所需要的电力消耗，减少运输过程中能源的消耗。大力发展绿色交通消费。鼓励居民选择绿色低碳出行方式，尽量选择自行车、轨道交通、公共汽车等绿色出行方式，大力推广新能源汽车，建设充换电站、新型储能、加氢等配套基础设施，合理引导消费者购买家庭用车，加大对轻量化、小型化、排量低、油耗小的车辆的资金扶持政策，深入开展新能源汽车下乡活动，大力支持一汽集团加大研发力度。完善绿色消费的激励政策，通过实施绿色消费积分制度，以兑换商品、折扣优惠等方式鼓励居民绿色消费。鼓励居民推行绿色衣着消费，推广应用绿色纤维制备、高效节能、废旧纤维循环利用等技术，提高循环可利用的化学纤维等绿色纤维的使用比例，提供更多的符合绿色低碳要求的服装。

三、强化绿色消费服务支持

（一）推进传统服务业绿色化

推动传统服务业低碳化转型。大力发展绿色物流业，加快仓储、运输、包装、配送物流供应链绿色发展，推进绿色物流公共平台建设，加快绿色物流基础设施网络建设，完善绿色物流现有资源整合和配置，建立绿色物流发展的政策体系，合理规划和布局运输路线，提高运输车辆装载率，利用新能源汽车代替传统燃油汽车开展物流运输。积极推广绿色快递包装产品，引导电商企业、快递企业优先使用获得绿色认证的快递包装产品，促进快递包装绿色转型。鼓励企业使用商品和物流一体化包装方式，尽可能减少物流环节的二次打包。加快城乡物流配送体系的末端设施建设，加快完善农村配送网络，创新绿色低碳、集约高效的配送方式。持续开展绿色商场创建行动，打造一批提供绿色服务、引导绿色消费、实施节能减排的绿色商场，激发吉林省商贸流通企业绿色发展潜力。建立商场绿色管理制度，制定各类设施设备分类管理制度，配备能源消耗计量仪器，定期对商场能源消耗进行统计分析，淘汰落后高耗能设备，选用节能高效设备。建立绿色供应链体系，提高绿色节能商品的采购和销售，降低包装过度商品的采购和销售。建立商场绿色服务制度，树立绿色服务理念。积极举办各类绿色消费主题宣传活动，传播绿色消费观念，引导消费者绿色生活方式和消费，限制部分塑料制品销售和使用，商品销售使用纸袋或塑料购物袋有偿使用，餐饮服务不使用一次性餐具，提高消费者绿色消费体验。推进会展业绿色、低碳、可持续发展，加大绿色会展宣传力度，加强节能减排新技术应用，推广标准化、可回收、可循环、节能环保会展材料和展览器材的使用，研发更多规格、品种的新材料、新工艺产品，建立展具租赁、共享机制，降低企业使用成本，提高场地、器材利用率。

（二）推动生产性服务业绿色发展

大力发展科技服务、信息咨询、现代金融等生产性服务业。加快发展节能和环境服务业，引导行业领军企业之间合作协作，完善上下游配套产业链，促进节能服务业规模化发展，鼓励高能耗企业提升能效、采用清洁能源、创建绿色工厂。推动环保技术创新，支持国家级、省级生态环保重点实验室、工程技术中心建设，合理布局发展一批新兴环保服务企业。重点培育生态保护、节能减排工程咨询、清洁能源审核等第三方节能环保服务。推进绿色金融健康发展，完善绿色金融信贷管理制度，积极面向有条件的企业开展绿色信贷业务，提供专业化的绿色金融信贷服务。创新绿色信贷产品和服务模式，鼓励金融机构创新以用能权、排污权、碳排放权、合同能源管理等作为信贷抵押物，进一步扩展绿色企业抵押品范畴，降低绿色企业和项目获得贷款的流程和难度，鼓励金融机构创新绿色理财产品、金融衍生品等新产品，为绿色企业提供金融服务。推动绿色直接融资发展，支持符合环保、节能、清洁能源等条件的绿色企业上市融资，支持绿色企业开展并购重组业务，通过增发、发行债券等方式进行再融资。支持吉林股权交易所设立绿色金融板块。重点扶持清洁能源、节能环保、资源节约与循环利用等绿色企业发行债券，支持金融机构发放绿色金融债券。充分发挥吉林省产业投资引导基金作用，积极吸引天使投资、风险投资等社会资本设立绿色产业子基金，深入落实引导基金激励作用，鼓励基金投入省内种子期、初创期绿色科技企业。

第四节　提高能源利用效率

一、调整能源供应体系

（一）加快推动传统能源产业提质增效

降低能源化工等高耗能产业比例，加大高端制造业等新兴产业比例，推动能源消费结构调整。加强控制钢铁、化工、水泥等主要用煤产业煤炭消耗量增长，提高非化石能源消耗比重，加快吉林省减煤步伐。因地制宜推动煤改气、煤改电以及农村清洁能源取暖，加速可再生能源的利用。推动煤炭资源清洁高效利用，推进燃料类煤气发生炉、加热炉、热处理炉煤炭减量，实施天然气替代工程，完善重点地区煤炭消费减量替代相关管理办法。加强油气消费的区间控制，支持交通运输领域电、天然气替代燃油。全面布局电能替代工程，推动工业生产、农业生产加工、居民生活等方面电气化水平，加强冶金、石化、化工等耗煤工业的终端电力化，提高电煤消费占比。进一步提高清洁能源占比，推动能源清洁低碳转型，大力推进能源供给侧结构性改革，加快能源供应结构，重点发展可再生能源，推进氢能、风能、太阳能、生物质能等新能源创新发展，大力建设"陆上风光三峡"工程，推动风电规模化开发，光伏发电集中式和分布式共同发展。重点地区实施标准更为严格的淘汰落后产能政策，积极制定煤炭总量控制和节能减排等专项奖励资金政策。出台电力与非电行业煤炭减量替代实施方案，鼓励跨区域、跨行业煤炭消费减量替代。

（二）推进交通运输领域清洁能源替代

推进交通运输领域低碳化转型，加快完善绿色交通基础设施建设，推动交通能源动力低碳化、绿色化、高效化升级，优化交通能源结构。大力推广新能源汽车在城市交通、出租汽车、城市配送、邮政快递、机场、铁路货场、港口等领域的应用，鼓励公共交通优先使用新能源或清洁能源车辆。联合相关部门研究制定鼓励新能源汽车使用的差异化政策措施。进一步加快新能源配套设施完善，合理布局充换电桩、加氢、加气站点和服务设施布局，降低清洁能源应用成本。充分发挥一汽集团新能源汽车研发制造优势，深入实施"旗E春城绿色吉林"项目。鼓励各市州采取经济补偿、限制使用、加强监管力度等措施，推进高排放运营车辆更新淘汰。开展柴油货车污染专项整治活动，严格实施道路运输车辆燃油消耗量限量准入制度。推进船舶和机械污染治理工作，推进排放不达标工程机械清洁化改造，推动港口、机场更换新能源和清洁能源作业机械。加快完善新能源交通工具研发与应用补贴政策，通过财政补贴、技术研发奖励等方式为新能源技术创新提供资金支持。深入实施新能源汽车下乡政策，鼓励车企研发推广适合农村居民出行、质优价廉的新能源汽车，合理引导消费者购买小型化、清洁能源乘用车。

（三）加大工业绿色能源消费支持

坚持节约优先原则，大力推进工业绿色能源消费革命，提高工业绿色能源利用效率。推动工业企业开展清洁能源替代传统燃料行动，提高非化石能源利用比例。推进以清洁能源、工业余热等替代煤炭、重油、渣油等为主要燃料的工业炉窑、燃煤锅炉。推行工业园区"一区一热源"的集中供热模式，取消小型工业燃煤炉，尽可能降低煤炭用量。 加快普及先进适用清洁生产技术工艺以及基础装备，提高钢铁、水泥等重点行业清洁生产技术，减少工业二氧化硫、氮氧化物等排放量。引导企业在生产过程中减少有毒有害原材料使用，加快推进有毒有害物质替代。制定降低高风险污染物使用计划方案，减少汞、铅等工业污染物使用。开展工业园区和企业智能微电网试点示范，鼓励应用智能微电网接入本地区的电力网络。

（四）提升建筑领域绿色用能

深入实施《吉林省居住建筑节能设计标准》和《吉林省公共建筑节能设计标准》，加快组织修订吉林省建筑节能设计新标准，优化城乡建筑用能结构，推动建筑用能电气化和低碳化，积极推进吉林省新建建筑能效提升。加强新建建筑节能管理，重点关注建筑节能设计、保温材料审查、节能材料入场等关键环节，推进全省新建建筑全面实行新节能标准，提高全省节能建筑施工执行率。深入开展既有公共建筑节能改造示范城市和学校、医院节能绿色化改造建设。各地建设行政主管部门需加强工程建设全过程管理，确保全省建筑节能工作落到实处。因地制宜推广地热能、太阳能光伏、太阳能光热、生物质能等可再生能源在建筑领域的应用，进而推动全省清洁供暖、老旧小区改造等工作。各地要结合老旧小区改造、公共建筑节能改造项目，统筹推进既有建筑节能改造。加快发展绿色建筑，推广新建建筑执行绿色建筑评价标准。加强绿色建材宣传推广，积极引导房地产开发商和消费者采购绿色低碳建材，推动建筑材料循环利用。大力发展装配式建筑，明确装配式建筑发展规划，制定出台财政、金融和土地等方面激励措施和扶持政策，进一步释放市场需求。培育省级装配式建筑产业基地，充分发挥产业支撑作用。开展装配式建筑技术研究工作，提高技术的实用性和规范化，加强相关成熟技术的推广宣传，推动装配式建筑生产标准化和规模化。制定实施吉林省清洁供暖价格政策，要以企业为主、政府推动、居民可承担为核心方针，因地制宜、统筹协调为原则，建立合理清洁供暖价格机制，完善阶梯价格、峰谷价格，推行价格市场化机制。加大政府财政支持力度，支持试点市县推进清洁能源方式替代散煤燃烧取暖，积极引导相关企业和社会加大资金投入。支持各市州结合本地实际情况，研究制定支持清洁取暖的政策措施。进一步放开供暖市场准入机制，大力支持有实力、有信誉的企业进入清洁供暖市场，打破传统垄断市场格局。

二、完善新型电力系统建设保障

（一）加强新型电力系统建设统筹协调

持续推进新型电力系统试点建设工作，加快"源网荷储一体化"和"多能互补"建设，创建一批市县级源网荷储一体化试点和园区级源网荷储一体化试点，积极融合电源侧、电网侧、负荷侧等多种电力资源，保障地区清洁可靠用能，支持工业负荷量大、具备新能源条件的园区建设分布式电源，调动负荷侧调节响应能力，开展绿色供电园区建设。推动三江流域抽水储能电站工程建设，结合水电出力特性、新能源特性，优先利用水电调节性能消纳风光电力，因地制宜配建储能设施，加快实施东部"山水蓄能三峡"工程。推动新型电力系统建设工作与全省能源、电力、可再生能源等发展规划相衔接，建立省市县三级联动试点项目建设推进机制，由省能源局牵头，会同各相关部门加强协调，确保试点项目按要求实施。

（二）强化新型电力系统建设要素保障

持续深化电力市场化改革，让市场在资源配置中起到决定性作用，营造良好的要素保障政策环境。充分调动省内大型能源企业和民营企业动力，鼓励先行先试，强化对新型电力系统建设项目土地、资金、税收等政策支持，发挥财政资金支持引导作用，提高资金政策的精准性，健全市场化多元主体投入政策，对接金融机构研究通过绿色金融等方式给予融资支持，鼓励社会资本以市场化的方式设立建设新型电力系统投资基金。对积极开展源网荷储一体化和多能互补建设的工业企业、园区予以财政奖补支持。

（三）推动新型电力系统技术创新

加强新型电力系统新技术的应用和政策支撑，推广应用先进信息通信和数字化技术。抓好重大技术攻关，以技术需求为导向，突破关键核心技术瓶颈，大力实施新型电力系统技术创新行动计划，全方位提升自主研发创新能力。集中对"双碳"要求下电力系统安全稳定运行控制、电力电量平衡、仿真评估技术等领域开展技术创新，积极打造吉林省新型电力系统示范区。持续关注国内国际关键技术发展趋势，对"卡脖子"技术开展跨领域跨部门联合攻关，加快核心技术"国产化"。加大对新型电力系统技术基础研究力度，争取更多"从0到1"的基础研究成果。加快推动人工智能、大数据、先进信息通信等技术与新型电力系统技术深度融合，建立吉林省新型电力系统技术创新体系，推广核心技术的试验示范、推广应用。推动由国家电网吉林省分公司牵头，集聚电力企业、高校和社会组织建立新型电力系统技术创新联盟，全面推进新型储能、电碳市场、电力需求响应等领域协同创新，有效对接技术、资本、知识等创新要素，推动产学研用深度融合。充分发挥企业创新主体作用，推进创新链产业链融合发展。

三、强化化石能源清洁高效开发利用

（一）推进煤炭清洁高效利用

根据吉林省能源发展各阶段需求，充分发挥好煤炭在能源供给中的基础作用。建立煤炭绿色发展长效机制，推进煤炭绿色开采利用，推进煤矿绿色开采试点工作，大力推动煤炭清洁高效利用。实施节能优先发展战略，加快重点领域节能提效，推进节能降碳行动计划，加强节能检查监管，加大煤炭清洁利用管理力度。加快完善煤炭信息监管服务平台的建设。加大煤炭清洁发展政策的宣传力度和贯彻力度，建立煤炭市场监督管理体系，按照国家相关标准对煤炭的清洁应用进行监督，督促煤炭生产企业和利用企业清洁化发展。因地制宜、有针对性地推广、使用煤炭清洁技术，建立煤炭清洁发展的协调机制，做到从煤炭生产到消费全过程进行清洁管控，切实落实煤炭清洁有关政策。健全煤炭智能化技术、设备、人才支撑政策体系，从煤炭开采、提质加工、清洁燃烧、污染物控制、碳减排技术等方面不断创新。

（二）推动煤电高效高质量转型

在确保电力安全稳定供应的前提下，统筹好能源电力安全、降低碳排放量和成本问题，立足吉林省电力系统建设现状，有序推进控制煤炭消耗增长与实现传统煤电逐步退出的政策落地，制定煤电转型中长期规划，在电力保供和碳中和之间找到平衡点，推动区域之间电网互通互联。加强煤电发电机组与天然气发电、能源发电整体协同，确保电力系统安全平稳运行和电力供给充足。推动煤电机组节能改造升级，针对不同的机组设计合理的改造技术方案，降低供电煤耗，逐步关停无法改造的机组，淘汰排放相对较高的机组，将具备条件的机组转为应急备用电源，由政府相关部门、发电企业、设计院、设备制造企业、专业机构等协同推进，制定具有操作性的可实施方案、激励政策、考核办法等。采取高参数、新工质、新循环等前沿煤电技术，大力支持燃煤电厂相关技术创新，鼓励燃煤电厂在环保、能效技术改造升级方面的投入资金，设立煤电机组升级改造和技术突破专项资金，加大绿色信贷等绿色金融对相关技术创新的支持，积极制定深度调峰的补贴政策，以降低火电企业的成本、负担，推动智能燃煤发电、超临界二氧化碳燃煤发电等技术发展，提升煤电领域的智能化水平。加强企业煤电转型成本控制政策制定，完善政策体系协同和有序衔接，与金融、财税和科技等部门相统筹，共同提高对煤电发展定位和布局研究的定位，形成发展合力。营造和平竞争的市场、有序竞争的环境，避免煤炭、煤电相关企业之间的恶性竞争和"一刀切"式退出，确保煤电转型项目有效落地和煤电企业转型的平稳过渡。充分发挥电力市场作用，引导电力资源优化配置，加快构建灵活合理的电价机制。

四、营造良好的政策与市场环境

以"双碳"目标为指引，进一步推进能源市场体制改革，充分发挥市场作用，加快能源价格形成机制的市场化改革，构建有效竞争的市场结构和市场体系，推进能源市场运行、管理和监督几个根本要素在内的链式系统性体制改革，维护能源市场的稳定运行。鼓励能源领域发展跨行业深度融合，在数字化转型的关键时点，推动5G与智能采矿、智慧电力、智能油气、综合能源的智能制造结合发展，带动能源生产模式与消费模式创新。规范能源开发利用和监督管理，提升能源监管效能，加强重点领域的市场监督，优化能源结构，提高能源效率，保障能源安全。加大政策引导和支持力度，加快推动可再生能源替代行动，完善能源绿色低碳转型体制机制，促进绿色技术引进、创新及产业发展，加快可再生资源清洁低碳高效安全发展。

第五节　推进生态设施建设

环境基础设施是基础设施的重要组成部分，是深入打好污染防治攻坚战、改善生态环境质量、增进民生福祉的基础保障，是完善现代环境治理体系的重要支撑。全面加强生态环境基础设施建设，有力提升生态环境治理能力，是深入贯彻落实习近平生态文明思想的必然要求和根本保证。

《中共中央 国务院关于深入打好污染防治攻坚战的意见》和"十四五"规划《纲要》都对环境基础设施建设做出重要部署，对全面提升环境基础设施水平、构建环境基础设施体系、形成环境基础设施网络提出具体要求。伴随着城镇化发展和城镇人口的增加、居民收入水平和生活水平不断提高，生活垃圾、生活污水、固体废物、危险废物、医疗废物等消费副产品也快速增加，居民对环境质量的要求不断提高，对环境基础设施建设也提出了更高要求。近年来，吉林省环境基础设施快速发展，处置能力和监管监测能力得到明显加强，但短板和弱项仍然明显。为了吉林省"十四五"生态环境保护目标的顺利实现，加快推进生态环境治理体系和治理能力现代化，需进一步推进全省生态环境基础设施建设，为推动高质量发展注入新动能。

一、统筹推进生态设施体系建设

生态环境基础设施公益性强、面广量大，涵盖领域行业范围广泛，包括城乡生活污水、工业废水、生活垃圾、危废和一般工业固废、清洁能源、自然生态保护、生态环境监管等多个领域，涉及生态环境、发展改革、住房城乡建设、农业农村、水利等多个部门，是一项全方位多领域的系统工程。因此，在推进环境基础设施建设过程中，需要将各部门各领域与生态环境相关的基础设施建设任务进行整合，统一布局、规划、管理，系统谋划、统筹推进，构建一体化城镇环境基础设施体系，形成由城市向建制镇和乡村延伸的环境基础设施网络，以城带乡提高环境基础设施水平。其一，依照绿色低碳、集约高效、循环发展的原则，对环境基础设施体系构建进行统筹规划布局，建设"多位一体"综合处置基地，充分利用各种处理设备和工艺设施，对污水、垃圾、污染物等集中处置和资源化利用，促进共治共享，有效防范和控制环境风险。其二，针对行业协同处置的困难和障碍，推动市政污泥处置与垃圾焚烧、渗滤液与污水处理、焚烧炉渣与固体废物综合利用、焚烧飞灰与危险废物处置、危险废物与医疗废物处置等有效衔接,生活垃圾焚烧设施掺烧市政污泥、沼渣、浓缩液等废弃物,促进设施共享和协同高效利用。其三,对标现行的国际标准及行业准则,研究制定符合我省生态环境基础设施建设及运营的标准、行业准入条件,引导生态环境基础设施的建设标准化、运营标准化。

二、突出重点补短板强弱项

围绕吉林省环境基础设施存在的突出问题和薄弱环节,分类施策,补齐短板弱项,推动全省环境基础设施转型升级。其一,提升污水处理及资源化利用能力。优化完善城镇生活污水处理设施布局,统筹推进城镇污水收集处理、污泥无害化处理设置、污水资源化利用设施建设,加快补齐部分地区污水处理能力不足、污水收集管网不完善、处理工艺落后等短板,重点建设污水处理设施,完善污水配套管网,特别是城中村、城乡接合部生活污水收集管网建设。按照"就近处理、循环利用"原则,推广"生物+生态"污水处理技术,持续推进污水处理提质增效,加快推动城镇生活污水资源化利用。推动企业开展节水技术改造及再生水回用改造,加强排污许可和工业废水再生利用水质监测评价和用水管理,推动工业废水资源化利用。加强农村生活污水治理,推动粪污经无害化处理后就地就近还田、堆肥等资源化利用,探索应用符合农村实际的生活污水治理技术、设施和模式,推进农业农村污水资源化利用。其二,完善生活垃圾分类及处理能力。全面推进城市生活垃圾分类收集、分类运输设施建设,对现有焚烧处理设施提标改造,适度超前建设与生活垃圾清运量相适应的焚烧处理设施和厨余垃圾处理设施,加大焚烧飞灰处置工作力度,对生活垃圾填埋场开展规范化封场整治和改造,加强填埋场渗滤液和残渣处置。其三,推进固体废物集中处理处置设施建设。严格城市环卫基础设施规划管理,推进危险废物处置场及填埋场、工业园区专业化危险废物处置设施等项目建设。其四,强化医疗废物、危险废物处置能力。建立医疗废物收集转运信息系统,实现医疗废物收集、转运在线监控、全程管理,提升医疗废物的监管水平。整合规范电子垃圾回收渠道，完善基层回收网络。强化对实验室废弃物、危险化学品、放射源物品的管理。

三、推动生态设施数字化绿色化智能化升级

通过数字化、绿色化、智能化升级，促进环境基础设施高质量发展。其一，加强数字化赋能。依托遥感、5G、物联网、大数据、人工智能、地理信息、卫星影像等技术，构建一体化感知网络，实现环境质量、污染源和生态状况监管全覆盖。建设污染源在线监测、无人巡查等设施，实现污染物排放重点企业智能化远程监测及生态环境数据实时获取、上传、分析和研判。加快智慧环卫试点建设，推动生活垃圾收转运和处置全流程、全链条数字化、精细化、可视化管控，建成涵盖清扫保洁作业、生活垃圾分类、餐厨废弃物收运等智慧环卫系统。加强数字生态服务体系建设，提升生态环境基础设施的智能化、信息化水平，增强自然生态保护、生态环境监测监控、环境风险防控与应急处置能力。其二，筑牢绿色底色。以市场为导向，鼓励绿色低碳技术研发，实施绿色技术创新攻关行动，在绿色低碳领域培育建设一批制造业创新中心、产业创新中心、工程研究中心、技术创新中心等创新平台，着力解决跨行业、跨领域关键共性技术问题。针对企业的绿色技术创新加大政策和资金支持力度，鼓励企业整合创新资源，构建绿色技术创新联合体、绿色技术创新联盟，推进产学研深度融合，强化绿色核心技术攻关，促进技术成果转化推广。城镇环境基础设施建设采用先进节能低碳环保技术与设备，提升再生资源利用设施水平。其三，加强科技支撑。强化企业创新主体地位，聚焦城镇环境基础设施发展需求和发展方向，加强环境治理技术、装备、设施的改造与创新，加强关键技术攻关，完善科技创新服务链条，突出科技创新对吉林省环境基础设施高质量发展的支撑作用。

四、创新生态设施投资运营模式

探索建立省、市、县共担的生态环境基础设施项目资本金出资机制，构建投建运管一体化等多种形式的商业模式，争取各类资金政策支持，减轻地方政府财政负担，共同推进项目顺利落地实施。吸引社会资本投入生态环境保护市场化机制，在生活污染治理、环境公用设施建设、区域生态环境修复、工业污染治理等领域推行"政+企""企+企"合作模式，推行环境污染第三方治理，提高生态环境管理水平。坚持"政府引导、企业为主、统筹规划、市场运作"原则，更大力度、更广范围、更深层次推动全省生态环境基础设施迈上新台阶。

第六节　强化生态文明建设

近年来，吉林省高度重视生态环境建设，不断出台相关政策措施，不断加大投入力度，全省环境质量不断改善。但也要看到，由于长期以来吉林省产业结构偏重于重化工业，对传统资源依赖度较高，要实现"转方式调结构"，实现经济社会可持续发展和老工业基地振兴，迫切需要加快生态文明建设，秉持"绿水青山就是金山银山"理念，忠实践行习近平生态文明思想，扎实做好生态环保工作，加快建设生态强省，打造美丽中国吉林样板。

一、着力构建绿色低碳的现代产业体系

以实现碳达峰碳中和目标为引领推动绿色低碳产业高质量发展，加快构建多元支撑、更具竞争力的绿色低碳的现代产业体系。工业是碳排放的重要领域，持续推动工业绿色低碳发展，着力构建绿色低碳的现代产业体系，对实现碳达峰碳中和目标、实现吉林老工业基地振兴发展意义重大。加快构建

绿色低碳的现代产业体系，需要将"双碳"目标统筹在高质量发展的目标体系内，兼顾稳健发展与减碳目标二者之间的平衡。在立足国内市场和资源的基础上，在技术、环节、资源互补等领域加强国际交流与合作，实现资源、市场的国内国际双循环。同时，面对复杂多变的国际经贸形势，在推动绿色低碳发展、结构优化调整过程中注重产业链、供应链安全。一是打造产业用能绿色供应体系，逐步减少化石能源的使用比例，扎实推进化石能源清洁高效生产及利用，减少产品全生命周期碳足迹，带动上下游产业链碳减排。大力发展低碳能源产业，探索加大氢能、风能、太阳能、地热、生物质能等绿色能源使用比例，更好地把清洁能源优势转化为产业优势、就业优势、发展优势。二是紧扣高质量发展主题，瞄准"双碳"目标，谋划和推动一批带动性强、可持续性好、综合效益高的高质量项目，加快新旧动能转换，持续优化产业结构。调整降低高耗能产业比重，加快淘汰落后产能，化解过剩产能，坚决遏制高耗能高排放项目盲目发展，从源头减少污染物产生与排放。构建绿色产业链供应链，提升产业低碳化、清洁化水平，实现污染排放和碳排放"双降"，加速推进绿色化与各产业领域的深度融合，培育战略性新兴产业与环保产业，大力实施工业园区生态、绿色、低碳化提升改造，形成高效清洁、低碳循环的绿色制造体系。在产品结构上，降低价值链低端产品比重，强化品牌、质量与功能提升，提升产品整体价值层次，降低单位效益碳排水平。三是开展科技赋能，加强重大节能技术和关键技术的攻关与研发投入，提升产业技术装备和管理水平。大力推动重大节能技术研发投入，组织资源进行关键技术攻关，提升专业技术装备水平。四是通过政策支持、搭建平台、服务加力、减费让利等举措，综合施策，靶向发力，为产业绿色低碳发展打造生态、优化环境。

二、持续深入打好污染防治攻坚战

持续深入打好污染防治攻坚战，坚决打好蓝天、碧水、净土保卫战，努力促进人与自然和谐共生，不断满足人民群众对优质生态产品、优美生态环境的新期待。一是扎实做好大气污染防治，持续推进环境空气质量改善。深入打好蓝天保卫战，强化大气污染防治政策措施，加强燃煤锅炉及工业企业治污措施运行管理，治理工业窑炉，保证大型供热锅炉实现达标排放，"散乱污"企业完成整改，重点挥发性有机物企业完成改造。完善重污染天气应急预案，加强温室气体排放控制。突出重点污染源整治，全面落实秸秆禁烧机制，深化燃煤锅炉综合整治，持续推进工业污染源整治，强化柴油货车排放监管，以及扬尘和餐饮业油烟监管。同时，加强噪声污染、消耗臭氧层物质、有毒大气污染物等其他污染物协同治理。二是全力做好水污染防治，确保水环境安全。持续强化水资源管理，加强饮用水源地保护，完善区域再生水循环利用体系，巩固提升饮用水安全保障水平。严格流域水质长效管控，拓展黑臭水体治理，完善城镇污水收集管网和处理设施建设，补齐城镇污水处理设施短板。持续推进农业农村污染防治，强化畜禽养殖业污染防治。狠抓工业污染防治，扎实开展集中排查、控源截污、清淤疏浚等各项重点工作，持续开展入河排污口综合整治。三是做好自然生态保护与修复，切实保护好绿水、青山、黑土地、草原湿地。全面推进重金属污染防治，加强土壤污染源头控制，落实土壤清洁行动计划，加强生态保护与修复，加强生物多样性保护。四是持续推进"清废行动"，提升危险废物防控水平。加大对危险废物安全处置、环境风险防控和环境风险监测力度，加强白色污染物治理，全力推动"无废城市"建设。

三、深化生态文明体制改革

进一步加强生态文明建设的顶层设计和规划，推动政府机构改革，合理划分相关部门的分工和职责边界，避免职责交叉和责任推卸，形成生态文明建设的统一协调管理体制。以市场机制的构建和法律法规、管理制度的制定为重点抓手，将生态文明体制改革落到实处，有效提高改革的执行力，充分释放改革活力。加强政府节能减排的绩效管理，将相关的考核评估统一到生态文明建设框架下，健全领导干部问责机制，全面开展领导干部自然资源资产离任审计，把为"绿水青山就是金山银山"保驾护航确定为主要审计目标。健全国家自然资源资产管理体制，按照自然资源资产所有权、使用权和监管权分离原则，精确核算自然资源资产、精确划定国土空间及量化控制资源使用，构建自然资源资产管理商业化模式，完善自然资源监管体制。加强自然资源综合立法与执法力度，依法推进生态文明体制改革。在制定产业、金融、财政、税收、人口、土地政策时，要充分考虑和体现绿色发展的要求。抓好生态文明试点示范，深入推进生态保护补偿制度改革。此外，通过政府的投入引导和制定有效的政策措施，激发社会对生态建设的投资热情，鼓励和引导社会资本参与生态文明建设，构建政府主导、多元投入的生态文明建设投融资机制。

第七节　构建环境治理体系

作为国家治理体系的一个重要部分，环境治理体系与治理能力现代化是人与自然和谐共生的重要体现，也是推进生态环境保护、推进绿色发展的必然要求。吉林省应继续健全完善党委领导、政府主导、企业主体、社会组织和公众共同参与的现代环境治理体系，构建一体谋划、部署、推进与考核的制度机制，全面提升吉林省生态环境治理能力现代化水平，为建设生态文明提供重要保障。

一、推动各类主体共同参与环境治理

一是充分发挥政府的主导作用。健全省市县三级生态环境委员会工作机制，落实生态环境保护责任清单，建立健全省级生态环境保护督察长效机制，统筹推进生态环境保护督察和督察反馈问题整改，强化生态环境保护责任考核，压实党政领导干部生态文明建设责任。二是调动企业的积极性。严格落实法律法规关于排污许可管理的相关规定，加强依法持证排污、按证排污管理。加强绿色生产的制度和政策导向，引导企业退出污染产能、转型升级、节能减排，实施绿色低碳化改造，大力发展循环经济，推进生产方式"绿色化"。加强企业环境治理责任制度建设，严格落实污染治理责任，提高治污减排水平。完善排污企业环境信息公开措施，排污企业应当通过企业网站、公众号、现场公示牌等方式和途径据实依法公开主要污染物名称、排放方式、执行标准以及污染防治设施建设运行情况。三是动员社会组织和公众共同参与。积极动员工会、共青团、妇联等各类社会团体、行业协会和环保志愿者参与环境治理，加强环境治理的科普教育、社科教育，引导社会和公众践行绿色低碳生活方式。

二、综合运用多种环境治理手段

综合运用行政手段，以及法治、经济、科技等各种非行政手段，形成强大合力，继续加大环境治理力度，不断提升环境治理能力，推进吉林省生态文明建设迈上新台阶，发挥生态环境治理对高质量发展支撑保障作用。一方面，省市县各级行政管理机关进一步细化落实构建现代环境治理体系的目标任务和政策措施，通过制定政策、方针，颁布法规、标准等实施行政决策和管理，进一步加强对资源环境保护和生态文明建设的监督协调。另一方面，充分发挥各种非行政手段在环境治理中的作用：一是运用法治手段，制定或修订不同领域和环节的环保法规，依法管理环境，促进自然资源的合理开发与利用，控制并消除污染，保护生态环境并维护生态平衡，规范生态环境执法程序和职责，严格环境执法，强化对破坏生态环境违法犯罪行为和案件的侦查、起诉和审判力度；二是运用经济手段，充分发挥价值规律在现代环境治理体系中的杠杆作用，通过价格、信贷、财税、金融等杠杆的综合运用，健全补偿机制，明确奖惩措施，引导和规范生产者节约利用能源资源，规避和停止损害生态环境的经济社会活动；三是发挥市场手段，深入推进"放管服"改革，规范环境治理市场，深化生态环境价格改革，完善资源价格形成机制，构建生态产品价值核算体系、价值实现体系和生态产品交易体系，探索建设排污权、用能权、用水权交易市场，积极参与全国碳排放权交易市场建设；四是利用信用手段，进一步加强生态环境治理政务诚信建设，建立健全生态环境治理政务失信记录，完善企业环境信用评价机制，依据评价结果实施分级分类监管，引导环保良好企业持续改进环境行为，对环保警示企业实行严格管理，并依法依规公开，建设强化环保信用的约束力；五是运用技术手段，加强科技攻关，提升生态环境信息化水平，加快建设高质量生态环境监测网络，支持污染防治、监测监管、节能降碳等领域的技术研发，推进物联网、云计算、5G等技术在生态环境质量监测评估、污染物及温室气体排放控制等领域的综合集成、示范应用；六是运用宣传教育手段，向企业和社会广泛普及环境科学知识，加大绿色低碳生产生活方式动员，提升全社会生态环境意识。

三、不断加强环境治理能力建设

通过不断强化能力建设，为环境治理体系与治理能力现代化提供有力保障。一是积极推进生态环境保护治理资金保障工作，建立健全生态环境保护治理财政资金投入机制，引导和支持社会资本参与环境治理项目的投资、设计、修复与管护，促进社会资本与政府的深度互融与良性互促，激励社会资本进行管理创新、技术创新，提高项目质量和效益；二是加大对关键环保技术的研发投入，服务于产业转型和绿色低碳发展，开发和应用安全、高效、节能低碳的先进环保技术装备，持续改善生态环境质量，深入打好污染防治攻坚战和达到碳达峰、碳中和目标；三是加快构建"天地空"一体化生态环境质量监测网络，全面提升监测水平，逐步实现领域、要素、区域全覆盖，将治理职能落实到基层，形成全域环境治理的氛围和气势；四是围绕建设现代环境治理体系和落实"双碳"目标，高度重视发挥生态环境领域专家智库作用，加快聚集和培育生态环保专业人才。

第七章

推动吉林省绿色发展的政策建议

第一节 推动绿色发展的财政政策

一、制定绿色发展财政支出政策

（一）制定产业结构转型财政支出政策

持续推进政府专项转移支付、拨款补助、引导政府投资基金等财政支持方式，推动产业结构转型升级。推动传统、高消耗、高污染、高排放产业去产能，大力支持新兴战略产业、高新技术产业等有助于绿色发展的产业。围绕产业低碳化加大产业结构转型财政支出力度，坚决淘汰落后产能和设备，支持重点行业龙头企业实施清洁能源技术改造升级，大力应用和推广先进核心节能减排技术。设立财政专项支出用于传统煤炭、钢铁等工业企业结构调整和绿色化转型生产，设立战略性新兴产业、高新技术产业专项资金，促进符合国家绿色发展战略产业快速发展。推动第一产业全产业链绿色发展，加大现代农业产业技术创新体系的资金支持力度，对改善农业生产条件和基础设施、优化农村经济结构、提高农业生产能力的发展项目，可设立政府专项转移支付基金支持；对开展耕地保护、现代化农机购置、农业结构升级、农民技术培养、一二三产业融合发展等工作，可设立资金补贴、专项转移支付资金支持；加快推进农业现代化发展，推动城乡一体化融合发展，采取资金补助、政府引导基金等财政支出方式支持田园综合体试点项目建设；建立专项资金、农业专项扶持资金和农业发展专项资金，推动农业供给侧结构性改革，发展农业新动能，提升农民可支配收入，支持农业快速发展的同时保护农业资源环境。要加强财政支出政策在农业结构调整上的投入力度，为农业结构转型升级提供充足的资金扶持。鼓励引导金融机构和社会资本对农业转型升级进行资金扶持，政府财政可采取贴息的方式，推动间接融资的快速发展。引导政策性农业金融机构转换资金流向，向农业生产领域提高信贷资金的支持力度。对农村进行税费改革，加快减轻农民负担，切实提高农民收入和利润空间。在确保粮食实际产量的基础上，加快完善粮食保护价政策的制定，将粮食产量、粮食质量、粮食价格以及粮食生产结构有机地结合起来。除现有的支持绿色发展、节能减排和清洁能源发展的各项财政优惠政策向优先市（州）倾斜外，还要根据项目投资情况、地方投入规模以及节能减排效果等因素对优先市（州）给予一定的综合奖励。同时，优先市（州）要加大财政支出结构调整力度，对节能减排给予最大限度上的资金支持，形成省级和地方的政策合力。

（二）制定能源结构优化财政支出政策

政府应设立专项资金提高煤炭产业、钢铁产业等传统产能过剩产业去产能，提高能源的使用效率，减少污染气体的排放。对开展秸秆禁烧和综合利用的区域实施财政奖励，设立政府引导资金，大力支持解决秸秆焚烧问题的创新技术研发。对新能源和可再生能源的开发、利用设立专项资金。提高新能源和清洁能源的普及率及使用率，以财政补贴的方式推动消费者购买清洁能源车辆，对使用混合动力、纯电动力的公交企业予以运营补贴支持。鼓励地方加快推动新能源汽车充电桩设施建设，为新能源汽车的发展提供良好的应用环境，对符合条件的市（州）设立奖补资金。完善可再生能源电价补助资金管理条例，对可再生能源发电项目并入国家电网系统所发生的相关费用，按照上网电量予以补助。将节能减排纳入政府公共预算支持范围，设立单独的节能减排财政支出科目，合理安排节能减排的支出预算。将增加的公共预算支出定向投放于技术研发、技术推广和应用、相关教育和培训以及监督管理体系的建设。增强财政政策针对性和有效性，鼓励地方政府设立地方专项债券，提升投资的有效性。

（三）制定科技创新激励财政支出政策

重点支持绿色发展核心领域技术研发项目，以财政转移支付的方式支持基础前沿、重大共性关键技术突破等科技活动。设立财政专项资金支持建设技术转移体系，进而规范知识产权的保护和运用，为技术创新提供保障。采取财政间接投资、风险补偿等方式促进创新技术进行成果转化。推动自主创新示范区创建，建设科技资源创新平台，促进产学研协同创新，融合发展，以产品市场需求为导向推进科学技术创新和成果产业化。设立促进军民融合科技创新发展专项资金，推动军民两用的重大核心技术更新换代，用于国防事业和战略性新兴产业发展。设立科学技术进步奖专项资金，用于奖励科技创新、突破核心技术难题的科技人员和团队。

（四）促进绿色消费财政支出政策

制定促进绿色消费财政支出补贴政策，针对绿色消费主体消费者、生产者进行补贴。对消费者购买绿色产品、新能源汽车、选择低碳方式出行等绿色消费行为进行财政补贴，引导居民购买无污染、健康的绿色产品。对淘汰过剩产能、减少污染物排放、使用绿色清洁能源替代传统煤炭能源的绿色生产企业进行财政补贴。完善政府绿色采购制度，制定和细化绿色采购清单，扩大绿色采购品种覆盖面，提升绿色采购规模，提高绿色采购透明度。确定绿色消费领域的财政支出政策定位，加大资金支持力度。明确政府与市场的关系，拓宽财政政策的作用范围，对财政支出政策所要支持的绿色消费领域进行合理规划。将稳定大宗消费、农村消费等与绿色消费有机结合起来，鼓励具备条件的市（州）可根据自身发展实际需求，合理制定智能家电、绿色建材、节能低碳产品等绿色消费品的财政补贴、贷款贴息、绿色家电消费券等扶持政策。强化促进绿色消费政策的协同作用，加快建立政策保障体系。做好促进绿色消费领域财政、金融、价格等扶持政策的协同协调，不断增强促进绿色消费低碳政策的系统性、整体性和协调性。加快完善绿色消费相关法律制度建设，优化绿色消费标准认证体系，推动建立绿色消费信息平台的建设，加强对居民绿色消费的宣传教育。完善政府绿色采购机制，加大政府绿色采购力度。通过完善政府绿色采购标准，不断调整节能产品、环境标志等采购科目，扩大绿色低碳产品采购范围，加大绿色采购资金力度。政府采购建筑工程类项目，要积极推广绿色建筑和绿色建材的应用，全面提升绿色建材在新建建筑的比例。

二、推进地方政府的绿色财政扶持政策

地方政府可根据本地的生态环境和经济发展水平合理制定当地的绿色财政支出规划，更好地解决经济发展与环境保护之间存在的矛盾问题，推动生态文明建设，不断优化区域产业结构和能源结构，鼓励居民绿色消费行为，提高财政资金使用效率。财政部门制订预算支出计划要具有针对性和规划性，要将财政资金用于环境重点整治项目。针对欠发达地区，财政支出要有所倾斜，通过转移支付方式加大绿色项目的财政资金投入。财政资金应主要用于农业技术研发、乡村环境治理与保护、农业虫病防治等方面，加快改善农村居民生活环境水平，提高农业生产基本能力，高质量发展现代化农业。

三、建立绿色绩效评价制度

建立健全绿色绩效评价制度，根据各地方政府制定的绿色发展规划合理确定绿色绩效目标，围绕绩效目标制定绿色预算。建立绿色绩效评估指标体系，对绩效评估进行事前、事中和事后的监管。完善财政资金使用效率指标体系，确保资金使用实现效益最大化。加强绿色项目资金使用过程中监控，确保财政资金实际使用落实请款和规划的一致性。对获得财政资金支持的项目在立项、实施、产出以及效益等四个方面进行评价。建立绿色项目产出绩效评估体系，对项目实际绩效与目标绩效的差距进行对比，评估项目达标情况以及该项目为经济、社会和生态环境所创造的效益。制造业是吉林省经济发展的主力军，更是实现绿色转型升级的主战场，未来吉林省要着重打造以绿色制造为核心的制造城市。推进各类绿色制造评价体系的建立，加强顶层设计，根据不同的对象编制不同的评价标准。围绕资源利用、能源利用、产品环境排放、绩效评价等方面，积极创建绿色工厂、绿色园区和绿色优势产业。

第二节　推动绿色发展的税收政策

一、改善绿色税收管理体系

（一）扩大绿色税收征收范围

扩大绿色税收征收范围，提高绿色税收的占比，进而强化绿色调节的作用。完善环境保护税的税种，开立碳税和硫税两个新税种，根据企业实际污染排放量制定相对应的绿色税率，提升对工业生产企业排污的控制力度，降低碳税的管理成本，减少大气排放物中二氧化硫的指标，提高二氧化硫等废气排放成本，进而减少企业废气排放率，推动节能减排市场的建立，为本地企业绿色发展营造一个良好的环境。将过度包装、光学污染、土壤污染等对生态环境造成危害影响的产品纳入环境保护税中。扩大资源税的征税范围，将森林、海洋、湿地、草地等自然资源补偿性收费均纳入资源税，并相应增加详细的税目，将尽可能多的资源种类纳入资源税的征收范围，强化资源税的环保职能。对不利于可持续发展的生活、生产方式适当提高税率。针对不同企业开采行为征收不同的税赋，目前资源税的征收范围过窄，仍需不断扩大征收范围，提高资源税的适用性。进一步落实清费立税，减轻企业总体税负，助力企业节能减排。扩大消费税征税范围，将高污染、高消耗、不健康等产品纳入消费税，完善节能、节水等产品，新能源汽车、可再生能源以及绿色电力、资源综合利用等税收优惠政策，细分消费税的税目，对相同类型的不同产品进一步细分，提高一次性筷子、燃油汽车等对生态环境造成影响的产品的使用税率，充分发挥税收政策在促进绿色消费上的激励与约束作用，引导消费者绿色消费。政府应加强对消费者绿色消费行为的正确引导，可适当提高对生态环境有污染、资源消耗高的产品的税收。适时优化成品油消费税征税范围，明细税目税率差异化划分，对税收环节实施后移改革。实施增值税优惠政策，鼓励能源企业技术转让，对购买先进绿色技术的企业给予一定税收优惠。针对能源产业全产业链实施激励型税收优惠政策，刺激能源清洁减排技术不断创新。

（二）完善绿色税收运行保障机制

建立完善的排污监测机制，加大排污监测设备、人才和技术的投入，提升各项污染物的监测水平和数据信息准确度，以更加精准测量出企业的排污量。推进专款专用机制建立，将企业上缴的所得税、增值税对资源综合管理的税收优惠税额用于环境保护专项资金，同时把能源税、环境保护税等部分税收收入纳入公共预算，成立专款专用资金池，可投入到防污治理和改善环境等工程中，或作为奖励企业绿色生产的补贴资金，达到取之于民用之于民的最终目的。明确规范绿色税收的专款专用制度，有助于提高纳税人的纳税意愿和积极性，减少其纳税成本，拓宽绿色税种影响面，树立居民绿色纳税理念，利于完整的绿色税收体系建立。完善绿色经济发展评价机制，将绿色发展理念有机融入税收各项政策措施中，把资源消耗、环境保护等相关因素均纳入评价体系。建立绿色消费税收体系，在生产环节、流通环节和消费环节均收取一定税赋，尽可能避免资源浪费。

（三）加强绿色税收征收管理

加快建立完善的绿色税收征管体系，明确和统一税收征管流程，提升环保监管部门、税收部门、环境统计部门之间工作协调性，形成联合执法、联合办公的多部门统筹协调模式，提高绿色税收的征税效率，确保绿色税收政策能够落地。推进各部门之间相关征管信息的完善和相互分享，建立多部门信息共享机制，通过各部门之间提供的数据提高绿色税收征收管理水平。充分利用大数据资源，与国家信息进行有效对接，实现跨省市内的信息和资源共享，确保征管流程的统一性和稳定性。提高绿色税收的使用效率，加强绿色税收征管和使用效益的管理，成立政府环保基金，科学化编制和使用预算，对税源进行严格的监督管理和审核评估。加强对污染行业的绿色税收监管，完善绿色环保监督体系，提高环境管理水平，加大绿色监管力度，对破坏生态环境等违法行为，进行严厉税收处罚。对企业生产的绿色产值进行合理、有效以及科学的评估机制，建立合理的评估方法，对绿色生产企业生产过程进行科学地评估、审核，及时披露企业污染生态环境的行为。建立绿色税收考核机制。税务监管部门应严格按照税务稽查制度对企业绿色行为进行考核和税收处罚，通过事前、事中、事后审核监管及时发现企业高污染、高耗能等违法行为，对企业进行处罚。健全多部门税费征管协同机制，构建一个由税务机关、环保部门、地方政府、各单位共同参与、分工协作、各负其责、发挥优势的多部门协同征管机制。该机制不仅是维护各方利益的重要措施，也可加快资源的整合，规范办税行为的制度创新。协同征管各方应根据法律规定切实履行好各自职能，建立起相互制约相互监督的绿色税收征管机制。建立涉税数据共建共享机制，搭建省级涉税信息共享平台，将税务机关的征管系统和环保部门的监测系统进行对接，制定完善统一的涉税信息标准，明确数据采集、传递、分析和利用的规范，形成标准、真实的信息数据库，加强对信息平台的维护，建立信息平台的管理制度，严格评估和考核机制，确保绿色税收征收机制的稳定性。充分利用大数据、云计算、区块链等现代化信息技术赋值税收征管体系。利用大数据、人工智能等技术对工业企业碳排放数据进行精准检测、追溯和监测。借助先进科技赋值税收征收全过程，实现税收征管的智能化和数字化。探索绿色税收征管和纳税服务相融合的征管模式，在税收征管过程中不断提高纳税服务水平，共同促进绿色税收征管质量和效率的提升。

二、加强绿色税收对企业的激励机制

（一）完善绿色税收优惠制度

根据吉林省实际发展情况完善绿色产业相关税收优惠政策，大力支持企业绿色转型升级，鼓励企业引进绿色生产设备和技术，培养绿色创新人才，推进企业提升节能减排能力，建立绿色生态环境经济高质量发展制度。对高新技术产业实施绿色税收优惠制度，尤其是从事绿色能源技术、节能环保技术等科创型企业相关审批流程，对企业引进、购买、研发绿色低碳技术，可适当减少或免收增值税。针对经常购买大型设备且价格较高的企业，可以通过政府购买的方式减少企业固定资产的压力。提高我省税收优惠政策的精准性，不断对税收优惠政策的实施对象、内容进行细化，例如，使用普通化肥、农药的农产品生产企业不能享受税收减免政策。进一步扩大税收优惠政策的适用范围，由部分行业、企业所得税减免逐步扩展到全部行业、企业。尽可能降低准入门槛，减少区域、时间等限制因素，确保税收优惠政策的落地。不断丰富税收优惠方式，采取税前减免、补贴、加速折旧等多样化优惠手段。能源企业购买先进技术需给予一定税收优惠政策，并且积极实施于能源产业全产业链，进而刺激能源技术不断创新突破。工业是二氧化碳重要的排放来源，钢铁、水泥行业更是污染和碳排放重点领域，围绕工业领域的低碳发展税收政策应加大激励力度，推动产业过剩产能退出和转型升级。适当扩展税收对工业节能减污减排减碳的调节范围，加大调节力度，将碳排放纳入环境税收体系的征税范围。要加强税收与财政、税收与金融、税收与价格等政策的协调，加快税收优惠政策与纳税信用等级评价、财税银保合作协议等机制进一步融合，扩大清洁能源使用增值税即征即退优惠政策，实施鼓励低碳工艺和资源循环利用的财政补贴和税收优惠政策，鼓励各地市（州）碳达峰、碳中和目标进度与实现路径进行合理规划，制定相应的地域性特色化的税收支持政策。未来我国自然碳汇能力仍存在较大发展空间，目前与自然碳汇相关的税收政策主要采用税收优惠的专项支出形式，涉及农产品免征增值税、企业所得税等优惠政策。但是由于资金不足，相关财政支持力度较低，生态补偿措施无法弥补生态环境遭到破坏所造成的损失。要将税收政策与碳交易市场有机紧密地结合起来，对积极参与碳汇交易的企业实施差异化的税收优惠政策，允许企业在税前抵扣一定比例的购买碳汇支出，以此鼓励和吸引更多的市场主体参与到碳汇市场交易中，促进吉林省碳汇市场的发展。

（二）完善绿色技术创新税收激励制度

实施企业绿色技术创新税收激励制度，提高企业技术创新的积极性。制定鼓励企业绿色技术创新的税收优惠政策，建立高新技术企业和中小企业融资体系，加大对绿色技术创新的支持力度。完善企业技术创新补贴和税收激励制度，为企业提供技术创新专项贷款资金扶持，降低企业技术研发成本，减轻企业所承担的融资压力。制定节能减排、环境污染治理等方面的所得税和增值税优惠制度，推进资源税征收改革工作，对高新技术企业实施税收减免组合政策，对技术转让、成果转化给予税收优惠政策。针对企业技术创新不同阶段制定差异化优惠政策，在技术创新研发阶段，制定技术研发补贴和直接税收减免优惠政策；在技术创新产出阶段，制定间接税收优惠政策，进一步减轻企业技术创新资金负担。扩大绿色技术创新税收优惠政策适用范围，企业可享受税额抵免、加计扣除、再投资退税、定期优惠和免征额度等优惠，对于绿色技术创新人才可加大津贴税收优惠，吸引更多的绿色技术研发尖端人才。对企业绿色技术相关规范、审计认定细则进行优化，对相对落后地区给予更为优惠的税收政策，在技术合同印花税、房屋使用税和土地使用税方面给予优惠。

三、强化绿色税收的宣传效力

加大绿色税收的宣传效力，全面做好绿色税收优惠政策的宣传和辅导，增强居民的环保和纳税意识，推动绿色税收的相关政策顺利执行。依托大数据推进线上线下宣传进度，通过抖音、微信公众号等新媒体平台，向广大人民群众普及绿色税收相关知识、内容和手段，鼓励居民学习和了解绿色税收的意义，调动居民的积极性和意识。深入开展绿色税收宣讲工作，可以聘请税收专家进入社区、企业、高校，有针对性地进行绿色税收政策宣传讲解。加强对基层税务工作人员绿色税收知识的培训工作，定期将绿色税收给予企业的优惠政策和效益向社会公众进行展示，引导纳税人加强对低碳、环保和减排的重视度，培育环保意识，加深纳税人对绿色税收的理解。对环保税、资源税的纳税人开展"一对一"的精准辅导，加大对资源税和环保税政策的宣传力度，进一步扩大政策宣传的影响力和辐射面。通过现代化各类信息共享平台，深入开展绿色税法普法行动，为树立"绿水青山就是金山银山"提供强大的税务动能。

第三节　推动绿色发展的金融政策

一、大力发展绿色信贷

（一）建立银行绿色信贷评估体系

加快引进、培育一批独立、合格、具有较强专业性的第三方评估公司。对具有社会风险和环境风险的授信，需聘请第三方评估公司介入进行专业化、系统性评估，确保评估结果的公开、公平和准确。第三方评估公司出具的专业评估报告可作为商业银行发放绿色信贷的前提条件。加快提高绿色信贷相关信息的披露水平，以上市公司环境信息的披露制度为标准，在信息披露内容、指标、格式、温室气体排放水平等方面进一步细化，及时披露重大事项信息。推进商业银行建立绿色信息披露和统计制度，确保披露信息的标准化和透明化，提升绿色信贷业务数据的统计能力，建立商业银行绿色信贷统计数据库，推动绿色信贷风险监控的及时性和有效性。完善绿色信贷评价标准，建立健全定量和定性两大指标体系。建立标准的绿色贷款资金管理机制，将绿色贷款资金转入专门绿色账户，保证资金使用的透明度，降低信用风险的发生。建立企业客户分类评估管理制度，关注企业生产过程中对能源消耗、碳排放和生态环境等方面的影响，对企业环境和气候风险充分进行评估，完善企业评估评级模型，审批流程采取"环境保护一票否决权"。金融机构要制定针对不同客户环境和社会风险的评估标准，对客户的换进和社会风险进行动态的评估和分类，所得出的结果作为该客户评级、信贷准入、管理和退出的依据来源，同时在贷款"三查"、贷款定价和经济资本分配等方面采取差别化的风险管理措施。对存在重大环境和社会风险的客户实行名单制管理，要求其采取降低风险的措施，如制定重大风险应对预案，建立及时有效、较为完善的沟通机制，寻找第三方为自己担保环境和社会风险。

（二）拓宽绿色信贷产品种类

推动金融机构以服务客户为重点，积极探索研发多种类"碳金融"产品，结合吉林省产业发展特点，持续加大在绿色制造、节能环保、防污治理、清洁能源、绿色建筑、绿色交通、绿色农业、新能源、新材料等重点领域信贷产品支持，完善绿色信贷产品结构。根据企业实施项目周期和所属行业的特征，合理确定流动资金贷款等产品贷款期限和还款方式，在一定范围内提高中长期贷款比例。加快绿色创新组合贷款、环保贷款、节水贷款、绿色转型贷款、绿色房屋改造贷款以及绿色消费信贷等新型产品的开发和应用，支持金融机构推广水权、用能权、竹林碳汇、合同能源管理收益权等抵质押贷款产品。提高企业的融资效率，降低融资成本，优化企业资产负债结构，推进国家政策性银行、大型商业银行等金融机构出台大规模绿色信贷产品。推进银行业金融机构与政府之间的合作，由政府牵头推动金融机构和企业建立长期资金合作关系，为中小企业提供优惠绿色贷款。尤其是科技型绿色企业、准公益型项目，金融机构可优先对其提供中长期资金支持，不断创新金融产品和服务。建立有利于绿色信贷创新的工作机制，在对风险进行充分有效控制的前提下，推动绿色信贷流程、产品和服务的创新。充分发掘个人绿色消费贷款空间，推动绿色消费金融发展。根据居民个人绿色出行、绿色消费等绿色生活方式的需求，研发提供绿色住房抵押贷款、新能源汽车消费贷款、绿色生活信用卡等多样化的个人绿色消费信贷产品，进而提高社会群体的绿色消费意识，从而有助于倒逼企业加大绿色产品研发，推动企业产品绿色转型升级，形成绿色发展良性循环。加大金融科技的应用，加快融入大数据、云计算等现代科学技术手段，不断简化业务办理流程，创新推广绿色信用贷款产品。对重点用能单位、节能服务单位、第三方节能量审核机构设置能效信贷产品，用以支持用能单位提高能源利用效率，降低为能源消耗而提供的信贷融资。加大针对有利于促进产业结构调整、企业技术改造以及重要产品升级换代等重点能效项目；符合国家规划的重点节能工程或者列入国家重点节能低碳技术推广目录的能效项目；高于现行的国家标准的低能耗、超低能耗新建节能建筑；符合国家绿色低碳循环交通运输要求的重点节能工程或试点示范项目；获得国家或地方政府有关部门资金支持的节能技术改造项目和重大节能技术产品产业化项目等重点领域绿色信贷资金支持。建立用能单位能效项目信贷和节能服务合同能源管理信贷两种绿色信贷模式。进一步明确纳入能效信贷的相关能效项目、用能单位和节能服务公司的准入要求。加强能效信贷尽职调查，对用能单位进行全面了解、审查，充分调查能效项目、节能服务合同等信息和存在的潜在风险。加强能效信贷贷后管理，时刻关注国家产业结构调整、节能减排政策变化和节能减排标准，提高对授信企业和项目产生的实质性影响，定期对信贷风险进行评价，并建立信贷质量监控和风险预警机制。在确保风险防范的前提下要加快能效信贷产品和服务的不断创新，为客户提供银行信贷、政府债券、债券承销、融资租赁、投资基金等多种融资方式，提高服务效率。积极探索以能效信贷为基础资产的信贷资产证券化试点工作，推动发行绿色金融债，扩大能效信贷的融资来源。积极探索能效信贷担保方式的创新，有效缓解节能服务公司面临的有效担保不足、融资难等问题，确保风险可控。加强能效信贷能力建设，提升能效信贷的风险识别和管理能力，积极开展能效信贷的培训，培养和引进具有金融和节能环保专业能力的复合型、专业型人才。积极建立能效信贷推广和创新的激励约束机制，配备相应的资源，完善内部激励政策，对内部资金配套实施差异化管理，加强内部考核评价，在风险可控的前提下，激励金融机构可适当加大能效信贷的投放。积极开展能效信贷贷前能效筛查，向客户提供与改善能效相关的增值服务，对符合信贷条件的、达到先进能效标准的固定资产和项目融资需求给予优先支持；对于达不到国家能效标准的固定资产和项目融资需求的，不予资金支持。

（三）完善绿色信贷监管体系

加强银行业金融机构的绿色风险防范，加大绿色信贷监督检查力度。推动银行建立健全自我约束和风险内控制度，定期在内部开展绿色信贷自检自查活动，树立绿色信贷内部治理长效机制。加强对企业绿色信贷事前、事中、事后的监督管理，强化绿色信贷从业人员的专业知识培训，严把绿色信贷相关审批流程，加强与环保部门的合作，对绿色信贷存在的潜在风险进行科学、可靠评估，对申请绿色信贷的企业风险进行实时监督和分析，加强对绿色信贷资金发放后的管理。如果企业出现违反环保法律、排污不符合规定等情况，及时采取暂停贷款资金的拨付。进一步鼓励银行业金融机构加大绿色信贷支持力度，对政策性银行、国有银行和商业银行绿色信贷额度进行合理规划，建立最低绿色信贷标准。明确相关监管部门具体监管事项和责任，实时监管金融机构绿色信贷实施情况，对各类信贷业务进行及时审核和披露，将列入信贷失信名单和对环境存在污染破坏的贷款企业信息共享给金融机构，降低金融机构的资金风险，建立金融机构违规贷款的惩罚机制，对于没有对贷款企业进行环保评估、风险评估的金融机构，相关部门应追究其责任，可采取罚款、警告、责令改正等措施。强化绿色信贷项目的风险管理。商业银行在审核绿色信贷业务时，要加强对该业务碳排放的监控。加快完善对客户的授信管理，将碳表现和碳定价作为授信管理的重要一步。协同推进绿色转型和数字化转型，运用金融科技手段提高气候和环境风险的管理能力。对碳减排和环保政策进行政策风险评估，有针对性地做出合理的应急预案。加强授信尽职调查工作，根据客户所处行业的特点，明确环境和社会风险，确保调查的全面性、深入性、准确性和细致性。应当对拟授信客户进行严格的合规审查，根据不同行业特点，制定合规文件清单和合规风险审查清单，确保客户所提交的文件和相关手续的合规性、有效性和完整性，引导客户对有可能出现的风险点产生足够的防范意识。加强授信审批过程的管理，根据顾客所面临的环境和社会风险的性质，确定合理的授信审批流程和授信权限，对前期调查结果显示不合规的客户，应不予授信。加强绿色信贷资金拨付管理机制，将客户对环境和社会风险的管理状况作为是否拨付的重要依据，在已经授信项目的设计、准备、施工、竣工、运营等各个环节都应设置环境和社会风险评估关卡，对存在重大资金风险隐患的，要及时中止或终止资金的拨付。加强资金的贷后管理，对有潜在重大环境和社会风险的客户，制定实施针对性较强的贷后管理措施。在资产风险管理、分类、计提、损失核销等方面及时做出调整。建立健全客户重大环境和社会风险的内部报告制度和责任追究制度。在客户发生重大环境和社会风险事件时，应当及时采取相关的风险处置措施，并及时对发放贷款的金融机构造成的影响向银保监会监管部门报告。将绿色信贷执行情况纳入内控合规检查范围，定期组织金融机构内部绿色信贷审计工作。在审计过程中发现重大问题，要根据相关规定进行追责。建立有效的绿色信贷考核评价体系和奖惩机制，落实激励约束措施，确保绿色信贷能够持续有效开展。银行业金融机构监管机构要加强与主管相关部门的协调配合，建立信息共享机制，加快完善信息服务，及时向银行业金融机构提示相关环境和社会风险。加快建立绿色信贷非现场监管，完善非现场监管指标体系的建设，强化银行业金融机构面临的环境和社会风险的监测分析，及时引导其加强风险管理。

（四）加强绿色信贷法律体系建设

不断完善绿色信贷的法规体系，明确相关绿色信贷基本原则、发展目标和要求、保障措施等，加快绿色信贷顶层设计。对现有的绿色信贷规章制度、规范性文件和政策进行梳理，在相关领域制定出台实施细则，使之有效防控绿色信贷环境风险。加强绿色信贷风险防范，从法律源头遏制绿色信贷风险的发生，规范金融机构和企业绿色信贷行为。建立专业的法律制度作为保障，加快制定相关政策和指导意见，对金融机构内部机构设置、分工提供法律法规，规定银行业内部需成立绿色信贷审核部门、绿色信贷发放部门、绿色信贷贷后监管部门，对各个部门的具体分工进行明确规定和细化。对不及时披露环境信息的企业，要追究企业管理人的法律责任。

二、大力发展绿色保险

（一）完善绿色保险体制机制

提升各级地方政府对环境与气候风险的重视程度，持续性、全方位、多领域推广绿色保险。建立绿色保险政策框架，对环境污染责任保险、相关保险产品和服务、保险机构参与环境风险治理等方面制定具体规定，确定绿色保险行业发展短、中、长期目标和战略规划。推动保险监管部门制定促进绿色保险发展的具体举措、激励措施和考核要求等细则，加快完善政策顶层设计。对绿色保险定义明确标准，在梳理目前已有绿色保险的品种基础上，创新绿色保险产品和服务。明确投资标的评估标准细节和保险资金具体可以投向领域的范畴。完善绿色担保机制和绿色投资长效机制，制定绿色项目认定、风险评价以及费率调整等机制，为保险机构提供可参考的标准体系，降低承保所承担的系统性风险。建立健全统一化的赔付触发机制、资信审查、质量监督以及严格追偿的三重防范机制。建立绿色保险激励与监督惩罚机制，完善政企之间标准化的信息共享和合作机制，在相关政策文件中要具体细化实施细则。

（二）提升绿色保险整体发展水平

提升保险机构对新型绿色保险产品和服务的创新意识，鼓励保险机构提高自身竞争优势，获取更高的市场份额。提高保险机构研发部门环境与气候风险传导至金融风险认知度，加大开发新型环境与气候保险产品的资金投入，加快形成完备的方法学与能力建设，收集温室气体排放量、污染物排放以及生态产品价值等数据，进行有效分析和研究。引进、培养绿色保险专项人才，鼓励保险机构加大学术基础研究投入。推动绿色保险与双碳目标融合发展，绿色保险应重点关注服务化石能源转型、改进实体经济发展的碳减排技术更新等方面，与我国制定的优化产业结构、调整能源结构等基本目标一致，进一步提高绿色保险业务服务"双碳"目标的有效性。推动保险机构拓展服务的广度和深度，根据市场特征差异化制定可持续发展战略定位，逐步形成自身发展优势。结合经营业务特点和现有绿色保险产品加快优化和创新服务模式，以点及面对市场进行细分，精准对接目标客户群体业务与服务需求。推动保险机构建立全方位、多领域的绿色保险体系，促进绿色保险与金融科技融合发展，坚持长期投资、稳健投资、多元投资、责任投资、价值投资的原则。创新政、企、银、保等多方合作服务业态，助推传统产业转型升级，新兴绿色产业快速发展。

（三）明确绿色保险产品标准

建立以宏观政策和市场发展趋势为导向的驱动机制，细化绿色保险产品领域，明确绿色保险产品标准。加快出台绿色保险顶层引导文件和纲领性文件的出台，梳理绿色保险及生态设计的发展脉络，结合可持续发展理念，组织监管机构和自律组织成立具有专业技术水平和科研能力的研究小组，重点关注绿色保险产品标的和风险分析，深挖潜在突破点，制定绿色保险标准文件、相关指引性文件和办法学指南。由相关监管部门牵头，联合保险机构积极制定绿色产品标准的落地与实施，完善多元化绿色保险险种的实际运营流程。鼓励保险机构根据绿色保险标准开发具有可行性和实用性的绿色保险创新产品，具体范畴可包括环境污染责任保险、农业巨灾险、天气指数险等传统型绿色保险，创新性结合节能减排、应对气候变暖等热点内容设计绿色建筑、清洁能源等绿色低碳转型方向的产品。培育行业领先绿色保险产品，达到可复制、可推广水平，不仅要贯彻绿色保险产品防范管理要求和气候风险的基本原则，同时要提高保险机构的绿色市场竞争力。

三、推动绿色债券快速发展

（一）完善绿色债券市场制度体系

进一步规范绿色债券市场，有序推动绿色债券发行。降低绿色债券发行费用，鼓励适当降低绿色债券的发行登记费率、付息兑付服务费率，尽可能减少企业发行绿色债券的融资成本。规范和指导绿色公司债券的发行，对绿色公司债券资金募集用途、绿色产业领域公司范围、债券信息披露要求和公司债券评估认证进行具体安排。大力支持商业银行和民营企业发行绿色债券，支持金融机构设立绿色发展基金，探索发行气候债券、蓝色债券等创新型债券产品，支持具备条件的民营节能环保企业发行绿色债券，进一步拓宽节能环保产业，改善民营企业融资环境，推动其发行绿色债券。鼓励金融机构投资绿色债券，将绿色贷款业务升级成绿色债券和绿色贷款业务。设立发行绿色市政债、绿色园区债，通过信贷通、科贷通、私募基金、绿色项目挂牌展示等多种方式拓宽企业融资渠道，大力支持绿色工厂、绿色园区、绿色学校建设。建立统一的信息披露标准和制度，发挥市场化约束机制的作用。在绿色债券发行前规定其充分披露拟投资的绿色产业项目类别、项目筛选标准、项目决策程序、预期环境效益目标、募集资金使用计划及管理制度信息等，明确发债企业的环境法律责任，强化发债企业的环境风险管理意识。建立健全绿色债券使用资金的使用跟踪和评价机制，完善绿色债券发行的事后监督，形成事前、事中、事后的监督机制，提高绿色债券资金使用的透明度，要求绿色债券发行人定期公布获得资金的用途，推动绿色债券可持续发展。

（二）促进区域绿色债券发行

推动地方绿色产业发展，促进绿色债券发行。积极探索试点发行生态环保项目收益专项债券等，推动地方政府发行专项债券，制定绿色债券贴息、补贴、减税、免税等政策实施细则，可再生能源绿色项目实施价格补贴，对绿色债券给予一定政策支持。建立绿色债券融资主体绿色资金使用和管理制度，按照相关规定以及与出资人约定的用途进行使用与管理，并定期向出资人报告资金使用情况和管理情况，依照国家金融监管部门有关绿色债券发行要求进行披露。各市（州）政府可引导社会资本参与到绿色项目融资中，通过投资补助、担保补贴、债券贴息、基金注资等多种方式，支持绿色债券的发行和绿色项目的建设，扩大直接融资的比重。鼓励市（州）级地方政府设立地方绿色债券担保基金，专项用于为发行绿色债券提供担保。积极探索应用碳排放权、排污权和用能权等收益权、知识产权、预期绿色收益为质押的担保方式。规定金融机构应主动询问发行方发行绿色债券的意愿后再开展债券发行业务，对发行方需提供专业的意见和服务，鼓励证券公司主动承销绿色债券，并将这一行为作为证券公司履行社会责任的重要评价内容之一。支持银行业金融机构发行并投资绿色债券，引进境外绿色投资客户投资绿色债券。证券监管部门应适当降低绿色债券交易手续费，为绿色债券发行和上市交易提供便利渠道，推动地方绿色债券市场规范化发展。支持地方符合条件的非金融企业在境内外发行绿色可续期债券和项目收益债券等绿色债券产品。对发行绿色债券的企业给予贴息扶持政策，对为中小企业发行绿色债券提供担保的金融机构建立风险补偿机制，对通过绿色企业和项目认证的中小微企业给予资金支持。对通过审批的绿色收益债券，如在存续期内项目收益不足以偿还债券本息的企业，政府可对差额部分进行信用担保，以暂持融通的方式提供信用增级，提高绿色债券发行规模，通过为相关绿色资产关联的债券提供政府担保等方式，推动企业绿色债券的发行。积极开展绿色债券产品种类创新，对于具有相对稳定偿债资金来源的项目，可采取资金封闭运行的模式，发行项目收益类债券，对于项目回收期较长的，可采取发行可续期或是超长期债券。

（三）建立第三方认证制度

加快完善第三方认证机构准入机制，积极引进国外具有丰富经验的第三方机构，并向其学习和借鉴成功经验。建立由政府资金扶持的第三方认证机构，加快培育吉林省本土的评估和认证机构，制定适合实际发展需求的认证标准和制度。提高绿色债券发行中获得第三方机构认证的比例，应逐步开展各类绿色债券的第三方认证活动，出具独立的第三方认证报告，对绿色债券的资金流向和节能减排效益进行有效的监督和评估，对绿色债券项目进行绿色效益专业化评估，增强绿色债券的可信度、透明底和规范化，建立客观评价发行主体和绿色项目环境表现的机制。

第四节 推动绿色发展的土地政策

一、防治土地荒漠化

始终深入贯彻"绿水青山就是金山银山"的理念，严格遵循生态环境内在规律，坚持因地制宜、分类施策，全面加快防治土地荒漠化步伐，共建多元共生的荒漠生态系统。对天然植被加大保护力度，坚持生态和保护为主要方式，坚持自然恢复为主，严厉打击开荒、毁林开垦、违规采矿等行为，加大对违法行为查处力度，实施禁垦、禁牧等措施，对破坏沙区植被和生态环境的行为重处罚。坚持运用科学手段进行荒漠化治理，建立和完善土壤沙化监测体系，按照自然发展规律，根据实际情况，宜林则林，宜草则草，科学种植林草植被，增强荒漠化治理的科学性，推广和应用防沙治沙的实用技术和模式，强化相关技术的培训。深入践行绿色发展理念，保证生态资源的完整性，坚持以保护绿色生态环境优先、绿色高质量发展为导向。充分发挥土地资源丰富、物种资源多样化等特点，积极发特色种植业、精深加工业、特色旅游产业等，实现绿色惠民。积极动员人民群众加入到土地荒漠化防治中来，构建全社会共同参与的生态治理体系，为群众搭建服务平台，加大防治案例、典型人物事迹的宣传力度，弘扬保护土地的精神，让爱护自然、尊重自然的生态价值观和绿色发展理念深入人心。

二、加强黑土地保护利用

加快构建黑土地保护利用管理监督机制，严格实行黑土地耕地保护利用制度，将适合耕地的黑土耕田改为永久基本农田，按照黑土地性质划分为粮食生产和农产品生产两个区域。建立各地级政府黑土地保护考核机制，督促各地市（州）政府深入落实责任。加大政府财政资金扶持力度，建立黑土地保护利用专项资金。调动农民保护黑土地的积极性，鼓励地方政府整合财政资金和社会资金，对农民开展黑土地地力保护、轮作休耕给予资金补贴。建立黑土地保护技术创新支撑体系，推动企业、科研院所、高校和农业技术研发相关部门成立协同创新联盟，共同攻关黑土地保护核心技术难题。建立科学技术人员创新服务机制，鼓励科技人员深入基层，进村进户开展黑土地保护技术培训指导工作，提高农民科学施肥、耕地育种以及抗虫害技术水平，尽可能减少化学农药的使用量。持续推进化肥农药减量增效工程，推广现代化机械设备精准施肥，普及高效新型化肥的使用和水肥一体化技术的应用。加大水土流失治理力度，加快完善农田水利配套设施，推动节水灌溉技术的全方位应用，减少地下水的开采。推动黑土地保护立法进程，进一步明确各地市级政府和耕地使用者的权利和义务，加大相关管理部门的执法和监督力度，加快修订完善相关地方性保护法规，与中央形成配套衔接的法律体系。

三、开展土地综合整治

以保护自然生态环境为出发点，循序渐进推进土地整理、开垦、开发等整治，加快改善农村生产生活环境和条件，是生态文明建设、乡村振兴战略、空间之力、弘扬绿色发展理念的重要举措。加强土地空间格局优化和生态环境保护优化，对城镇和乡村进行土地合理规划、综合治理，重点对农用地治理、闲置建设用地治理、农村环境治理和生态环境修复开展行动。建设一批土地综合整治示范村镇，持续优化生产、生活和生态三大空间。在土地综合整治区域开展增减挂钩，充分释放建设用地规模指标、耕地占补平衡等政策红利。对目前已经完成村庄规划的市县，如无法满足土地综合整治需要的，可在建设用地不增加、耕地面积有扩大、耕地质量进一步提升的前提下，重新根据实际情况对村庄规划进行修改和完善。建立多元化的项目建设支撑体系，包括财政资金、社会资本、土地综合整治发展基金，鼓励政策性银行、金融机构，为项目提供长期信贷支持。实行新增建设用地奖补机制，项目批准后可获取基础奖金补助，每年对县市进行综合考评，对排名靠前的县市给予奖金补助和建设用地奖励，根据绩效评估结果给予差异资金奖补。建立农民利益共享机制，对涉及农民切身利益的事项如村庄规划、收益分配等，要多听取群众的意见。鼓励由当地农民自行组织开展农田整治、植树造林等行动。

四、推动绿色土地利用

转变传统重经济轻环境的思想，推动绿色土地的利用，从宏观的视角制定和实施绿色经济发展核算机制，将生态环境、社会发展等各项指标加入考核体系。制定绿色土地利用长期规划，有机融合社会、经济、生态等因素统一，对省内城市进行合理规划和定位，避免各城市之间因土地分割造成的盲目竞争，提高城市群土地利用的整体效率。采用差异化绿色土地利用制度，对于发展初期的城市应加大资源投入力度，激活绿色土地的潜在发展动力，对于发展中期的城市应充分提高绿色土地的利用效率，对于发展成熟期的城市应促进绿色土地向高附加值转型，将建设用地逐步转化为生态用地。以空间格局优化各区域协同发展，发挥绿色土地利用总体规

划的整合作用，推动区域间资源整合与共享、发展优势互补。对存量绿色
土地增加投资力度，转变土地类型，充分盘活存量土地以缓解城市规模不
断扩大所造成的土地资源需求，减少对周边农用地的占用，合理配置绿色
土地资源，推动产业结构不断优化，提高绿色土地整体的综合利用率。

五、构建绿色土地储备制度

　　构建绿色土地储备制度，为吉林省土地储备提供标准化、绿色化指导
思想，规范和严格绿色土地储备流程。以绿色发展理念推进绿色土地储备
制度，强化土地储备中对生态环境保护的重要性，建立绿色土地储备生态
补偿机制，促进经济快速发展与生态环境保护之间形成平衡。通过财政资
金补偿、税收减免、财政补贴等方式，对城市开发建设过程中对周边农
田、林地等生态保护用地造成破坏进行补偿。严格实行绿色储备土地量化
管理机制，严禁不当的土地开发和利用，对农用地采取占多少补多少的
补偿原则，严格对占用的耕地数量进行核算，确保绿色土地储备制度与
绿色土地整体规划一致性。完善绿色土地储备原则，加强对储备土地的生
态绿化工作，因地制宜确保储备土地高效利用，实行土地资源的节约高效
利用。制定绿色土地储备临时利用制度，可将储备用地改建成公共停车场
地、公共娱乐场地等场所，充分发挥储备土地的真正价值。加强政府政策
的指引，协调经济发展、土地储备和生态环境三者的关系，发挥政府对绿
色土地储备工作的政府主导性。引入绿色土地储备市场竞争机制，严格遵
守由第三方机构招标的方式，以公平公正公开为原则选择土地开发企业。
土地开发企业应在开发能力、资金、施工过程无污染性等方面具有较强资
质，政府相关部门需要监督企业的开发工作。

第五节 推动绿色发展的人才政策

一、重点培育绿色基础研究人才

聚焦前沿性基础研究，带动绿色原创成果重大突破。依托吉林大学、东北师范大学、长春理工大学等重点高校平台和科研机构，充分发挥人才资源集聚、科研平台汇聚、学科交叉融合强势等优势，积极探索绿色基础研究人才培养模式，加强绿色基础研究人才队伍建设，在节能环保、清洁能源、生态环境修复与保护等重点领域，着力培育引进一批能够攻克重大科学难题，具备国际前瞻性的高层次、高水平的绿色基础研究人才和科研团队。加快全方位培养、吸引、稳定绿色基础研究人才，积极构建多阶段、高资助强度的基础研究人才资金扶持体系，确保基础研究人才科研资金充足。建立绿色基础研究平台，吸引更多有能力的基础研究人才汇聚。营造绿色基础研究的良好氛围，激励科研人员不怕失败、勇于尝试，充分激发创新活力和潜力，围绕绿色产业高尖端领域开展长期研究。充分发挥高校学科交叉优势，加速绿色原创性科研成果的产出和绿色技术复合型、创新型、应用型人才的培养，构建多层次、多学科的绿色学科结构，推动不同学科之间开展绿色技术基础研究联合攻关和综合性研究。高校和科研院所应加大对基础研究博士后的支持力度，鼓励优秀的博士毕业生从事基础研究博士后工作，为基础研究提供储备人才。

二、加快培育绿色产业技术研发人才

提升核心企业自主创新、研发能力，以培育壮大省内绿色技术研发企业为主，持续加大科技研发投入，建立省内高校、中国科学院各院所围绕绿色产业和绿色科技企业发展需求组建产业技术研发人才培养联盟，深入推进产教融合、产学研合作。推动高校博士后流动站与企业绿色技术研究中心创新协同发展，鼓励博士后积极参与企业给予的各项资金、项目、服务等便利条件，增强博士后人才和企业项目深度融合。大力引进研发创新能力强、拥有自主知识产权、具备较强国际竞争力产业技术研发人才，重点引进培养绿色产业各个细分领域的杰出人才、领军人才和拔尖人才。加大"吉人回乡创业就业"力度，吸引更多的优秀绿色产业技术研发人才回吉发展。完善绿色技术研发人才培养机制，建设一批省级创新绿色技术创新人才培养示范基地。

三、完善绿色技术创新人才激励机制

深入落实绿色技术成果转化奖励政策，提高绿色技术成果转化收益。赋予绿色技术创新人才科研经费管理使用自主权、科技成果使用权和所有权。进一步改革省级绿色科技创新人才计划选拔方式，鼓励采取由高校、科研机构和龙头企业推荐认定制。进一步加大奖励激励制度，强化绿色技术人才待遇激励，从税收优惠、薪酬奖励、收益分成、荣誉奖励以及职称、技术等级评聘奖励等方面，加大对绿色技术创新人才的支持力度。对承担国家重大科研任务、潜心重大基础研究的绿色技术创新人才给予科研经费的支持和激励。鼓励事业单位科研人员申请兼职创业，在保质保量完成本职科研工作的前提下可在职创办企业。制定省绿色科学技术奖、省绿色科技成果转化奖等资金奖励，充分调动绿色技术创新人才的积极性和创新性。强化公共资源统筹，建立高层次人才创新创业快速通道、"吉享卡"机制，为科技创新人才提供子女入学、家安置、医疗健康、住房补贴等生活方面有效保障，积极营造全省尊重人才、尊重创新的社会氛围。

四、完善绿色技术人才评价机制

建立以创新能力、创新质量、创新贡献为重点考核指标的绿色技术人才评价机制。指标的标准不仅要客观地反映出创新的价值，同时要坚持多

元评价，实现对绿色产业各个领域创新人才评价的全覆盖，让各类人才各展所长。创新绿色技术人才多元化评价方式，建立以同业互评为基础的绿色产业内部评价机制，引入社会和市场双主体评价，充分发挥多主体评价的公平性、公正性。建立与绿色产业发展需求相符的企业技术人才评价机制，对做出突出贡献的企业管理人才、创新创业人才进行奖励，推动企业自主创新能力提升。完善高校和科研院所人才考核评价机制，淡化固有标签，让真正想干事、能干事、干成事的人才担负起创新重任。坚持以市场为导向，推进高层次创新人才市场化，充分发挥市场配置人才资源的决定性作用。推进企业不断优化人才评价机制，优化传统将薪资待遇与人才评价简单挂钩的方式，基于绩效考核建立收入分配机制，深入落实绿色技术成果转化评价与奖励制度，对承担国家绿色技术创新重大项目的人才和团队，建立公平公正的评价机制和收入分配机制。优化公平公正的绿色技术人才评价环境，加强人才评价法治制度建设，完善相关规章制度，提升评价体制的公信力，保护绿色人才的合法权益。注重绿色技术人才文化建设，营造平等包容的学术讨论、学术争论环境，鼓励不同学术观点之间的交流，鼓励创新，宽容失败。

第六节 推动绿色发展的法治政策

一、主体功能区建设法治化

持续深化主体功能区建设法治化，推动吉林省绿色转型发展。对禁止开发区域设立生态红线，禁止各类不符合主体功能区定位的开发活动。依法规定所有国有林区天然林全部停止商业性采伐，通过法律制度规范造林和森林抚育经营，进一步保护修复森林资源。深入实施退耕还林工程，增加有林地面积，推动农村经济结构调整和农民收入增加，降低土地流失和风沙危害。

完善森林资源管护法治体系，强化林地管理，依法办理各项征地占林手续，严格执行林参间作用地审批制度。加大森林防火违法和森林资源管护力度，对涉及违法犯罪活动的严防严控，严厉打击，确保林地资源的安全和可持续发展。制定主体功能区规划法，规范、引导主体功能区规划的编制和实施，以立法的方式构建主体功能区制度和规则体系，推动主体功能区规划工作法治化。确立主体功能区规划法、城乡规划法、土地管理法和环境保护法为相同立法位阶，协调平衡发展规划、国土资源、城乡建设和环境保护等部门的空间管理权和各类政策。建立多规合一的管理制度，以主体功能区规划为基础，控制各类功能区资源开发的范围、方式和强度。

二、依法推动低碳经济建设

建立有助于推动低碳经济绿色发展法律体系，加强对企业发展的正确指引。确保低碳经济相关法规高质量立法，提高法律体系的支架作用。根据生产生活产品种类分别制定法律法规，对高耗能的产品需设定节能标准，严格禁止不符合环保标准、高排放的产品流入消费市场。合理规划、分配区域温室气体排放总量，清晰明确排放实体清单，按需分给相关部门或企业一定的排放量。鼓励地方立法机关可因地制宜以立法的方式对企业和相关组织制定降低能耗的法规，推动企业对生产技术进行绿色转型升级，提高企业的经济效益和社会效益。加大执法力度，加快统一执法部门执法依据和执法标准，对严重破坏和污染环境的企业进行严罚，强化各产业企业主体保护环境，明确低碳发展的法律责任，对企业征收环境污染附加税和资源开采税，增加企业环境生产成本。完善低碳法律权利与义务的界定，进一步明确政府、企业和居民应享有的权利和应承担的义务。加强个人低碳法治观念，提升公众个体对低碳经济的认识。对低碳经济的概念、特征和重要性进行通俗易懂的讲解，促进居民树立正确的低碳经济理念，形成低碳绿色的生活方式和消费方式。以宣传、激励的方式加强公众对低碳领域法律权利和义务的理解，对居民的合理诉求要给予法律支持。

三、提升生态环境法治能力

加快建设生态环境法治体系，提升生态环境法治能力，以环境污染防治、资源合理利用、生态环境保护三个方面为重点建立法律和法治体系。积极修改制定各地方生态环境法规，提升立法的地域性、针对性和实效性，提高立法质量且与上位法相辅相成。推动生态环境区域协同立法，促进区域间信息资源共享、联合论证，共同制定修改相关法律法规。进一步加快环境法治体系和治理能力现代化，加大依法治污的力度，持续保护修复生态环境。深入贯彻新发展理念，构建新发展格局，深入落实精准治污、科学治污、依法治污要求，建立政府主导，企业、社会组织、居民群众等主体共同参与、共同发力的生态环境综合治理体系，在生态环境治理过程中充分发挥法治的力量。依法推进生态环境法治化改革，大力推进绿色低碳环保战略性新兴产业的发展，倒逼高排放、高污染、高能耗的传统产业退出。创新生态环境公共服务方式，借助大数据大力加强"互联网+"监管，坚持服务与监管并持、奖励与处罚并重。依法严厉打击环境污染违法犯罪，对各类环境民事纠纷进行妥善处理，切实维护居民的生态环境权益。建设生态宜居的美丽城镇和乡村，依法严厉打击耕地非法占用、污染等违法行为，加大对传统民居、古建筑物的保护力度。

四、生态文明建设法治化

推进生态文明建设法治化，普及群众法治理念，建立健全法治体系，确保执法过程严格严谨，加快完善司法制度。将生态文明建设纳入相关法律中，利用法律的约束性和权威性推动生态文明法治化建设进程，转变升级传统粗放型生产方式，实现吉林省绿色转型发展。不断修订完善吉林省相关环境保护法律，加强对生态文明建设方面系统的阐述，针对生态文明建设过程中出现的新问题做出及时、细节性的调整和完善，提高吉林省生态文明法治体系建设执行力。相关部门应出台完善单行法，以生态文明法治建设为基本原则，对相关法条进行细化，加大对环境资源的保护力度。深入开展居民普法工作，鼓励居民进行绿色生活方式，推动相关环境保护法的宣传工作，从根本上提高居民思想认知水平，提升居民对生态文明建设法治化的理解和素养，树立依法保护生态环境的意识，加深居民对环境保护法和相关法律法规的认识。成立专门普法机构，提高普法工作的专业性、约束性和强制性，通过建立生态文明法治体系提升普法效果，充分发挥政府主导作用，确保普法工作的有序推进。建立生态文明法治建设追责机制，对各地市领导干部业绩采用绿色指标，树立经济社会发展与保护生态环境同等重要意识，提升相关负责领导干部对生态文明建设的责任感。建立执法垂直管理制度，提升相关执法部门的独立性。集中环境监察监督管理部门权力，对存在破坏生态环境、违法违规加工生产的企业依法做出处罚。

五、依法保护生物多样性

加快推进生物多样性保护法建设。坚持保护生物优先，建立生物多样性保护空间格局和监管制度，在野生动物资源保护、湿地保护、野生植物保护、自然保护地等领域加强法律法规的制定工作。支持各市（州）因地制宜出台相应的地方生物多样性保护法规。将保护生物多样性纳入各地区中长期规划中，编制实施生物多样性保护长期战略，相关部门应结合实际制定修订本区域的生物多样性保护规划，鼓励企业和社会组织制订生物多样性保护行动计划。加大对破坏生物多样性执法和监督管理力度，严厉处罚各类生态破坏行为。建立跨区域、跨部门联合执法机制，实现信息资源共享、优势互补，协同精准打击从事生物多样性破坏违法行动。深入落实违法责任追究制度，将生物多样性保护工作成效作为考核综合评价重要指标，对破坏生态环境的行为实行终身追责。加强针对生物多样性保护相关法律法规、基础知识、典型案例等宣传普及，推动抖音、微信公众号等新媒体平台开展生物多样性保护公益宣传。实施系列生态保护修复工程，围绕恢复退化生态系统、增强生态系统稳定性和提升生态系统质量为核心目标，持续开展生态保护修复工程，加快改善重点区域动植物生态环境。完善生物多样性保护与监测的信息平台建设，加大重点生物监测设备研制和设施建设力度，加快应用大数据、人工智能等现代化信息技术，推动生物多样化监测现代化。有效衔接国家生物基础信息平台，充分整合利用各类生物数据库和信息系统。完善生物多样性评估体系，结合全省生态状况调查评估，定期发布生物多样性综合评估报告。对重要保护物种栖息地生态建立遥感监测机制，定期组织开展各类专项执法活动，严厉打击非法捕猎、运输、交易野生动植物及其制品的违法犯罪行为，建立严打严防严管严控的高压态势。

第七节 推动绿色发展的科技政策

一、激发企业创新主体活力

（一）组建产学研协同绿色技术创新联合体

鼓励绿色技术研发企业牵头组建产学研绿色技术协同创新联合体。产学研深度融合的重点在于充分突出企业的创新主体地位，让企业在产学研协同创新的过程中发挥主导作用。由于企业与市场之间建立了紧密的联系性，能够随时洞察市场对产品和技术需求的改变，所以企业不仅是科研项目的"命题者"，同时也是科研项目的"领导者"，担负研究方向、组织开展相关科研创新活动的责任。高校要满足企业绿色技术多样化的需求，在合作中激发和挖掘企业绿色技术创新需求，同时根据企业实际需求精准承担绿色技术研发项目。鼓励绿色技术研发企业与大学、科研机构等创新主体之间建立多种形式的产学研协同模式，由绿色产业龙头企业牵头成立产学研协同绿色技术创新联盟，积极与科研机构、国家级实验室、科技研发平台开展合作和交流，打造吉林省开放合作、互利共赢的绿色技术产学研协同创新网络。

（二）加快培育绿色科技型中小企业

集聚整合吉林省绿色技术优势资源，对绿色科技型中小企业技术创新、产品升级、发展规划等方面提供强有力的支持。组织实施绿色技术科技型中小企业高质量培育计划，加大对绿色技术中小企业的政策和资金扶持力度，优先对绿色高新技术企业、绿色科技型中小企业进行培育。各级政府制订的科技计划项目、产业基金项目需重点向绿色科技型中小企业倾斜，积极促进区域龙头企业、重点企业与中小企业开展业务合作、资源共享，建立长期的上下游供应关系、绿色技术委托研发关系，通过企业之间协同发展、上下游联动的方式，形成良好的绿色科技产业链互动机制。鼓励金融机构为绿色科技型中小企业开展知识产权和股权质押贷款、科技小额贷款、科技保险等信贷业务，支持中小企业的科技创新融资。加强对营商环境、创新环境建设，为绿色科技型中小企业的健康发展营造公平竞争的发展环境。加快制定绿色技术创新企业认定标准，开展绿色技术创新企业认定工作。鼓励绿色技术创新型中小企业承担国家级和地方重点绿色技术创新项目。

（三）引导企业加大绿色技术创新投入

产业技术基础研究是企业增强创新驱动发展的内在动力，能够持续带动企业科技创新能力和核心竞争力的提升。支持拥有较好科技研发基础条件的企业开展前沿性创新研究，加快提升绿色技术重点企业科技研发能力。推动绿色技术企业围绕市场需求和长期发展，完善技术研发、产品创新、科技成果转化机制。制定绿色技术创新企业研发费用相关税收减免优惠政策。联合统计等部门开展集中研发项目辅导工作，帮助绿色技术研发企业实现科研项目早立项、科研经费早入库，做到应报尽报、应统尽统。持续加大对企业绿色技术研发投入和新型研发机构建设的支持力度，对被认定为绿色高新技术企业给予认定资金奖励，对没有被认定绿色高新技术企业给予研发经费财政补助。引导大中型绿色技术研发企业加大研发经费投入，鼓励企业在全国和海外合理布局设立、兼并和收购研发机构，吸纳利用当地的科技创新资源，开展核心技术的研发和产业化应用。大力支持有条件的绿色技术创新企业积极承担国家级重大课题，支持传统型企业绿色技术转型升级，组建绿色产业技术联盟，建立覆盖创新型企业种子期、初创期、成长期、成熟期等不同阶段的财政资金支持体系，深入落实企业科技成果转移转化、知识产权保护等方面的政策。

二、完善科技创新体制机制

（一）强化绿色科技创新体制顶层设计

面对未来的诸多不确定性因素的挑战，如何转变政府职能、强化绿色科技创新体制顶层推动作用将成为科技创新革命的重要任务。不断提升绿色科技创新体制应变能力，推动绿色创新体制向体系化升级。优化组织管理、人才激励、市场环境建设等方面绿色技术体制创新，不断发掘和改善创新体制存在的短板，建立强有力的区域绿色科技创新统筹协调机制，合理整合和分配绿色科技创新资源和力量。组织制定绿色科技创新"揭榜挂帅""军令状"具体实施方案，聚焦吉林省绿色产业发展的关键核心技术难题。加强推动绿色科技创新体制主动适应创新主体多元化、活动多样化、路径丰富化的新时代趋势，构建资源高效配置、创新要素集聚、高水平开放的区域绿色技术创新体系。加快制订绿色技术创新人才培养计划，以高校和科研院所为创新人才培养基地，为绿色产业的发展提供发展动力。加强绿色技术相关学科专业建设，提前布局相关绿色技术领域专业人才，建设绿色技术领军人物、尖端团队。完善绿色技术创新人才评价激励机制，提高绿色技术成果在绩效考核、职称评定中的比例。鼓励科研人员按照国家相关规定到绿色技术创新企业进行兼职，或自主创业，可为其保留编制，五年内可在原单位正常申报职称，其间所产生的创新成果可用于职称评定。

（二）健全完善绿色科技成果评价制度

着力发挥绿色科技成果评价制度，根据绿色科技成果的多元化特点，制定多层次的科学评价标准，实行与不同绿色科技成果相适应的分类评价制度，避免评价指标的单一化、定性化，进一步提高评价成果的标准化和规范化。重视绿色科技成果阶段性特点，创新绿色科技成果评价方式，定期对绿色科技成果开展评价，确保评价制度的科学性、客观性和及时性。不断创新绿色科技成果评价方式，有效利用大数据等现代化方法。坚决破除"四唯"，改变重数量、轻质量的科技成果评价倾向，对具有重大学术影响、为经济社会发展做出突出贡献的高质量绿色科技成果，提高其考核评价权重，激发科技人员创新活力。加强科研诚信监督管理机制建设，对论文造假、伪造科研成果等科研不端行为实行"零容忍"处理。

（三）健全鼓励基础研究投入机制

"卡脖子"技术瓶颈的原因主要来自基础研究的技术欠缺，极大地限制了科技创新的高质量发展。由于基础研究研究周期较长，短期内很难产生相对应的经济效益，所以越来越多的科研人才会选择收益更快的领域，极大地降低了基础研究成果的产出。建立绿色技术创新导向机制，制定绿色产业技术推广目录、装备淘汰目录，推动各行业装备绿色升级。在节能环保、清洁能源、生态环境修复与保护、城市绿色发展、城乡绿色基础设施建设、现代生态农业等重点领域加大对绿色技术基础研究经费投入，形成以政府为主体、社会资本为辅的多元化投资机制，鼓励企业和金融机构增加资金支持力度，进一步扩大基础研究资金来源。加强对从事绿色技术基础研究科研人才的培养，完善基础研究成果的评价和激励机制，改变基础研究与经济效益脱轨的问题，促进更多的基础研究成果涌现，实现"从0到1"的突破。

三、建设绿色科技创新平台体系

（一）打造绿色技术产学研协同创新平台

依托吉林大学、东北师范大学等教育部直属高校和长春理工大学等吉林省省属高校，加快国家重点实验室和省重点实验室的建设，积极组织举办绿色科技创新相关国际国内学术会议，建立集学科、实验、学术于一体的绿色科技创新成果展示分享平台。围绕吉林省高质量发展绿色支柱产业，着力突破绿色产业关键技术"卡脖子"问题。鼓励绿色产业核心企业为牵头单位，分析市场科技创新需求，联合高校和科研机构共建绿色科技研发平台，围绕科技成果产业化过程中出现的关键核心技术难题展开联合攻关。

（二）打造绿色产学研创新成果产业化平台

建立由企业牵头，联合高校和科研机构共建资源共享、利益共享、风险共担的成果产业化平台，该平台应遵守企业化管理、市场化运作原则，充分发挥产学研协同创新的效应，以科技成果转移转化、创业企业创新孵化、集聚创新资源推动绿色产业发展的成果产业化平台。鼓励高校、科研机构和企业面向绿色产业核心领域，建立绿色产业核心技术研究合作机构，整合创新资源，加速成果产业化。根据市场需求共同参与产品的转化评价、产品开发、测试验证、交付发布等产业化流程，将科技创新成果从实验室推向应用市场。建立由企业、高校和科研机构等创新主体组成的"双创"联盟，通过股权转让、并购收购、产权买断等交易方式，推动绿色科技创新成果快速实现产业化。支持企业、高校和科研机构等创新主体建立创新创业基地、创业孵化器，加强与创新成果产业化平台对接，完善绿色技术创新服务体系，大力扶持初创企业成果转化，运用市场化手段加速技术成果应用。

（三）打造绿色产学研创新服务平台

以吉林省科技服务中介为载体，借助区域内和跨区域的网络和大数据平台、知识产权交易平台和绿色技术交流平台，进一步融合绿色技术研发创新资源。加强对绿色技术服务中介评价制度、管理制度创新，进一步细分科技服务领域，加强针对绿色产业细分、衍生领域科技创新服务模式的探索。围绕重点解决绿色科技创新型企业融资难的困境，完善资金链、创新链和产业链链式对接，为绿色科创型企业提供资金上的保障。加快完善金融服务平台建设，构建多元化的绿色科技金融支撑体系。提升银行、保险、证券等金融机构对科技创新金融服务的水平，不断创新金融服务方式，发挥政府引导作用，推动天使投资、风险投资、银行、创业投资资金等社会资本投入绿色科技创新活动中。加强金融机构与绿色科技创新型企业之间资金渠道建设，实现对科技创新型企业融资需求的精准对接。

（四）打造产学研绿色科技创新资源共享平台

整合和集聚企业、高校和科研机构现有绿色科技资源，充分释放绿色科技资源价值，以构建绿色资源共享生态为目标，打造多层次、宽领域、全覆盖的绿色科技创新资源共享平台，推进绿色科技创新资源开放共享，避免资源的重复购置和闲置浪费。建立科研设施开放运行机制，推动高校和科研机构向绿色技术研发企业开放大型科研仪器和实验室，提高科学仪器设施的利用率，建立绿色产业科技资源共享机制，持续深入推动产学研合作。加快培养一批科技资源共享管理服务人才和专业化科技资源共享服务机构，进一步提升绿色科技资源共享服务质量和水平。逐步向全社会开放政府财政资金支持的科研项目和基础设施，加快完善科技管理数据库。

参考文献

［1］毕德利.辽宁省发展绿色经济的战略政策研究［J］.社会科学辑刊，2010（6）：148—152.

［2］曹东，赵学涛，杨威杉.中国绿色经济发展和机制政策创新研究［J］.中国人口·资源与环境，2012，22（5）：48—54.

［3］车磊，白永平，周亮，等.中国绿色发展效率的空间特征及溢出分析［J］.地理科学，2018，38（11）：1788—1798.

［4］陈劭锋，刘扬，邹秀萍，等.1949年以来中国环境与发展关系的演变［J］.中国人口·资源与环境，2010，20（2）：43—48.

［5］樊杰，刘汉初，王亚飞，等.东北现象再解析和东北振兴预判研究——对影响国土空间开发保护格局变化稳定因素的初探［J］.地理科学，2016，36（10）：1445—1456.

［6］郝汉舟，汤进华，翟文侠，等.湖北省绿色发展指数空间格局及诊断分析［J］.世界地理研究，2017，26（2）：91—100.

［7］贺灿飞，周沂.环境经济地理研究［M］.北京：科学出版社，2016：3—11.

［8］黑龙江省人民政府办公厅.关于印发黑龙江省工业节能产业发展行动计划的通知［EB/OL］.黑龙江省人民政府网2011-01-21［2019-09-24］.http：//www.hlj. gov. cn/wjfg/sy stem/2011/01/21/01013-8240. shtml.

［9］侯纯光，任建兰，程钰，等.中国绿色化进程空间格局动态演变

及其驱动机制［J］.地理科学，2018，38（10）：1589—1596.

　　［10］胡鞍钢，周绍杰.绿色发展：功能界定、机制分析与发展战略［J］.中国人口·资源与环境，2014，24（1）：14—20.

　　［11］黄金枝，曲文阳.环境规制对城市经济发展的影响——东北老工业基地波特效应再检验［J］.工业技术经济，2019（12）：34—40.

　　［12］黄跃，李琳.中国城市群绿色发展水平综合测度与时空演化［J］.地理研究，2017，36（7）：1309—1322.

　　［13］黄志斌，姚灿，王新.绿色发展理论基本概念及相互关系辨析［J］.自然辩证法研究，2015，31（8）：108—113.

　　［14］江帆，孙莉.从八次"国字号"环保大会看绿色发展的中国足迹［EB/OL］.浙江新闻.2018-05-19［2019-09-24］.https：//zj.zjol.com..cn/news/944050.html.

　　［15］李博，张文忠，余建辉.考虑环境约束的中国资源型城市全要素能源效率及其差异研究［J］.自然资源学报，2016，31（3）：377—389.

　　［16］林晓，徐伟，杨凡，等.东北老工业基地绿色经济效率的时空演变及影响机制——以辽宁省为例［J］.经济地理，2017，37（5）：125—132.

　　［17］刘思华，方时姣.绿色发展与绿色发展崛起的两大引擎——论生态文明创新经济的两个基本形态［J］.经济纵横，2012（7）：38—43.

　　［18］刘艳军，张婧，王颖.东北老工业基地开发规模扩张的资源环境影响演变及影响因素［J］.中国人口·资源与环境，2012，22（5）：126—132.

　　［19］陆钟武.穿越"环境高山"——工业生态学研究［M］.北京：科学出版社，2008：24—34.

　　［20］牛文元.可持续发展理论的基本认知［J］.地理科学进展，2008，27（3）：1—6.

　　［21］钱津，刘伟东.东北经济发展中的难题、矛盾及战略［J］.中国

工业经济，1999（5）：45—50.

［22］仇方道，佟连军，姜萌.东北地区矿业城市产业生态系统适应性评价［J］.地理研究，2011，30（2）：243—255.

［23］任嘉敏，马延吉.东北老工业基地绿色发展评价及障碍因素分析［J］.地理科学，2018a，38（7）：1042—1050.

［24］佘颖，刘耀彬.国内外绿色发展制度演化的历史脉络及启示［J］.长江流域资源与环境，2018，27（7）：1490—1500.

［25］宋玉祥.东北老工业基地生态环境保育与绿色社区建设［J］.地理科学，2002，22（6）：655—658.

［26］谭俊涛，张平宇."振兴东北"前后区域经济重心格局演变分析［J］.地理与地理信息科学，2013，29（06）：72—76.

［27］王斌.吉林多举措精准推动传统产业绿色化改造［N］.中国工业报，2018-08-15（004）.

［28］王新玉.低碳发展与循环发展、绿色发展的关系研究［J］.生态经济，2014，30（9）：39—44.

［29］王元聪，陈辉.从绿色发展到绿色治理：观念嬗变、转型理据与策略甄选［J］.四川大学学报（哲学社会科学版），2019（3）：45—52.

［30］吴月越.产业集聚：东北老工业基地的困境与出路——基于新经济地理学的分析视角［J］.当代经济研究，2007（1）：38—41.

［31］夏光.绿色经济新解［J］.环境保护，2010（7）：8—10.

［32］徐祥民.绿色发展思想对可持续发展主张的超越与绿色法制创新［J］.法学论坛，2018，33（6）：5—19.

［33］于源，黄征学.东北地区绿色转型发展研究［J］.经济研究参考，2016（25）：23—36.

［34］张昕.东北地区产业结构现状及现阶段问题浅析［J］.农场经济管理，2015（6）：25—27.

［35］张高丽.大力推进生态文明努力建设美丽中国［J］.求是，2013

（24）：3—11.

［36］张伟东.东北老工业基地制度分析：路径依赖于制度创新［J］.开发研究，2005（5）：123—125.

［37］郑尚植，王怡颖.东北老工业基地振兴的绩效评估［J］.地域研究与开发，2019，38（2）：31—35+43.

［38］周宏春.新时代东北振兴的绿色发展路径探讨［J］.经济纵横，2018（9）：64—72.

［39］周珂，金铭.生态文明视角下我国绿色经济的法制保障分析［J］.环境保护，2016，44（11）：24—27.

［40］诸大建，刘强.在可持续发展与绿色经济的前沿探索——诸大建教授访谈I.学术月刊，2013，45（10）：170—176.